JN336625

Political Economy of
the U.S.–China Relations:
Rivalry or Alternative?

米中政治経済論
グローバル資本主義の政治と経済

関下 稔 著
SEKISHITA Minoru

御茶の水書房

はしがき

　著者にとって、本書は『国際政治経済学の新機軸』（2009年）、『国際政治経済学要論』（2010年）——ともに晃洋書房——に続く、国際政治経済学に関する第三作である。前二著においては、わが国に馴染みのなかった国際政治経済学を、主として国際政治学の一分肢として扱っている欧米風の国際政治経済学（International Political Economy, IPE）とは違って、国家をアクター（行為主体）にした政治と経済の相互作用の複合的な学として独自に定立することを目指した。このうち、後者では国際政治経済学全般について、国家間の関係としての伝統的なワンレベルゲームとしてばかりでなく、グローバル化の進展とともに主役に躍り出た「脱国家」的な多国籍企業をもアクターとするツウレベルゲームとして、その政治と経済の相互作用の複合的な実例を基にその概要を叙述した、また前者では知識が経済過程に包摂され、知識産業として自立するばかりでなく、他産業を牽引する基軸産業として確立され、それが政治への大きな影響力を持つようになる、近年の新しい状況について扱った。しかしながら、具体的な対象を設定したケーススタディが不足しており、それについて、当初は日―米―中トライアングル関係を扱う計画を立てていた。だが、日、米、中がそれぞれ独立のアクターとして行動するよりも、日本のアメリカへの吸収化が急速に進み、米―日の楕円とそれに対する独立の円としての中国との対抗と妥協という、いびつな形に変形してしまったので、米―中関係に焦点を当てて、21世紀初頭の世界を見ていくことに計画を変更した。そこでは、貿易、投資、技術革新（イノベーション）、知財、通貨、そして軍事・安全保障の諸側面から今日の米中関係を政治経済的に総合的に見ていくことを課題にした。筆者はグローバル時代の世界を「知財王国」（コト作り）アメリカと、「世界の工場」（モノ作り）中国を双頭とする「スーパーキャピタリズム」の時代と措定して、両者の立体的・階層的・複合的な対立と妥協の相互関係を検討してきたが、本書はこのスーパーキャピタリズムの内実を解明することになる。

　そこで本書の狙いだが、まず第1にオバマのアジアシフトの真意を探ることで

i

ある。アメリカ「帝国」への野望を膨らませた、好戦的なブッシュ政権の頓挫の後を受けて、平和と生活向上を願う圧倒的多数の有権者の支持を得て当選したオバマへの期待は大きかったが、その後の事態の推移の中で、反対勢力からの抵抗が大きいこともあって、いたずらに妥協と逡巡を繰り返した挙げ句、政策遂行がことごとく中途半端に終わり、またその雄弁さに比して決断と実行の伴わない言行不一致も目立ち、有権者の間には急速に失望感が広がっていった。再選もおぼつかない追い込まれた状況の中で、乾坤一擲ともいうべき、アジアへの重心移動（rebalancing）が決断された。そしてかろうじて再選を果たして、勇躍して二期目を迎え、その政策実現に向けて本格的に船出しようとした矢先に、今度はオバマの弱腰を見透かしたようにロシアによる強引なクリミアの併合とウクライナ東部の分離が企てられ、さらにはシリアにおける反政府勢力への武器供与をためらう空隙を突いたシリア、イラク両国に跨がる「イスラム国」の台頭によって、アメリカの石油利権の侵害や残虐な報復＝暴力行為が蔓延するに至った。加えてイスラエルによるパレスチナへの侵攻と一般住民の無慈悲な犠牲という思わぬ事態が重なり、そのアジアシフトに水を差される結果となった。目下、その対応に追われているが、アメリカの影響力の後退は覆うべくもない。それはアジアの状況にも反映されていて、2014年秋に、APEC、ASEAN、ASEAN＋3、東アジアサミット、G20、TPP首脳会合、BRICS首脳会合などが集中してこの地で開催されたが、その主役はもっぱら中国の習近平であった。オバマはその影に隠れて、ゲストの一人にしか見られなかった。これではアジアシフトも心もとない印象である。

　ところで、このオバマのアジアシフトだが、あたかもオバマの強力なイニシアチブによるものであるかのように捉えられる向きが多いが、実態は必ずしもそうとはいい切れない。その前提には、経済的な利益の追求もさることながら、ポスト冷戦時代におけるアメリカの軍事戦略の一大転換があったからである。このポスト冷戦時代におけるアメリカの新たな軍事・兵力態勢は「エアーシーバトル」と命名されているように、海軍を中心にして、空軍の支援を得て展開されるもので、一朝ことある際には、直ちに戦争を遂行できる機動的で迅速で強力な戦闘部隊を全世界的に配置し直したものであり、事実、湾岸戦争においては見事に成功を収めた。そしてその一環として、とりわけ中国を意識したアジア・太平洋での軍事・兵力の再配置が着々と進行している。これを基礎にして、さらに政治、経

済を含む総合的なグランドデザイン（大構想）がまずあり、その下で、オバマ政権によるアジア旋回が企てられたというのが、話の本筋である。したがってオバマ政権は自らのアジアシフトとこのグランドデザインとの間の照応と齟齬に苦闘することになった。だからことはオバマの失政にのみ帰着するものではない。こうした重層的、複合的な視点からその本質に迫るのが、本書の目的の一つである。

　第2にそれに対応する中国の台頭の内容について考察したが、そこでは、グローバル時代における共産党支配下での資本主義システムの形成と発展を俎上に載せ、その基礎形成を「グローバル原蓄」と位置付け、とりわけ都市開発を中心に置いたその推進が高度成長を生み出す引き金になったと同時に、次第に国際的な進出・拡大へと進んでいく様を見つめた。そして共産党（政治）と資本主義の推進（経済）という異質なものの組み合わせの独得の成り立ちについて考察を深めた。そこでは、この共産党の支配する中国における権力構造の特質に敢えて踏み込んで、現代の中国を党営資本主義（Party Capitalism）と、それを支える、共産党に隷属する人民解放軍＝党軍体制と規定した。それはグローバル資本主義時代におけるきわめて特異な支配体制とその下での経済システムの展開である。そして事態の推移は、中国における資本主義の発展とともに、共産党の変質化に向かっているが、しかしそれはアメリカの期待しているような西側と同質の世界になることではない。現在の中国はグローバル化の道を独自に追求していて、いわば米中間は同床異夢の世界でしかない。その意味合いを基本に据えて、具体的な米中間の攻防を見ている。

　ところでこのことの意味するものは複雑である。マルクス主義は、思想を科学並びに歴史の発展法則と一体化させて自らの根拠立てを行い、その思想によって強固に武装された前衛集団による国家権力の奪取と、その後に続く国民の統治を行ってきた。それは19世紀と20世紀を飾る、思想に基づく運動と統治という、歴史上類を見ない壮大な実験であった。しかしながら、その結末はソ連・東欧の社会主義体制の崩壊と、中国における資本主義化の進行によって、もろくも潰えてしまった。だがそのことは、マルクスの教義なるものの一手解釈権を時の政府が独占し、それを国民全体に強制して、そこから外れることを許さない、イデオロギー支配が破綻し、崩壊したことであって、思想としてのマルクス主義の終焉を意味することにはならない。マルクスの創始したその学説と思想は、その後の

歴史的な経緯の中で多くのものを批判的に取り入れて、より包括的で全面的なものに進化していて、柔軟で開かれた体系と、現実的で、批判的で、創造的な見地を維持し、イデオロギー的強要を強制しない節度ある態度を堅持する限りは、21世紀世界においても依然として強力かつ有効な思想の一つとして存続しうるだろう。また社会主義への道も、その挫折や失敗から学んで、もっと多様で、もっと実り豊かなものとして再生されてくるだろう。なぜなら、IT化、ロボット化、脳科学の進歩に代表される今日の科学技術の発展は、苦役としての労働からの解放と人間の全面的発達を促しており、しかも、労働と研究の現場における共同営為——協業と分業、協力と共創——は益々進展してきている。そのことは自然、社会、人間に関する科学と、技術、芸術、娯楽、スポーツ、倫理などを網羅する総合的で体系的な理解と認識とその享受、そして成果と収入の共有化の必要をいやがうえでも高めている。そしてそれらを縦貫する思想としてのマルクス主義の開放性と先導性と一貫性と包括性は今日でも依然として輝きを失っていないし、周辺の学説、思想への強い影響力を保持し続けていくだろう。また平和、共生、繁栄、進歩、安寧を希求する人々の願いはますます高まっていき、それらは合流して、名前はどうあろうと、働くものが誰も応分の収入と社会生活を安心して送れる共同・共益社会に向かって、怒濤のような流れを必ず作り出すであろう。それは、人類がかねて楽園として夢想したユートピアを現実のものとすることになろう。

　第3に現在進行中の、米中における主導権争いの結果、遠くない将来にアメリカから中国への覇権の交代は起こるであろうか。中国はアメリカに代わる道を追求しているが、それは、端的にいえば、中国が中心になって作り上げようとしているBRICS開発銀行やアジアインフラ投資銀行（AIIB）は、IMF、世銀、アジア開銀に取って代わるものなのか、それともその補完組織に終わるのかという問いかけに集約してもよいだろう。現状はもちろん、その資金規模からいっても、参加国の重複からいっても、到底、代替組織にはなり得ず、当面は補完組織ないしは競合関係としての役割しか果たし得ないが、将来を見通した場合にどうだろうか。中国がアメリカの覇権の交代を実現できるのか。もしできるとすれば、それは単なる「代替わり」なのか、それとも新たな秩序の形成なのか。これに関しては明確な解答をまだ用意できないが、現在の時点で言えることは、中国が前者の

はしがき

道をもっぱら進めているため、両者の対抗面がさらに強まっていくと予想されることである。そしてその帰趨を巡って世界はさらに大変動に遭遇することになろう。その末には、こうした相補的なものや国益中心ではない、もっと平等で、互恵的で、透明な第三の道を志向する新たな国際組織が現れてくるだろう。諸国民はそのことを強く願っているし、世界はそれに向けて努力を重ねることになろう。

以上が本書において著者が発信する主なメッセージである。そしてこの後には日本の位置と役割についての考察が再度必要になろう。

最後に本書の出版に当たっては、田中祐二立命館大学経済学部教授に仲介の労をとっていただくなど、大変お世話になった。記して感謝に代える次第である。また御茶の水書房の小堺章夫氏には格別のご努力をいただいた。深く感謝申し上げたい。本書が読者の関心を高め、その問題意識を喚起し、論議を呼び、そしてできれば、多くの読者に受け入れられることを願うばかりである。新しい年が社会的前進への確かな歩みとなることを願ってやまない。

厳冬にもめげず金柑の実のたわわなる、京都洛北望山尋水の里にて

2015 年新春

著　者

米中政治経済論
——グローバル資本主義の政治と経済——

目　次

目　次

はしがき　i

第1章　グローバル資本主義と米中政治経済関係
　　　　——アメリカのアジア旋回と21世紀世界……………………………3

　第1節　不透明な21世紀世界　3

　第2節　オバマのアジアシフトと米中政治経済関係——同床異夢の世界　6
　　　1．アジアへの重心移動　6　　2．「スマートパワー論」の不成功と「Gゼロ世界」の出現　8　　3．同盟国の役割　13　　4．米中間の「戦略的パートナーシップ」　15

　第3節　グローバル資本主義の諸特徴　19
　　　1．外延的拡大と内包的深化　19　　2．グローバリゼーションの意味　21　　3．多国籍企業の三形式　23　　4．IT化・情報化　26
　　　5．知財侵害　28　　6．マネー資本の跋扈　31

　第4節　ポスト冷戦時代の軍需産業——その変貌と新展開　32
　　　1．軍需産業の新展開　32　　2．システムインテグレーターへの脱皮　34　　3．武器輸出・ライセンス生産・共同生産　38　　4．スピンオン・デュアルユーステクノロジー・アウトソーシング　43

　第5節　アジアにおける冷戦的遺制の存続と多様な道の模索　47

第2章　米中政治経済関係の新局面
　　　　——対米投資促進と国家安全保障強化の間のアメリカのジレンマ…………53

　第1節　新局面を迎えた米中政治経済関係　53

　第2節　対米投資の促進と国家安全保障的見地からのその管理——立法史的な考察　55
　　　1．アメリカ資本主義と資本の流出入　55　　2．エクソン・フロリオ条項の成立　57　　3．FINSAによる厳格化　60

　第3節　具体的な分析に基づく検証　65

第 4 節　中国の軍事技術模倣化と「自主創新」技術開発への警戒　71

第 3 章　海外投資への中国の重心移動と「自主創新」技術の開発・獲得へのアメリカの危惧……………………77

　　第 1 節　21 世紀初頭の米中関係の枠組み　77
　　第 2 節　米中間の貿易と投資の現況と問題点　80
　　　1．貿易　80　　2．直接投資（FDI）　82　　3．国家安全保障との抵触　88
　　第 3 節　中国の「自主創新」技術（indigenous technology）の開発・獲得の成否とその評価　92
　　　1．「自主創新」技術の開発と獲得　92　　2．具体的な事例での検証——自動車・エレクトロニクス・チャイニーズスタンダード　96
　　第 4 節　SOEs（国有企業）によるアメリカ企業取得の含意　104

第 4 章　知財をめぐる米中間の攻防
　　——アメリカの対中進出と六つのパラドクスの生起……………115

　　はじめに　115
　　第 1 節　米中相互依存関係の成立・深化と両者の思惑の違い——同床異夢の世界　117
　　　1．知財違反——特許違反、著作権侵害、商標模倣、営業秘密悪用　117
　　　2．アメリカの知財戦略　119　　3．欲望の増大と大衆消費社会の登場　125
　　第 2 節　知財をめぐる両国間の確執とその実態——アンケート調査が物語るもの　127
　　　1．相互依存関係の深化　127　　2．知財侵害の実態　133
　　　3．中国の自主創新技術開発戦略と知財違反　138　　4．アンケート調査からの結果　140
　　第 3 節　帰結としての六つのパラドクス　146
　　おわりに　149

第 5 章　人民元をめぐる米中間の攻防
　　——アメリカの人民元高要求と中国の人民元国際通貨化戦略との角逐と妥協
　　………………………………………………………155

　はじめに　155
　第 1 節　人民元をめぐる問題の基本的性格とその背景——グローバル原蓄、
　　　　　開発金融、人民元の国際化　156
　　1. 覇権国アメリカの通貨・金融支配　156　　2. アメリカの人民
　　元高要求と中国の人民元国際通貨化戦略との角逐　161　　3. 中国
　　の都市開発と地方融資平台——グローバル原蓄　169　　4. 中国の
　　国際開発戦略　174
　第 2 節　岐路に立つドル体制下での中国の経済成長——「世界の工場」の
　　　　　内実と人民元　178
　　1. 米中貿易と外国多国籍企業の役割　178　　2. 中国の米財務省
　　証券購入と米中間の直接投資　188
　おわりに　196

第 6 章　オバマ政権のアジアシフトと米中間の軍事・安全保
　　障問題の尖鋭化………………………………………201

　第 1 節　アメリカの覇権国からの後退と地域紛争の激化　201
　第 2 節　ポスト冷戦時代におけるアメリカの軍事・安全保障戦略の展開
　　　　　と中国軍事力の透視図——米軍再編の基本構想と中国軍事力の近
　　　　　代化　207
　　1. 米軍再編の基本構想　207　　2. 中国軍の近代化　212
　　3. 米中間の軍事衝突シミュレーション　218
　第 3 節　中国の権力構造の特徴とその志向性——党営資本主義（Party
　　　　　Capitalism）の推進と党軍体制の確立　221
　　1. 中国の権力構造　221　　2.「文化大革命」からの脱却とソ連・
　　東欧の崩壊　232　　3. 現代中国論の主要系譜　235
　第 4 節　アメリカのアジア戦略と中国の膨張主義との角逐——その現状
　　　　　と将来　242

第 5 節　現時点での米中政治経済関係の帰結　246

補　論　ベトナム工業化の現段階と日本企業
　　　——日—米—中トライアングル関係の外縁的布陣……………251

　はじめに　251

　第 1 節　ベトナムの政治経済概観　253

　第 2 節　開放経済下での経済建設の問題点　267

　　　1. 人民主権の確立　267　　2. 経済開放政策の功罪　274

　　　3. 現地地場企業と先進国中小企業とのリンケージ　276

　初出一覧　281
　索　　引　283

米中政治経済論
――グローバル資本主義の政治と経済――

第1章　グローバル資本主義と米中政治経済関係
　　——アメリカのアジア旋回と21世紀世界——

第1節　不透明な21世紀世界

　21世紀も10数年を経過したが、世界は益々不透明度を高めている。冷戦体制の崩壊とグローバリゼーションの進展は、世界最大の軍事力を保有し、「IT革命」と呼ばれる情報・通信の革新の先導国にして知財支配の中心に座るアメリカに、「帝国」＝「単極支配」（mono polar）の到来を夢想させたが、事態の推移はそうはならなかった。アメリカ本土の最大の都市（ニューヨーク）とその政権中枢の建物（ワシントンDCの国防総省）が攻撃目標になるという「9.11同時多発テロ」（2001年9月）への報復措置としてのアフガニスタンへの軍事行動（2001年10月）と、それに続く大量破壊兵器の保有を理由にしたイラクへの軍事侵攻（2003年3月）とその制圧、そして占領体制の構築とその実施過程において、戦勝者としての驕りもあってか、過度の行き過ぎた行為が現地の貴重な文化遺産を含めた国家財産の押収や事実上の強奪、さらには多くの民間人を巻き添えにした無慈悲な殺戮＝暴力行為、かつ地獄絵さながらの捕虜の拷問と虐待などになって現れ、世界の良識ある人々の顰蹙を買い、容赦ない批判に晒された。加えて、この「正義」の実現のための周辺地域を含めた他国への脅迫まがいの要請や圧力強化、そして傍若無人な行動による他国の主権の無視や自らの指示に従わせるための内政干渉などは、アメリカへの警戒心や猛烈な反発を招き、反米感情・反米姿勢を世界中に醸成させた。それらの結果、かつてのように解放者、革新者、保安官として世界に肯定的に受け入れられるよりも、むしろ警戒心や拒絶感の方が高まり、信認の低下をもたらして、世界の政治的・社会的不安定性はかえって高まった。
　しかも経済的にはアメリカ経済のIT化・サービス化への傾斜の反面として、

モノ作りの拠点として「世界の工場」に擬せられた中国の急速な台頭を呼び、さらに、それに続くロシア、インド、ブラジル（合わせてBRICsと呼ぶが、今では南アフリカを加えて、BRICSと表記されるのが一般的である）などの新興国の興隆を生んだ。その結果、G7に集約されていた、世界経済の持続的成長とその調整を管理する先進国本位の体制は、ロシアを含めたG8に拡大され、そしてそれとは別に、中国、インド、ブラジルなど新興国や重立った途上国までをも含めたG20が、その周辺の多様な意見を反映すべく作られ、事実上、これらの二重の、より包括的な合意形成システムへと進展するようになった。というのも、アメリカ経済は、金融危機の後遺症と高い失業率に加えて、国際収支の赤字累積が依然として改善されないばかりでなく、財政赤字が危険水域を越えるほどにまで巨額化して、懸案の医療保険＝福祉の改革の足をとられ、また「世界の警察官」としての巨額の軍事費の削減すらが課題になるほどにまでなってきた。またアメリカに次ぐ経済大国日本は経済的な停滞に加えて、「3.11」の大震災と津波、そして福島原発事故（2011年）の追い打ちを受け、これらと相まって、政治的混乱によって「失われた20年」とも呼ばれる、長い低迷の底に沈んでいた。一方、三極の一つとして、2013年7月にクロアチアが加盟して28カ国にまで拡大したEUでも、ヘッジファンドの跳梁する金融化の嵐がギリシャ、スペイン、ポルトガル、イタリアなどの諸国における国家破綻を誘発して、経済的・社会的・政治的な混乱と結束の危機に見舞われるようになった。しかも2014年に入ってウクライナの親西欧への反転から始まって、クリミアの帰属をめぐってロシア内への編入が強引に進められ、しかもウクライナ内部にまで親ロシア化の分離運動が波及・跳梁するなど、一触即発的な緊張関係がにわかに高まり、その結果、G8からのロシアの排除がなされた。このことによって、ようやく築いた西側世界へのロシアの包摂化はもろくも崩壊することになった。しかもそれぞれの個別の要求が多様で、別々の方向を向いているG20での結束も思うようにはいかず、また先進国体制（G7）への批判も強い。かくて二極対抗の時代であった、かつての冷戦時代への逆戻りはおろか、むしろそれよりも一層複雑で、方向性の見えない状況が起きている。

　また9.11への報復としてのアフガニスタンならびにそれに続くイラクへの侵攻は、その反作用として中東・アジアでのイスラム諸国の覚醒と胎動を促し、

「アラブの春」と呼ばれる民主主義的改革の機運を生み出したが、成功を収めるほどにまでは至らず、現在はそこからの揺り戻しによって、さらに強圧的な軍事独裁体制が多く作られるようになった。そして中東からアフリカにかけて、イスラエルとパレスチナの対立を軸にして、対決姿勢が強まり、さらに部族間や階層間の利害対立をも巻き込んで、政治的・社会的不安定性は依然として続いている。一方、経済のグローバル化の進展はアジアにおいては世界の成長の中心軸として急速に拡大、進化を遂げ、目下、工業化をそれぞれに追求している。ここでは長い間孤立していたミャンマーが、いわば最後のフロンティアとしてその中に参加するようになって、ASEAN を中心とする多角的・多重的・広域的な貿易・投資関係の成立が目論まれている。アメリカが強く肩入れしている TPP 交渉は各国の利害が錯綜してなかなかまとまらず、それとは別の RCEP も試みられている。とりわけオバマ政権のアジアシフトによって、それに対抗する中国がナショナリズムの鼓吹による国益中心的な対外姿勢をとり、それに合わせて韓国も従来以上にナショナリズムを唱えるようになった。その矛先として「領土」問題が標的にされている日本では、それにたいして対話と友好姿勢によって事態の打開を図るのではなく、本来なら歴史的に精算されたはずの、きわめて復古的な言動を声高に主張する、いわば先祖返り的な極端なナショナリズムと大国主義によって応酬している。その結果、肝心の経済交流は停滞している。加えて北朝鮮では対外的な軍事対決姿勢が強まり、独裁体制内での権力闘争の激変なども加わって、朝鮮半島での社会的・政治的不安定性と軍事的緊張はかつてなく高まっている。したがって、ここでは一時期期待された米—日—中の、自立的、互恵的なトライアングル関係の構築による経済成長と平和共存は築かれないままになっている。こうした中で、かろうじてラテンアメリカでは新自由主義からの脱却と地域的な共同化の流れが広まっているが、それとて確定的なものではなく、依然として貧富の格差と失業の増大という深刻な社会問題を抱えていて、不安定な基盤は払拭されてはいない。その点では、アフリカも同様である。この地域では急速な資本主義的工業化や商品経済的農業が進展しているが、同時に重要希少資源や石油の採掘権やその開発を巡る問題など、旧来からの課題も山積していて、グローバリゼーションの恩恵と同時に、その弊害をもろに受ける形になっている。

　かくてこれらの事態は、残念なことに、21 世紀世界がグローバリゼーション

の進展とIT化やロボット化に象徴される科学技術の急速な発達の恩恵によって、人類の福祉向上と平和拡大と経済繁栄に一路向かうことにはならないでいることを示している。むしろ利害対立や軋轢の増大があちこちで生じていて、しかもグローバリゼーションという「一つの世界」の成立は、これらの相互の影響を敏感かつ直接に受けるというボーダレス化の事態が随伴するので、こうした混迷の中での多様な方向性の模索をそれぞれに追求するという、いわばアンチグローバリズムやグローカリズムの動きが台頭してきている。本章はそうした21世紀世界の不透明さと複雑さ、そして多様性を前提において，その原因と構造を大胆に提起することを課題にする。それは、本書全体のテーマである、オバマ政権のアジアシフトと中国の台頭によって急展開するようになった米中間の政治＝軍事安全保障と経済問題の解明の一助となろう。ところで、こうした21世紀世界を見る際に、これまでは、ややもすると従来の枠組みに囚われすぎてきたきらいがあった。しかしそれではいたずらに「古い革袋に新しい酒を盛るようなもの」で、激変する時代の要請には応えられない。今こそ、大胆な発想の転換が求められている。そうしないと、21世紀世界をリアルに、そして正確かつ全面的に捉えることはできないだろう。その点ではナオミ・クラインの『ショック・ドクトリン』は文字どおり、我々にショックを与え、深刻に考えさせるきっかけにもなった。筆者もこれを取り上げ、いくつかの批判点を含めて、その含意を考察してみた[1]。ここではその際に積極的に展開できなかった、筆者自身の現代世界の投影図をアジアに焦点を合わせて照射することもその狙いの一つとなる。

第2節　オバマのアジアシフトと米中政治経済関係
――同床異夢の世界

1．アジアへの重心移動

　悪評高かった「帝国」むき出しの、強圧的で軍事中心的なブッシュ政権の外交戦略に代わって、オバマ政権はそれを修正すべく、硬軟合わせた「スマートパワー論」[2]に基づく外交を展開してきた。だがそれは、従来のハードパワー（軍事）とソフトパワー（文化・イデオロギー）を併せ持った包括的な外交戦略だと大々的に喧伝された割には、事態はその目論みどおりにはいかなかった。確かに一方

では核なき世界の提唱などは好意的に受け止められたが、その実現への努力が後退するにつれて失望感が広がり、他方では保守層からはそれらを含めて弱腰外交とことあるごとに叩かれる側面もあり、その結果、オバマはともすると両者の顔色を窺って中途半端な対応に終始してしまい、いたずらに時間だけが経過していって、成功を収められなかった。そして優柔不断ぶりや一貫性のなさが槍玉に挙げられた。しかしそうした姿勢の背後にある、アメリカが抱える深刻な問題は山積していて、そのいずれもがそう簡単に答えを出せるほど容易なものではなかった。史上最長の戦争の継続、空前の財政赤字、底知れぬ不況、金融破綻の後遺症、欧州の混迷、日本の大震災と原発事故、それらとは対照的な中国を始めとする新興国の興隆と途上国での自主的な連帯への機運、そして世界全体としての混沌かつ不安定性の増大といった事態は、戦後の世界の、長年にわたる矛盾の堆積からきたもので、それに有効に対処できないアメリカの覇権の後退を否応なく刻印することになった。この時にあたって、オバマに求められていたのは、それぞれの要求を手際よく、過不足なく調和させる優等生的な調整者の役割ではなく、これまでの負の遺産を一掃して、「チェンジ」を不退転で行うという決意に燃え、決然と一本の筋を貫いて勇猛果敢に実行する強力な先導者・指導者としての役割であった。

　オバマは幾多の逡巡の末、大統領選挙を一年後に控えた 2011 年 11 月の APEC 会議後のオーストラリア訪問の際に劇的なアジアシフト演説を行った。pivot（旋回軸）とも rebalancing（おもりの位置を移す、つまりは重心移動）ともその後形容されるようになる、一大旋回である。「アジアは世界で最も成長が速く、世界経済の半分以上を占める地域であり、米国民の雇用を作り出すという私の最優先課題の達成に決定的に重要だ。……このため、私は大統領として熟慮の末、戦略的な決定をした。米国は太平洋国家として同盟国や友邦国と緊密に連携し、核心となる理念を掲げ、この地域の未来を形作るため、より大きく長期的な役割を果たすことにした[3]」。「米軍の将来像を考えるため、今後 10 年の最も戦略的に重要な利益が何かを定め、国防上の最優先事項と支出先を示すための検討に着手した。現在の（イラクやアフガニスタンでの）戦争を終え、アジア太平洋でのアメリカのプレザンス（存在）と任務を国防政策の最優先事項とするよう指示した[4]」。かくて「米国は太平洋国家であり、ここに居続ける[5]」。これは、いわばきたるべき

第二期オバマ政権の下での外交・軍事路線の実行を方向付ける決意表明でもあった。それは、縮小されたアメリカの現実の基盤に合わせて、効率的で選択的な——その証拠に、後にはイラク重点化とアフガニスタンからの撤退による現地化に二分化もした——戦略の展開を目指したものであり、したがって、全体的に見れば、アジア以外へのアメリカの関与 (engagement) を弱めることにならざるを得なかった。この戦略転換のポイントは、(1) アジアへの重心移動に伴う世界全体への関与の後退の影響、(2) 日本、韓国などアジアの同盟国との連携の仕方とその役割、(3) 肝心の中国とのパートナーシップに基づく関係をどうするか、に収斂される。また軍事が中心になるとはいえ、その内容はこれまで以上に経済、政治、文化などを含む包括的・総合的な安全保障の展開に依拠した戦略でもあった。

2.「スマートパワー論」の不成功と「Gゼロ世界」の出現

このうち、第1のポイントの要点は、一方では政治・軍事・経済の一体的、包括的な展開の整合性と有効性如何にあり、もう一方ではアジア重視への重心移動がそれ以外のところへの関与の仕方に与える信頼性如何と、これらの地域での地域的な紛争や緊張への、とりわけ即座の、そして柔軟かつ有効な軍事的対応如何にある。経済面ではグローバリゼーションの進展に合わせた、開かれた市場、自由で公正な貿易ルールに基づく国際経済秩序、持続的な経済成長というお馴染みの文言がスローガンになる。軍事＝安全保障面では兵力を地理的に分散させながら、一朝ことある際の柔軟かつ機動的な軍事力の投入とその成功的遂行、そして同盟国との関係を強化しつつ、中国を始めとする国々との、ポスト冷戦時代にふさわしいパートナーシップの形成と地域的な関与による秩序安定にある。そして政治・イデオロギー面では、人権擁護ならびに法の支配（法治国家）の追求、そして議会制民主主義の確立などが主要なものとなる。これらはスマートパワー論によって概括的に用意されたが、実際にはそれらのすべてが過不足なく、連携性をもって、成功裡に達成されることなどはなく、したがって十分に信頼を得られなかった。そこにこの戦略が持つ弱点があり、アメリカへの信頼の低下に繋がるものがあった。というのは、「先進的民主主義国」としての政治的・文化的なアメリカシステムの事実上の強要は、いわば普遍的な近代化路線として、これまでは相手国に受け入れられてきた面もあるが、時代の変遷とともに、それらが、そ

第 1 章　グローバル資本主義と米中政治経済関係

の背後に「埋め込まれた」経済的な利益を実現するための、特殊アメリカ的な利益の押しつけになることが判明してきたためである。つまり相手国には一方ではアメリカの庇護下でその存続が公認されるという面と、同時にそのための負担と犠牲を強いられる側面とを合わせ持つことになるからである。しかも近年は「新自由主義」の経済政策が世界に吹き荒れた結果、その無慈悲な爪痕が極端な貧富の格差となって現れ、これら諸国の経済的、社会的混乱を生んだからである。この点での認識の変化はきわめて重要である。「世界の平和のために」とか、「秩序安定のために」崇高な使命を果たしているという「覇権国」なるものの表向きの顔とは異なり、その実、徹頭徹尾アメリカの個別利益の実現とその強要のためのものだということこそが、第 2 次大戦後の「覇権国」アメリカの真の姿であった。そしてその上に乗って、アメリカの繁栄を謳歌するもの――だからパクスアメリカーナ（アメリカによる平和秩序の供与）と呼ばれたのだが――であった。だがそのための軍事、政治、外交、イデオロギー、経済などの力（パワー）を総動員した「ヘゲモニー」の行使が今日通用しなくなってきた。その結果、対米摩擦や軋轢が高まり、場合によっては拒絶反応すら起こるようになった。

　そうすると、勢い軍事的な対応によって事態の鎮静化を図ることに向かわざるを得なくなる。というのは、それを一見心地よげな「スマートパワー」なるものによっていかにカムフラージュしようが、「衣の下に鎧が透けて見え」、ソフトパワー（文化・イデオロギー）の背後にハードパワー（軍事）が見え隠れすることになるからである。とりわけ、グローバリゼーションの進展下で、新たにパートナーシップに引き込もうとする国々やその周辺にある国々にはそうした警戒心や、場合によっては疑心暗鬼が芽生えやすく、さらにアメリカに元々反発する機運の高い国々にとっては、拒絶反応すら生じかねない。その結果、世界のあちこちで地域紛争が勃発すれば、その火種を消すためには、機動的かつ効果的に対応することが求められ、そのためには軍事力の大胆なシフト――地域内、地域間、そして戦争の無人化・ロボット化を含めた戦力構成上の――が必要になる。つまり、世界全体を睥睨して、大戦略の配置図に従って、常時、大軍事力を特定場所に固定的に常駐し続けるのではなく、柔軟かつ迅速な即応体制を組むことによって、軍事費を削減し、効率的な軍事力たらしめようとした。しかしこれが有効に作動するためには、その周辺に展開される同盟国の協力と共同行動が不可欠になる。

もちろん、できるだけ軍事力を直接に使わない、パートナーシップと呼ばれる、相互利益で釣る経済的・政治的な関与策に依拠しようとはしている。

　だがこれは、机上のプランとしては妥当なように見えるが、実際の行動での効果は薄い。なによりも同盟国を含めて相手側がアメリカの思うように動くとは限らないからである。とりわけ経済的な利害が絡むと、相互利益に結びつくプラスサムゲームは描きづらい。特にIT化の進展は特定スタンダードを持つ者の「一人勝ち」世界を生み、グローバル規模での企業の巨大化と独占を生み出しがちだからである。そのため、ややもすると逡巡したり、警戒したり、足下を見て軽視したり、あるいは反発する方が強くなりがちである。そこで、とりわけ中国との間では「戦略的対話」による継続的な交渉と駆け引きが必要になる。もっともそれもできない敵対国（「テロ支援国家」と名指しされる）との間では、これを「テロとの戦い」と位置付け、テロリストを追ってどこまでも追いかけ、殺害したり、あるいは「首謀者」を狙ったピンポイント攻撃をするという、実際にはアメリカがテロリストまがいのことを行うことになり、他国の主権侵害と、否が応でも恐怖心を煽ることになりがちである。オサマ・ビンラディンの殺害はその象徴的な出来事であり、あまつさえその殺害現場を衛星画面を通じてホワイトハウス内で大統領以下の政府首脳がリアルタイムで見るという、およそ日頃文明国や民主主義国を自認する国にあるまじき凄惨、冷酷な行為が中継までされるほどであった。

　ところで、西欧が切り開いた近代化は、資本主義的営利システムと議会制民主主義と個人の自由を基礎においた市民社会の形成を中核において、いわば先進的・普遍的なモデルとして、残余の世界への雛形になって波及していった経緯がある。アメリカはその基礎上に、さらに大量生産と株式会社システムとアメリカ的消費システムを上乗せして、それを体制間対抗下での基本的な途上国開発モデルとしてさらに発展させた。それはW.W. ロストウの近代化の発展段階モデル[6]——そのため、彼は著書の副題を「非共産主義マニフェスト」と名付けたほどである——などでお馴染みのものである。しかしこのアメリカ流近代化モデルは、実はそのことを通じてアメリカ的な特殊利益をその内部に内蔵させていたため、方法と目標を誤れば、「アメリカ帝国主義」とか「新植民地主義」などといった批判が起こり、必ずしも広範に受け入れられるとは限らなかった。その象徴的出

第 1 章　グローバル資本主義と米中政治経済関係

来事はベトナム戦争であった。民族解放運動の主力が共産主義者によって主導されていたため、頑なな体制間対抗的視点による反共主義的対応に終始した結果、途上国の近代化と経済開発という本来の目標を見誤り、最終的には現地傀儡政権を置き去りにして、全面撤退をして、アメリカにとって、癒やしがたい傷を負い、世界的には上記のレッテルを張られる羽目に陥った。自立した民族国家形成と市場主義的経済成長という近代化の両輪は、その後の途上国の前途を支配した。近代化と社会主義化との分かれ道にさしかかると、国論の分裂が始まり、前者が主力になれば、成長路線を歩むことができるが、貧富の格差が頭をもたげて社会的不安が高まり、後者が中心になれば、停滞と官僚主義的統制が幅をきかせるが、国民的な統一は一応保たれることになる。その両者を自力で同時に解決することはできないため、地底にくすぶる「マグマ」のようにその爆発を待つことになる。

　アメリカはこの苦い経験を踏まえて、経済のグローバル化と IT 化＝サービス化に合わせて、装いも新たにポスト冷戦体制下の見取り図を作り出さなければならなかった。頃は良し。そのための絶好の機会が訪れた。ソ連・東欧の崩壊と中国の「市場経済化」への傾斜は、社会主義体制なるものの「まがい物」ぶりを白日の下に晒し、資本主義と自由経済システムの勝利を高らかに宣言したかのように見えた。そこで、体制間対抗の解体とグローバル経済の登場という新しい条件の下で、植民地なき時代における「独立諸国家の体系」下での「覇権国」の役割は、西側先進世界はむろんのこと、途上国や社会主義からの転身国（「移行経済国」）をも網羅する、文字どおり全世界に君臨する、いわば「帝国モデル」としてビルトインできると考えた。「一つの世界」への収斂というグローバリゼーションの進展は、まさにアメリカ的な自由と民主主義と人権とアメリカ的な資本主義システムと消費文化を世界の隅々にまで行き渡らせるはずであった。そのために「新自由主義」経済政策が格好のイデオロギーとして華々しく登場した。その怒濤のような進撃は瞬く間に世界を席巻したとはいえ、同時にその弊害と限界の現れるのも早かった。またイラクへの侵攻とアフガニスタンへの報復を目指す軍事制圧とその後の占領政策は、上述のように世界の顰蹙を買う羽目に陥った。イスラム社会を始め、異なる文化と伝統を有する社会には、その「先進文明」が単純に受け入れられるようにはならなかったからである。だからソフトパワーとハードパワーを兼ねた、硬軟合わせ持った総合政策の展開だと欲張ってはみても、

その本質的な部分は致命的な弱点を持ったままであり、そこに「スマートパワー論」のアナクロニズム（時代錯誤的感覚）があった。

これらの事態の進行は、ポスト冷戦時代は世界の警察官としてのアメリカ単極支配の挫折と無極化へと傾斜することになるとして、これを「Gゼロの世界」＝無極世界として描き出そうとする潮流が出てきた。いわば「ゼログラビティ」（無重力）の状態を是認するものである。その代表的論者、イアン・ブレマーは以下のように論じる[7]。アメリカの失速は国際収支上の債務拡大と財政赤字の増大に象徴され、その結果、国内重視の孤立主義が高まり、だからといって世界経済を米、欧、日のG3で解決できる状況にはない。したがってそれを補完・代位するために、G7にロシアを加えてG8に拡大し、他方で、多様な意見を包摂すべく中国、インド、ブラジルなどを加えたG20を2008年11月に作り上げた。しかしこの二重システムは不安定なもので、盤石にはならない。そうすると、今後の世界には四つのシナリオが想定される。第1は米中によるG2、第2はG20による協調路線、第3は冷戦のバージョンアップ版（「冷戦2.0」）、第4は地域分裂である。しかし場合によってはそのいずれでもない、さらに悪い状況である、権力の細分化によるGマイナスも考えられる、という。

さてそこで、ブレマーがあり得べき姿として期待しているのは、第1の、米中によるG2である。ただしこれには条件があり、アメリカの復元力に期待したその再生が起こることである。アメリカは目下、雇用、テロからの防衛、輸入エネルギー源への依存軽減などが課題になっているが、なんといっても問題は財政赤字である。これにたいして共和党は福祉削減を叫び、民主党は増税と国防費削減を主張している。この両者の対立を克服して、国論を一つにしたアメリカの復元力が戻らないと、米中間のG2は成立し得ない。というのは、他方で中国は事実上共産党の一党独裁下で国家資本主義（後の章では、筆者はこれをより正確に「党営資本主義」と定義付けるが）に基づく、急速な経済成長による国益優先路線をとっているが、これは世界経済を先導するものでも、調和させるものでもないからである。したがって、アメリカの復元力如何と中国政府の包容力——つまりは国家資本主義の緩和もしくは後退による市場経済化促進——如何によって、そこでの選択肢は①Aコースは両者の冷戦的対抗が強まるか、あるいは②Bコースは両者の協調が進むかの、二つの方向が考えられる。なおG20の機能化は

地域的な課題の解決には有効だが、それが直ちに中心に座ることは考えにくいし、またそれすらうまくいかないと、地域分裂に陥ることになり、それは文字どおり無極世界の出現で、秩序なきアナーキーが支配することになる。なおこれらに関しては後段でさらに詳しく見ることにしよう。

3. 同盟国の役割

　第2のポイントは、アメリカの戦略転換の後押しをすべき同盟国の役割である。筆者はかつて、アメリカの同盟国としては、大西洋憲章によるイギリスからアメリカへの覇権国の交代以来、伝統的なヨーロッパの先進国、中でもイギリスへの依拠もさることながら、それに加えて、とりわけヨーロッパの中の西ドイツ、極東の日本、そして南アフリカとサウジアラビアを第二次大戦後の覇権国アメリカの世界体制――パクスアメリカーナ――を支えるきわめて重要な目下の同盟者として、これに「体制的従属国」という規定を与えた[8]。つまり、戦後の持続的な高度成長を支える低廉な原油価格とその安定的な供給を維持するための世界最大の産油国としてのサウジアラビア、IMF体制の下で、ドルを基軸通貨にするための1オンス＝35ドルでの交換を保証した世界最大の金産国である南アフリカの存在、そしてベトナム、中国、朝鮮での分裂国家をめぐる東西対決のための、極東の最大の橋頭堡かつ補給基地としての「経済大国」日本、同じくヨーロッパでの分裂国家であり、「ベルリンの壁」によって隔てられた東西対立の象徴にして最前線としての西ドイツである。

　このうち、21世紀の今日においては、東西ドイツは統合されて、EUの中心になり、サウジアラビアの役割はアメリカのシェールオイルやロシアの産油国化によって、その役割は後退している。また南アフリカも長年にわたる非人道的なアパルトヘイト政策を一掃し、新興国として誕生し、金産国としての役割は後退した。こうした中で、東アジアにおいて冷戦の遺制を一掃し、この地に新たな互恵的、平和的、かつ経済的繁栄を目指す共域圏を作り出すことが課題で、日―米―中のトライアングル関係の成立への機運は、ASEANなどの既存の共同市場と連動してその可能性と期待を高めた。だがオバマのアジアシフトによって、日本は自立化と独自の役割を担うよりは、相変わらずアメリカの目下の従属国としての役割を果たすことが強く要請されている。ここでは一方で「知日家」とか称する

日本を利権の対象とするような狡猾な野心家——政治ブローカーやフィクサー——どもが跳梁・跋扈する事態が進んでいるが、他方では日本の経済的不振にもかかわらず、アメリカの対日要求とその負担が益々増大するにつれて、日本側の独自化も強まって両者の間に亀裂がはいり、その関係も微妙になってきている。

　先のブレマーは、最近になって、アメリカの復元力に依拠することを強調するよりも、むしろアメリカにとって大事な同盟国である日本、イスラエル、イギリス——これを合わせて、JIBsと彼は呼ぶ——の外交姿勢が硬直的であるため、アメリカの支援国として十分な役割を果たせないでいることをむしろ問題にしている。その結果、「無極世界」の波間に漂っていると主張するようになった[9]。オバマのrebalancingには、上でも述べたように、アメリカと同盟国との統合された一体的な展開が不可欠であり、従来以上に同盟国の役割が重要になることが強調されている。そこでは、同盟国が一部ではアメリカの緩衝材として、その批判を代わりに受ける役割を、また一部はアメリカの先兵としてアメリカの水先案内的な役割を、さらにまた一部はその犠牲になって経済的・軍事的負担を増加させる役割を果たすことが要請されている。しかしながら、そのいずれもが果たせなくなる事態が現れてきている。つまり、戦後アメリカの「覇権国」体制は、一方でのアメリカへの「従属化」と他方での同盟国へのアメリカの「依存化」の、双方向での相互関係から成り立っていたが、アメリカのヘゲモニーの後退に伴って、次第に同盟国へのアメリカの依存という、後者の契機の方が強まってきた。しかもそれに加えて、今度は同盟国との不協和音すら現れている。たとえばイラクへの有志連合の中核を果たしたイギリスは国内での反発によって政権交代に追い込まれたばかりでなく、当時の首相の責任までもが問われる羽目に陥った。また最近の日米関係では、対中関係について日本側が安全保障一辺倒——政冷経熱——なのに対して、アメリカは軍事と経済の双方でのバランスを重視しながら、戦略的対話を続けている。その間に微妙な違いが現れてきている。また日本の慰安婦問題を韓国が強く非難しているのにたいして、オバマ政権もアメリカ議会も重大な人権問題として取り上げている。他方では、TPPの合意は未だできないでいる。こうした不協和音が高まっては、オバマ戦略は十分に機能し得ない。

　他方で軍事的には、朝鮮半島において米—韓—日の合同演習が繰り返し行われ、アメリカ軍との一体化——しばしば「相互運用性」(interoperability)を高めると

表現される——が進められている。そして実際の戦闘への転換がいつでも可能な状態、つまりはスタンバイ状態になっている。これは事実上の戦争瀬戸際策であり、その結果、北朝鮮と韓国とが互いに挑発を繰り返しながら、一触即発の状態にまでその緊張が高まってきている。また海洋資源を巡って中国の拡張主義がアジア諸国の脅威となってきていて、フィリピン、ベトナム、日本などとの間に深刻な「領土」問題を惹起させ、それはアメリカにとっての格好の介入と庇護の機会、そしてそのための活躍舞台を提供することになる。最近の日本政府の「集団的自衛権」の主張や「武器輸出三原則」の緩和はそうしたアメリカの姿勢の変化に対応している。

4．米中間の「戦略的パートナーシップ」

　第3のポイントは米中関係だが、それを「戦略的パートナーシップ」と表現している。その内容は、一方での協調と他方での対抗とが入り交じった二重性を帯びたものであり、交渉によって互いに自国の既得権益を守り、かつ拡大しようとするものである。その関係は一筋縄ではいかないが、アメリカにしてみれば、アメリカシステム——アメリカングローバリズム——を中国に導入しようとしていて、いわば近代化の普遍モデルの延長としての「新自由主義」の注入を中心においた。一方中国にしてみれば、西側システムを使って近代化を図るが、それをバネにして、中国式の「社会主義市場経済化」から、さらには世界の強国化——チャイニーズグローバリズム——を目指している。つまりアメリカはいわば「トロイの木馬」としてこれを中国に投げ込んだつもりだが、中国はそれを自主的に改造して、勝手自由にしようとしている。その間に大いなる離齬がある。上でも述べたが、ブレマーは米中のG2の再興こそが安定的な世界秩序の形成になると考えているが、肝心のアクター間には思惑の違いと虚々実々の駆け引きがある。それはまたアメリカ一国では「覇権国」としてグローバル世界に君臨できないので、関与策を通じた同盟国への依存と中国などとのパートナーシップの構築に腐心している。これは深刻な悩みの現れでもある。

　もっとも米中関係をポスト冷戦時代のアメリカにとって重要な課題とする発想は、すでにG2論として2008年にフレッド・バーグステンによって提唱され、それを補完する形でリチャード・ハースの論文でも詳細に展開されている[10]。バー

グステンの立論は、アメリカ、EU、中国を3大経済超大国・共同体とし、そのうち、中国だけが西側のシステムの外側にたち、貧しさ、市場経済化の不十分さ、権威主義的政治体制という三つの制約条件を持ちながら、貿易自由化交渉の拒否、二国間協定や地域協定の締結、変動相場制採用の拒否、OPECやIEAのレジームの外側での産油国との長期契約の締結、援助における人権、労働基準、環境といった社会的基準に基づかずに、「一つの中国」の承認を唯一の目標とするなど、独自の行動をとり続けている。このように、ことごとく既存システムへの「代替（alternative）アプローチ」をとっているが、とはいえ、西側世界が推進するグローバル経済への包摂は十分に可能である。そこで、豊かな先進国であるアメリカと貧しい途上国である中国との間の「戦略パートナーシップ」という、前例のない組み合わせが求められてくるようになったと、その理由を説明している。

　ハースはもっと端的に、国防や安全保障といった根本的な課題ではなく、もっと軽く、経済問題を中心として、利害が一致する場合に協調していく「選択的パートナーシップ」だといっている。これが出された当初は、これまでの日米関係を素通り（ジャパン・パッシング）するもので、日本の役割の後退を意味するものだと見られたが、実はそうではなく、当時、とかく西側システムの外側で独自活動を勝手気ままにしている中国をグローバル経済の中にいかに巧みに包摂していくかを目指したものであり、中国側から見れば、増加した対米貿易黒字で財務省証券を購入して安定的に運用し、その上で、アメリカの先進技術を身につけ、対米投資（それも証券投資から直接投資への重心の移動までも含めて）を増大させ、人民元安での為替相場の安定とその認知をも目指すものであった。ハースはそれを無極世界を避けるための「選択的パートナーシップ」と的確に表現した。後に米中戦略対話が定期的に行われるようになると、バーグステンに擬えて、一般的には「戦略的パートナーシップ」という呼び名が定着するようになった。これらG2論に関して、筆者はかつて概括的に検討して[11]、これを「同床異夢の世界」と命名した。

　米中間のこうした試みは、実はすでにブッシュ政権下で始まっていた。ブッシュ＝胡錦濤電話会談（2006年）でゴーサインが出た後、ポールソン財務長官の訪中と呉儀副首相との共同発表の形で正式に開始が告げられた「戦略経済対話」は、2006年12月から2008年12月まで5回行われ、一方、それよりは一段下の

次官級レベルと位置付けられた安全保障中心の「戦略対話」は、2005年8月から2008年12月まで6回行われた。オバマは当初ブッシュ政権の対中戦略に関して批判的であったが、大統領就任後、その必要を再認識して軌道修正し、「戦略・経済対話」(The China-U.S. Strategic and Economic Dialogue, S&ED) として二部構成にし、一方の経済対話を財務長官が、もう一方の安全保障関係の戦略対話を国務長官がそれぞれ主宰して、統一して行うようにした。それは2009年7月から2013年7月まで5回行われ、2014年も7月に行われた。このオバマ政権の対中戦略の基本思想をバーグステンのG2論（「戦略パートナーシップ」）やハースの戦択的パートナーシップ論が準備した。そしてまた、経済と政治＝軍事安全保障とを一体的に展開するという「スマートパワー論」に基づいて、統合化が図られたと見ることができよう。したがって、「軽い」ものでも、当面の経済課題だけを扱うものでもなく、アジアシフトに沿って、長期的な戦略的課題を視野においた本格的なものになった。

ところで、ブッシュ政権が米中間の「戦略経済対話」に踏み切った背景には、中国の対米貿易黒字の急増、MFA（多国間繊維協定）の失効後の新たな繊維交渉の難航[12]、CNOOC（中国海洋石油）のユノカル買収の頓挫などの一連の経済問題の深刻化があった。2005年、当時の財務長官ゼーリックはいたずらな中国脅威論ではなく、これをグローバル経済の中に包摂すべく、中国は「責任あるステークホルダー（利害関係者）」になるべしと説いた。上に述べたように、翌2006年にブッシュが胡錦濤に電話会談で戦略経済対話を呼びかけ、ポールソン財務長官が訪中して、その概略を決めた。その経緯とその後の具体的な対話の内容をサーベイした佐野淳也氏によると、2006年から2007年までの前半の3回と、2008年の後半の2回では中国側の姿勢に変化があるとしている。すなわち、前者では中国の経済発展、人民元、エネルギー開発と環境汚染、知財保護、食品の安全性など、アメリカの要求への対応に主眼がおかれていたが、後者では一転して、アメリカの金融不安を中心にして、アメリカ経済の動向に関して、積極的に注文を出すようになったという[13]。それは米中間の経済的な力関係の変化が生み出したものであった。

さてオバマ政権下での第1回「戦略・経済対話」(2009年)では、中国側が在米資産の安全確保を求めたため、アメリカ側が財政赤字をできる限り縮小させる

ことを約束し、他方、中国側は内需拡大のため、成長率にたいする消費の寄与率を高めることを約束した。また双方は国際金融システムの改革のため、IMFの監視機能を強化することで一致した。さらに戦略部会では気候変動、エネルギー環境面での協力強化に合意した。続く第2回（2010年）では、人民元レートの弾力性を高めることを中国側が約束すると同時に、アメリカの台湾への武器輸出にたいして、強く中国側が非難した。これらから見られる新しさは、1）話し合いによる問題解決という共通のプラットフォームが提供されたこと、2）突発的な出来事や新たな課題（たとえば食品の安全性や中国人のアメリカ旅行拡大）に対処するようになったこと、3）環境、エネルギーなどでの協力が拡大したことにあると中国側が評価していると、佐野氏は分析している[14]。2011年の第3回は2010年に中国のGDPが日本を追い抜いて世界第2位になったことを背景にして、多くの進展があったが、それをフォローした関根栄一氏によると、特筆すべきは共同文書「強力で持続的なバランスの取れた成長と経済協力の促進に関する米中の包括的枠組み」に調印して、向こう1年間の両国の取り組み事項が明記されたことであるという。それは①原則、②マクロ経済協力の強化、③よりバランスの取れた貿易・投資関係の構築、④金融分野の協力強化、⑤地域及び国際経済組織の協力強化、からなる。とりわけ金融分野の協力に関しては、具体的には外国金融機関の進出、外国銀行への資産運用業務の開放、自動車保険市場の開放、社債市場の開放、QFII（適格外国機関投資家）の運用枠の拡大、金利自由化が公約されて、中国資本市場の開放化が進むことになった。また環境・エネルギー分野では、一次エネルギー（石油・石炭・天然ガス等の化石燃料、原子力の燃料であるウラン、それに水力・太陽・地熱等の自然エネルギーを指す）供給の第1位アメリカ（19.5％）、第2位中国（16.3％）の協力関係が推進されることになった[15]。第4回（2012年）では人権問題が大きくクローズアップされ、また中国の国有企業の、政府から与えられる様々な補助が問題となった。第5回（2013年）の共同文書では、その内容は1.経済政策の強化として、①為替の柔軟化、②金利の自由化、③国有企業改革、2.貿易・投資の開放促進では、①投資協定の交渉開始、②サービス業の開放、③中国の対米投資機会の保証、④インフラファイナンス、3.金融の安定と改革では、①証券市場の監督への協力、②シャドーバンキング対策、③金融業の対外開放、④銀行間債券市場での引き受けライセンス取得、

⑤国債先物の導入と外国銀行（現地法人）・外国人投資家の取引参加、⑥消費者金融会社の試験対象機関・地域の拡大、⑦人民元建て決済ライセンス付与の加速化、⑧企業年金・年金保険、⑨規制、となっている[16]。

　このような経過とその対話内容を見ると、第1に共同声明という形で両者の共通点が確認されるというプラットフォームが築かれたこと、第2に金融市場に関わる開放をアメリカが次々と求めたのにたいして、中国側は一般的にはそれを容認しつつ、段階的な実施を約束したこと、反面、人民元の問題は特段に課題に上らないようになったこと、第3に環境、エネルギー面での協力関係が促進されたこと、その反面、軍事安全保障に関しては強いて話題にされてこなかったこと、第4に知財保護や「自主創新」技術開発、それに国有企業という、アメリカ側が最も関心のある問題への注文がほとんど取り上げられていないという印象を持つ。それは周辺部分を回っているだけで、肝心の問題の核心部分は避けて通られている。これではアメリカ国内からの反発が強まるのも当然である。佐々木高成氏はアメリカ国内からの反発を受けて、オバマ政権が対中硬化路線に転換する可能性も大いにあると論じている[17]。ここからは、これらに海洋資源とシーレーンを巡る軍事安全保障問題も加わって、米中間の中心的な課題に浮上し、今後はさらにタフな対話になる兆候も見られる。なお2014年度に関しては、後の章において触れることにする。

第3節　グローバル資本主義の諸特徴

1．外延的拡大と内包的深化

　今度は資本主義のグローバルな展開という今日の事態から問題を考察してみよう。我々が日々生活している現代世界は、この20年間に大いに変化した。一つは「空間的広がり」（外延的拡大）である。資本主義と社会主義の並存と対抗という体制間対抗の時代が終わり、私有財産制の基礎上で、企業体制下での商品生産と市場を通じるその実現（商品流通）という資本主義システムのグローバルな展開と普及化が急速に進み出した。そのことによって、全世界が資本の支配の網の目に覆われるようになった。もう一つは「内容的な充実」（内包的深化）である。「IT革命」といわれる情報・通信の新たな革新が始まり、情報化社会が急速

に進み出して、サービス経済化が進行してきている。個人レベルにおけるパソコンの普及とそれを情報・通信のネットワークで結ぶインターネットが切り開いた新次元は、著作権を中核とする知的財産権の確立と、それを無形の著作物として取引するコンテンツビジネスの興隆ならびにインターネットを通じてそれを配信するネットビジネスの大流行を生み出した。情報化社会と総称される新たな世界が、今日、地球大で我々の生活の隅々にまで浸透してきている。しかも「空間的広がり」（グローバル化）と「内容的充実」（情報化）は相互に結びついて相乗効果を果たし、21世紀の今日の主要で一般的な様相になっている。世界は今や一つに結ばれ、世界中のどこでもビジネスを行い、どこからでも商品を購入し、世界中どこでも音楽や映像を楽しみ、マネー決済し、相互交信を通じて意思疎通し合っている。我々は世界中の出来事（ニュース）をリアルタイムで知ることもできるようになった。こうした即時性は敏感性（sensibility）とともに、反面では脆弱性（vulnerability）の危険もあり、世界中を浮遊する（volatile）マネーの攪乱によって、個人はおろか、一国経済までもが強く影響を受け、場合によってはたちどころに国家破綻に陥ったりするようにもなった。このことは、不確実な未来に備えるためのリスク管理を経済学の重要な要素にすることになる。

そして世界経済は内容的にはモノ作り（物的財貨）とコト作り（知財）の二層のものとして立体的に構築されるようになった。その結果、空間的には知財中心（「知財王国」）のアメリカとモノ作りの拠点（「世界の工場」）中国とが並び立つ双頭の世界が現れた。筆者はそれを「スーパーキャピタリズム」の出現とかつて命名した[18]。しかも、それは単に並存しているのではなく、無形のもの（知財）が有形のもの（物的財貨）の上層に建てられるという形をとっていて、知財に依拠する先進国が物的財貨の生産に一意専心する途上国に優位する時代の出現でもあった。したがって、かつて南北間の問題というと、当初は工業品を作る、機械に依拠する先進国と自然の賦存条件に恵まれた、農産物や資源を供給する途上国との間の一次産品問題から始まり、やがて途上国の工業化が定着し、次第にキャッチアップが進むようになると、先進国は資本集約的な重工業中心に移行し、途上国は労働集約的な軽工業に立て籠もらざるを得なかった。さらに途上国の資本集約財化が進むと、先進国は技術集約財にまで昇段した上で、その延長としてアメリカに代表される先進国が知財中心のサービス経済化して、中国が今や「世界

の工場」としてモノ作りの一大拠点になっている。モノとサービスの南北間でのこの逆転現象は、もちろん、かつてのような、ホテル、レストラン、清掃などの伝統的な人的サービスではなく、IT化と結びついた高度科学技術労働の「ニューサービス」であるとはいえ、労働の質とその内容を一変させて、その相対的な優位国の賦存状態を変えた。そしてやがて中国が知財にまで手を伸ばすようになると、アメリカはこの階段からはじき出されて転落する危険すらある。

　もっともモノ作りが次第に無人化・ロボット化に向かうとはいえ、消滅するわけではなく、それを作る人間労働が無用になるわけでもない。科学技術の発展が両者の統合へと向かい、人間労働は益々全体の統御者として管理・指揮労働が中心になるとともに、新製品を生み出すための研究・開発活動や生産システム・生産方法の改善・工夫など、科学技術労働と総称されるものが主力になっていくだろう。そして人間労働はより豊富に、より複雑に、より多様に、そしてより合理的・科学的になっていき、それぞれの分業に沿って専門化・高度化が進むとともに、全体的には高次元で統合されていくことになろう。こうした歴史的発展傾向を考察すると、アメリカの対応策は、座して死を待つ自滅策ではなく、アメリカ自体は知財大国として君臨し、それによって繁栄する少数の億兆万長者を生み出し、日本やEUでも同様のことが起こるばかりでなく、同時に中国を始めとする新興国・途上国でも比率はさらに少ないとはいえ、「モノづくり」大国の中での知財化によって潤う億万長者を生み出し、その結果、彼らとの間のグローバルな同盟関係の結成に向かわせようとするだろう。これがネグリとハートの「帝国」[19]のもともとのイメージであった。つまり、グローバルな「知識資本家」階級対グローバルな知識人——実は労働者——階級の対抗、そしてさらにその下に呻吟するグローバルな古典的労働者階級の滞留であり、この後の二者が広範な「マルチチュード」を構成するという構図である。

2．グローバリゼーションの意味

　次にグローバリゼーションの意味について概説しておこう。上記のような資本主義の世界的な普及は世界を一つにまとめ、言葉の本来の意味での、地球を一つにしたグローバル経済を生み出した。もっとも人によっては16世紀の地理上の発見にグローバル化の起源を求める議論もあるが、それも一つの見解ではあれ、

こうした長期的な歴史スパーンの視点を筆者はとらない。我々が見ている現実のグローバル経済は、体制間対抗の解体による単一の市場経済化が地球大で現れた、20世紀の最後の10年間以降のものだと考えている。したがって、資本主義の興隆期に現れたものは、むしろグローバル化の前史と見るべきで、民族単位での国家形成（国民国家）という西欧での近代化の開始が、地球を一体的なものと意識させたことは事実だが、その後、西欧国民国家間の対抗と角逐はアジア、アフリカ、南北アメリカ、オセアニア等の伝統社会での猛烈な植民地獲得競争となり、その結果、世界の分割完了による宗主国─植民地の縦型アウタルキー（自給自足＝自己完結型）世界のブロック経済を生み出し、グローバル化は分断されてしまった。そして第2次大戦後は、アメリカを中心とする資本主義体制と、ソ連を中心とする社会主義体制が対抗し合い、新たに独立を遂げた途上国はその間で、経済建設のための自らの進路をいずれにとるかの選択を迫られた。そして体制間の対抗は、経済的には途上国への援助などの経済支援を通じて自陣営への包摂を狙うとともに、軍事的には米─ソ間では核管理を中心においた「冷戦」から「緊張緩和」（デタント）へと推移する中で、ベトナム、朝鮮、中国・台湾などの分裂国家や、それらを取り巻く周辺地域では一種の代理戦争が熾烈に戦われた。これが両体制に分断された二つの世界の並存状態の意味合いであった。

　ところで経済のグローバル化とは、ヒト、モノ、カネ、情報の国を越えた移動が盛んになり、その結果、事実上経済のボーダーレス化（国民経済的制約性の最小化）が進むことを意味する。しかしそもそも資本主義経済システムは近代化の奔流の中で、市民社会の形成と一体となった民族的覚醒（nationalism）を土台において、国民国家（nation state）を基礎単位として成立し、そこでは主権（sovereignty）を持った国家権力が至高の存在として確立された。この国民国家体制は主体となった市民階級の利害を反映して、土地と資本の私的所有と、企業活動の営業の自由を認め、労働の国内移動を保証して、産業革命に始まる資本主義化を大いに進めた。そして国内市場を主な活躍舞台とする自立的な国民経済が形成され、地代、労賃、物価、利子率、利潤率、税率、通貨などの基礎的な経済範疇はことごとく「国民性」を帯び、対外移動や外国からの移入に制限が加えられることになった。

　しかしながら、ヒト（移民）、モノ（貿易）、カネ（資本の移動）、情報（知識）

は本来的に国を越えて出て行こうとする強い志向性を持ち、世界市場での自由な活動を希求するものである。したがって世界的な自由化と国民経済的規制との間のジレンマが生まれ、対抗し合うことにもなったが、最終的には国内市場（国民経済）と世界市場（世界経済）という二重性を帯びた、複合的なものに収斂されていくことになる。そして国家権力の経済過程への干渉が強まれば保護主義的傾向が、逆になれば自由化がそれぞれ強まることになるが、概して資本主義の発展した先進国では自由化が強く叫ばれ、反対にそれが未発達な後進国では保護主義が強まるのが通例である。このように国家主権の及ぶ範囲は国内に限定されているため、その内部では組織化されるが、反対に世界市場ではアナーキー（無政府状態）が蔓延して、弱肉強食の競争が行われ、場合によっては国家の後押しを得て経済外交が展開されて、経済戦争と呼ばれるほどにまでなることもあった。だから商品の価格も賃金も利子率も国民通貨の交換比率（外国為替相場）も国によって異なり、世界全体ではそれらが階層上に並ぶことになる。その結果、途上国の賃金が先進国のそれの10分の1や20分の1になるといった事態が顕著になり、それがグローバル経済下での各国の競争力に反映されていくことになる。こうしたことから、絶対的なコスト比較ではなしに、国内交換比率と比較しての相対的に有利な部門に特化するという、国際分業の利益を反映した比較生産費の世界が貿易では花開く。また利子率の格差を考えて、資本の豊富な——したがって低利子率の——先進国から資本の希少な——したがって高利子率な——後進国へと資本が移動していくことにもなる。

3. 多国籍企業の三形式

さて今日のグローバル資本主義の企業主体は多国籍企業であるが、それには大きく三つの形式がある[20]。

第1は大宗としての、製造業多国籍企業の企業内国際分業に基づく国際生産である。第2次大戦後、アメリカ企業を中心にした製造業の多国籍化が怒濤のように進行したが、その基本的な特質は国を跨がる国際生産にある。それは基本的には企業内の国際分業を活用して展開される。そこでは親会社と海外子会社との間で、中間財・部品類の頻繁な移動が企業内貿易として行われ、生産場所とその諸段階が国を越え、時間を越えて行われて、最終的には統合されたものとなって完

成し、世界市場目当てに販売される。加えて企業内での資金移動と企業内での技術移転も行われ、内部化されたルートがその主要な道筋となる。この製造業多国籍企業の国際生産の優位性は、各国間の生産費の差を自社内に吸収し、伝統的な国際分業ではなしに、企業内の国際分業としてこれを展開できるところにある。つまり端的にいえば、先進国の機械化と途上国の低賃金とを結合させ、かつ内部化されたルートを通じたヒト（企業内人材移動）、モノ（企業内貿易）、カネ（企業内資金移動）、情報（企業内技術移転）の移動を行い、世界大での最適化を図って、最大の利益を実現するという道を歩む。換言すれば、価値創造と価値実現の時間的、空間的分離と一つの資本の下での再統合こそが、多国籍製造企業の企業内国際分業の最大のメリットである。あるいは先進国親企業の高技術（高い技術構成）と途上国海外子会社の低賃金（価値構成大）とを同一企業内で統合するものである。だから海外子会社の意味は「同一技術構成下での相異なる価値構成の活用」[21]にあるといえよう。ただし、それは国民経済的には自国から生産基盤の一部が外国に移って国内の空洞化が生じ、また部品輸出＜完成品輸入となって現れるため、貿易収支の赤字が拡大することにもなる。したがって、多国籍企業の個別利益と国民経済的総利益とは常に一致しないばかりか、相反することさえしばしば生じる。

　第2は企業間国際提携の展開である。先進国でのIT化・情報化の興隆は、それとは対照的な途上国での工業化の進展と相まって、上で述べたような企業内での国際生産ばかりでなく、独立の地場企業を活用した企業間国際提携としても展開できる条件を生み出した。ここでは外部化が主力となる。そうすると、適切な地場企業を見つけ出し、交渉し、自社内生産システムへの包摂のための訓練・陶冶などの余分なコストと時間がかかるという側面もあるが、反面ではすべてを自社組織内に確保しておかなければならないという負担を免れることもできる。そのことによって、いたずらな総合化ではなく、「選択と集中」と呼ばれる優位な部門への専門・特化とそれ以外の部門の大胆なリストラを行い、状況の変化に応じた柔軟かつ迅速な対応が可能になる。ここでのキーポイントは自社と外部の地場企業とを結ぶ共通スタンダードが確立できるかどうかにある。組立加工型の製造業では、部品類をまとめてそれぞれのモジュールに整理・分解し、その上でそれらを共通のスタンダードで結び合わせるモジュラー型生産システムが活発にな

ってきた。そこでは部品の標準化と互換性が不可欠になる。こうした「組み合わせ型」の生産システムは機械化による大量生産を得意としてきたアメリカにおいて発展を遂げた。一方、日本はそれとは対照的に元請―下請関係を基本に据え、それを協力会に組織してジャストインタイムで生産する「摺り合わせ型」が根付き、良質・低廉な製品を生み出して、強力な競争力を誇っていた。これがモジュラー型生産システムの台頭によって、逆転へと向かい始めた。そして先進国多国籍企業と途上国地場企業との間の企業間国際提携が進むと、途上国の工業化と市場経済化を一段と進めることになるが、途上国がそこから抜け出して、自立的な生産システムを作り出せるかどうかはまた別である。確かにこれはグローバル経済を促進して、現地の工業化を促し、全体としては世界の平準化に寄与するとはいえ、国際下請生産と呼ばれるように、外資のために有利な工業団地や経済特区を用意しても、いつまでもそのままの地位に固定されたまま、現地経済全体への波及が微弱にしか生じなかったり、もっと低賃金を提供できる国が現れると、契約に基づくものであるため、簡単に移転されてしまうことにもなりかねない。そうなれば元も子もなくなる。そうした不安定性を抱えてのものでもある[22]。

　第3は以上の製造業多国籍企業ではなしに、モノ作りからコト作りへの転換に沿った、知財サービスに依拠した知財型多国籍企業――知識集積体――の登場である。これは現在のIT化・サービス化の進行とともに、アメリカを始め、先進国での多国籍企業の性格を変えてきている。高い研究開発能力と高度科学技術労働者、そして知財化された商品・製法・経営ノウハウ等のパッケージ化された塊が企業の中核になり、一個の知識集積体として屹立することになる。それを「知識資本」[23]という呼び名で表現し、それを経営する「知識資本家」とその下で働く「知識労働者」が両軸として台頭してくるようになった。もっともこうした変貌は製造業多国籍企業がなくなることを意味せず、製造業の内容と利益源泉が主要にモノ作りからの利潤ではなく、研究開発投資からの果実としての技術特許料収入や著作権等の知財サービス収入――これらを合わせて「グッドウィル」という概念に筆者はまとめる――へと移行し、その主力が最先端技術と高度情報で取り巻かれた「知識集積体」に昇華しただけである。そしてここまでグローバル生産が進むと、世界大で資源、知識、高度科学・技術労働者（人材）、市場、部品サプライヤー等を探査（グローバルスキャニング）して、最高のものを見つけ出

して、契約に基づいて発注し、雇用し、生産工程の組み合わせを考え、そして完成された商品を的確なキャッチフレーズを駆使したマーケティング活動に乗せて、自社のブランド名を使ってグローバルに販売し、グローバル規模で利益を回収することができるようになる。地球人口70億人を対象にした、文字どおり、グローバル企業の出現である。そうなると、知名度はグローバルなものであっても、その本社は指令・統括本部に徹し、新製品開発と人材確保と資本蓄積とストラテジー（長期戦略）にのみ専念し、実際には何ら生産活動を行わなくなるため、その実態は曖昧になる。その結果、次第に企業はバーチャル化していき、その全体像は限りなく不透明になってくる。そればかりでなく、租税を最小化するためのタックスヘイブンの利用や所得隠し、様々なマネーロンダリングを使った操作など、国家主権をないがしろにし、素通りしていき、事実上国家主権が形骸化されてしまうことにもなる。それに止まらず、攻撃にさえ転じて、途上国が多国籍企業の不法行為を告発し、それに歯止めをかけ、あるいは課税を加えたり、国有化しようとすると、逆に直ちに訴えたりするばかりでなく、勝訴して莫大な損害賠償金を獲得したりすることも目立ってきた。たとえばISDS（紛争解決条項）を利用した、国を相手取った訴訟さえ行うほどの強大な力を現在身につけつつある。以上のことからは、国家の上に聳え立つ姿なき「企業王国」・「企業帝国」という呼び名こそがふさわしいだろう。

4．IT化・情報化

さてもう一つのIT化・情報化だが、その経済的含意はどこにあるだろうか。もともとコンピュータは敵の状態を知り、その力を正確に計測して、適切な戦略・戦術を立てるためなどの、軍事用として開発された大型コンピュータ（「ENIAC」）から事実上始まった。第2次大戦後は、予算・決算を始め、各種政府統計を処理する政府用の大型コンピュータになり、企業もビジネス用に使うようになった。この時代の王者はIBMである。やがて「ビットの世界」に最適な、シリコンウェファを使った半導体の性格を活用したIC（集積回路）化が進んで、抜本的な小型化と軽量化、それに記憶容量の増加が可能になり、個人用のパーソナルコンピュータ中心へと大変貌を遂げた。そこでは単にビジネス用や行政用としてばかりでなく、何よりも個人の生活用にも利用できることが最大のメリット

である。後に「IT革命」と呼ばれるようになる、爆発的な普及化が始まった。製造各社はハード面での開発を競い合い、とりわけ半導体の集積度が18ヵ月ごとに2倍になるという「ムーアの法則」が業界では通則となって、半導体メーカーの急速な消長——とりわけ先発メーカーの衰退——を生み出した。そこでは先発メーカーの技術を模倣・改善するために、「リバースエンジニアリング（RE）」と呼ばれる、設計過程を逆回りで解読する方法が利用されるようになる。その結果、先発メーカーの優位性が短期間に崩れて、たちまちのうちに陳腐化し、価格低下に見舞われるため、集積度を短期間で高めるという時間の要素——迅速化——がきわめて大事になる。また企業の消長が激しいため、巨額の設備投資がしばしば回収できないこともあり、そのため大手メーカーは設計（生産前）とマーケティング（生産後）に専念して、肝心の生産過程を人件費の安い台湾などの途上国に委託（ファウンドリー）して、自らはファブレス化（工場を持たない）する、EMSと呼ばれる独得の生産システムが国を跨がって成立してくる。これはNIES（新興国）の台頭の大きな理由にもなった。こうしたやり方は家庭電気製品などでのOEM（受託生産）などとも連関して、企業間国際提携流行の一大要因になる。またハードを巡る競争では優れた演算・制御・記憶装置を有し、情報処理のスピードを上げ、かつ故障を出にくくして信頼を高めることが大事になるが、その点でコンピュータの心臓部分ともいうべき、精巧・精緻な中央処理装置（CPU）を独占するインテルの優位性が確立された。

　パソコンの普及は通信インフラの整備と敷設を不可欠にし、それが急ピッチに展開されることになる。そこではゴア副大統領の名前とともに有名になる、光ファイバー網でアメリカ全土を覆う「情報スーパーハイウェイ構想」がいち早く提唱され、アメリカはIT革命の先導者の役割を果たし、世界景気の好循環を主導して、連続して120ヵ月にも及ぶ持続的な経済指標の上昇という未曾有の活況に沸き、従来型景気変動に左右されない「ニューエコノミー」の到来による恒常的な繁栄までが唱えられた。そしてその後はインフラ整備が世界中に波及していった。こうした情報・通信の革新は21世紀の世界を牽引することになり、国内ばかりでなく、国際的にも海底ケーブルや地上波に加えて、衛星通信を使った、くまなく、効率的で、かつ大容量の送配信業務が活発になる。そのことは、国家主権を越えた国際的な調整がとりわけ共通の基準・方式の採用に収斂されていくた

め、グローバルなスタンダードの確立を巡って諸国間・諸企業間の思惑が交錯し、しばしば該当する国際機関での合意形成を通じて確立されていくことになる。だが通信は「ナショナル・フラッグ」的色彩が濃厚なため、一筋縄にはいかない。しかもそれは世代ごとの進化を遂げていくので、その都度、再交渉と新合意が作り上げられる。

　またこれは使い勝手の良いソフトの開発競争を同時に生み、ビジネス用から個人生活の充実に至るまで、様々な用途に応じたソフト開発競争が展開された。そしてそのソフトも業務用から始まり、次第に個人の生活用やゲームなどの娯楽にまで拡大していき、それらを専業とするソフト企業群を簇生させ、一大ブームが到来した。その場合、基本ソフト（OS）をどの原理が占めるかを巡る競争があり、スタンダードを巡る競争が熾烈を極めた結果、マイクロソフトのウィンドウズがその中心に座った。そしてオープンソースの無料ソフトのリナックスとの競争上の問題もあり、無料でパソコンに組み込む形の戦略が大々的に展開された。いわばハードとソフトの合体であり、この共通の基本ソフト上で操作される各種の多様なソフト群の盛況・繚乱である。こうした結果、マイクロソフト（OS）―インテル（MPU）［両者を合わせてウィンテルという］の支配に加えて、総合的なソリューションビジネスで息を吹き返したIBMがそれぞれの分野の頂点に立ち、その裾野に多数の専業メーカーが群がる産業全体の多面的な立体像が確立されていく。そして企業間の統合・分離がM&Aの形で広範に展開された。これは従来の同一産業内ならびに異種産業間の、垂直的・水平的・コングロマリット（複合）的結合形態とは異なるという意味で、「産業融合」という言葉を当てることもある。もちろん、だからといって、それは固定的なものではなく、一時的な妥協の産物であり、時代と条件の変化に合わせて変化していく。それほどにこの分野は消長が激しく、急速でもある。

5．知財侵害

　さてこのことは、知財侵害と呼ばれる特許違反（patent infringement）、著作権侵害（copyright piracy）、商標模造（trademark counterfeiting）、つまり偽ブランド、それに営業秘密悪用（trade secret misappropriation）といった違反行為が蔓延することにもなる。それに対抗するために、著作権が中核に座る知財権の確立、つまりは

私的所有の基礎上での知財の私物化を生み、本来の著作出版物以外に、映像、音楽、放送、実演などの既成の芸術・芸能・スポーツ・エンターテイメント等がコンテンツビジネスとして自立的に確立され、急速に巨大化する事態をもたらした。各社はこの中への抱え込み運動を猛烈に展開した。しかもこの著作権の中には著作隣接権としての人格権（実演者）や財産権（企業・団体）も加えられて、より複雑かつ包括的になる。あらゆるものが知財の対象になり、その独占から長期にわたる知財料を獲得するビジネスが盛んになった。そして管理の強化が強まり、知財権の絶対化が企てられ、そこでは販売によって利益を獲得する形ばかりでなく、貸与から利益を得たり、場合によっては必要な機器を無料で配布して、使用料でもっぱら稼ぐビジネスマインドも育ってきた。さらにリナックスというオープンソースの無料ソフトを利用し、半導体コストが限りなくゼロに近付くという趨勢を活用し、さらにブロードバンドの普及による回線コストの下落といった条件を利用——これらを合わせて「チープ革命」と呼ぶ——して、検索エンジンと呼ばれるグーグル、アマゾン、ヤフー、ブログ、ウィキペディア、フェイスブック、ツイッターなどのビジネスがインターネット上で無料で配信して、広告・宣伝料で稼ぐというネットビジネスの形で盛況を極めるようになった。固有の意味での情報産業の台頭と興隆である。そうすると、知財権を盾にその独占から利益を得ようとするコンテンツビジネスと、基本的にオープンかつフリーにして、広告料で稼ぐネットビジネスとの間の、両者の異なるビジネス原理が対抗し合うことにもなる。

　それのみならず、利用者の側から見れば、それぞれが別の問題を抱えている。知財の絶対化は私的独占期間の長期化、二次利用の禁止、個人研究用などのフェアユースの禁止、海賊版の禁止、フリーコピーの禁止等とそれらの厳罰化を生み出した。一方、ネットビジネスは最終的には70億人の全人類の個人情報を管理することになるプライバシー保護の問題を生起させた。ここでは、将来はクラウドコンピュータと呼ばれる巨大なコンピュータシステムが開発され、いわば「あちらの世界」（バーチャル空間）にすべての情報が蓄積され、「こちらの世界」の各個人のパソコンはそれを適宜利用する単なる端末にすぎなくなるという事態さえ構想されている。だがP2Pというファイルの共有による個人間の情報共有は創作活動上きわめて大事であり、他人の著作物の公正な使用を許可するフェアユー

スは創作活動を刺激するし、パロディは二次創作促進のための起爆剤になる。また厳正な処罰の前に、あらかじめ注意を喚起するという notice and take down（通知と削除）の原則が貫かれること、さらには一定期間の独占的使用を過ぎれば、パブリックドメインにしてだれでもが利用可能な状態に移すことなどが独創性を育み、これまでの成果を継承しつつ、かつ発展させるためには必要不可欠である。それを考えると、一方での厳正なルールでの規制と他方での緩やかなグレーゾーンを設けて、創作活動と研究の自由を保障することとの組み合わせ、つまりはダブルスタンダードによる「ハイブリッド」化[24]が、その間の絶妙なバランスをとるためには、現状では大事な落としどころとなろう。もちろん、それが唯一の解決策ではないので、将来的にどう転ぶかはわからない。しかし民主主義の土台を堅持して両者のバランスに留意することこそが、この問題を長期にわたって好ましい形に誘導するための基本原則となろう。またネットで結ばれたバーチャルな世界の拡大はリアルの世界との不照応を生み、空想と現実の境目を曖昧にし、両世界を行き来する人間精神の自由な多元的飛翔を夢見たりさせる。それは、飽くなき未来志向という、人類が進歩・発展を遂げてきた根源的な活力源と本能を刺激している。ただしその逆に、過去でも未来でもない、現在こそがすべてだというライブ感覚を生み出し、その巨大な流れのままに身を任せて、それを乗り切るための感覚と感受性を研ぎ澄まして、手練手管・術策に狂奔するカレンシー万能の風潮と、時流への追従を高めることにもなる。

　かくて経済原理的にはこれまでの規模の経済性や範囲の経済性に加えて、スタンダードが支配的になるネットワークの経済性を生み出した。それもハードからソフトへ、さらには「ウェット」とも表現されるネット化への発展・進化が進行している。また人間による自然の征服と活用、そして生産・流通などの経済活動の発達のための技術の発展とそれに合致したシステムの形成という面で見れば、人体に擬えて、それを筋骨系統（作業機）と脈管系統（動力）が中心であった軽工業から重工業の時代、そして神経系統としてのコンピュータネットワークが台頭してくる「ニューサービス」の時代、最後に人工知能・ロボット・全自動化が登場して、これらの全体を統御する頭脳中枢の役割がきわめて大事になる21世紀の世界へと、より全面的になってきた。したがって今後はさらに人間生活のあらゆる面に浸透する、多様で多目的で多角的な用途が用意されてくるだろう。た

とえば近年は新たなエネルギー源としてシェールオイルが注目され、それと電化とを結びつけて、コンピュータで統御する「スマートグリッド」と呼ばれるシステムがアメリカで生み出された。そして世界中に広まる兆しが見える。また工場の無人化や介護ロボットや自動運転装置なども実用化の道を辿っている。ともあれ世界は、今や情報化・コンピュータ化がグローバル化と統一的に展開された結果、上述したように、一方で「知財大国」アメリカを頂点としたシステム（上層）が作られ、他方でそれとは別に「世界の工場」中国がモノ作りの一大拠点（下層）として現れて、全世界的には両者の階層的な構造が出来上がっている。このことは、一面での相互補完的な代位関係であるとともに、他面では両者の競争と対抗の関係をも生み出している。そして首尾良く上層が下層を支配し続けるばかりではなく、その逆に下層が上層をひっくり返す「革命」や、下層の一部が上層に成り代わる「代替わり」（クーデタ）がグローバル規模で起こる可能性もある。したがって21世紀は相互転化の可能な時代（Age of Interchangeability）でもある。

6．マネー資本の跋扈

　最後にその中でそれとは相対的に独自な行動として、マネー資本の奔放な動きがあり、浮遊する金融資本とそれがもたらすリスクが世界全体の不安定性と変動性を増幅している。多国籍企業は製造業多国籍企業（「世界的集積体」）から知識集積体へと昇段し、さらにバーチャル企業へと再度転化しようとしているが、そのいずれもが資本によって支配されている。この資本こそがその真の姿をあらわにしない秘密のベールに包まれたものである。それがグローバルに傍若無人に世界を攪乱している。こうした金融資本の相対的に独自な運動は、本来なら各国国家主権と国際機関によって首尾良く統治可能な状態に納められていなければならないが、大激動で不安定で混沌とした時代にあっては、そうはならない。これを管理できないと、それこそゼログラビティの状況に漂うことになろう。
　ところで留意すべきは中国の金融システムの独得の性格と仕組みである。国有銀行と国有企業が両輪となって経済建設を進め、それは政府によって統合されている。したがって、生産と金融との離齬や分離が起こらず、一体になって進められている。この強みは金融機関が債務過重によって倒産することもなく、企業側

は相対的には安い金利で資金を調達することができる。そのため、海外進出に当たっては断然有利な条件を獲得できる。この異質性は西側世界から見れば一大脅威である。一般的な意味でのリスクなるものが成立しないからである。だがそれはマネーの焦げ付きを国家に丸投げして、事後処理を頼むことであり、その反動は国家（実は共産党）によって、企業秘密をすべて握られることになり、その指示のままに動かされていき、国家の全面的な支配下に陥ることになる。手痛い代償を払うことになる。

第4節　ポスト冷戦時代の軍需産業——その変貌と新展開

1．軍需産業の新展開

　ソ連・東欧の崩壊に始まる冷戦体制の解体は世界の軍需産業に大きなインパクトを与えた。第2次大戦までは、各国は平時における比較的小規模の常備軍と戦時における巨大な軍事力——とりわけアメリカでは志願兵に依拠——という構成をとっていたが、それは財政的な負担も一時的であり、経済全般への影響——臨時的な景気刺激から人的損害や物的な費消までも含めて——も比較的短期的であった。つまり戦争はあくまでも非常時の出来事であった。もっとも史上最大規模といわれた第1次世界大戦よりも、第2次世界大戦は比較にならないほど大規模であり、総力戦といわれたように、交戦各国は経済力強化に基づく軍拡に鎬を削ってはいたが、それもあくまでも戦時のことであり、戦争が終結すれば、元の平時経済に戻るはずであった。

　だがその期待もむなしく、第2次世界大戦後に事態は一変する。体制間の対抗が全面に出て、その中心に位置する米ソ間の疑似戦争状態——だから「熱戦」ではなく、「冷戦」なのだが——のまま、平時においても半ば恒常的に巨大な軍事力を維持し、かつ核兵器を中心にした東西間の軍拡競争がそれにさらに拍車を駆け、この傾向を増幅させることになった。それは当然に財政への恒常的な圧迫をもたらし、さらには科学技術や人的資源の軍事利用をいやが上でも高めることになった。ここでは一方での体制的な「政治的必要」が軍事力強化による常備軍の強大化を生み、他方では技術革新による高性能兵器システムの絶えざる更新——いわば「軍事的必要」——は、精度がコストに優先するという軍事特有の論理を

より一層加速化させることになり、それらの結果、財政負担や経済全般への影響をいやが上でも高めることになった。このことは、不況に悩む産業には絶好のカンフル剤になるとはいえ、長期的には経済の「アキレス腱」――負の要因――にもなりかねないので、政府は「財政健全化」や「武器調達の合理化」、さらには「装備体系の効率性」追求の名の下に、一方では米ソ間の核軍縮――実は現状凍結のままでの旧式の核兵器体系の廃棄なのだが――交渉によって相互に負担を軽減させようとしたし、また他方ではアメリカは――そしてソ連も――同盟国への負担転化を図ってきた。しかしこうした政府の論理とは別に、軍需産業にすれば、兵器類の販売は確実に利益の上がる――しかも高収益の見込める――儲かる分野であった。というのは、ひとたび入札さえパスすれば、競争相手のいない非競争市場であり、しかも、そこでの価格設定は「コストプラス方式」と呼ばれているように、申告した費用に一定の利益を上乗せしたものが、販売価格（＝政府への納入価格）として保証されているからである。そして事実上の独占体として我が世の春を謳歌することになる。もっともこのことはとかく軍需産業と政府との間の癒着――軍産複合体の形成――を生み出しがちで、贈収賄の温床になったりする。以上のことから、体制間対抗下での軍拡サイクルが形成されていき、政府と軍需産業との「軍産複合体」による強固な支配体制が、体制間の対抗下での覇権国アメリカの崇高な使命の遂行のためにはやむを得ないものとして事実上黙認され、この軍拡サイクルを支えることになった。

　ところが東西冷戦が終わり、国防省と軍需産業にも冬の季節が到来することになった。ペリー国防次官（後の長官）が「最後の晩餐」（1993年）と慨嘆した、我が世の春からの決別の時の到来である。もっとも上記のような軍需産業にとっての好循環も、すべてが良好なわけではなかった。

　まず第1に半ば独占的な高収益が保証されているとはいえ、政府市場は狭く、しかも政治的必要によって規定されているので、それが変更されれば、忽ちのうちに政府調達から解除される恐れがあった。そうすれば、過剰すぎる設備を持ったまま、一転して遊休化に苦しむことになる。それを避けるため、軍需産業ではその頂点に位置するプライムコントラクター（主契約企業）はお互いに一方での対政府交渉での熾烈な競争と同時に、他方では共倒れにならないための協調――悪くいえば談合――の両面戦略をとって、ほぼ定期的に契約の順番が回ってくる

という、いわば協調下での競争を続けていた。しかしその下にあるサブプライム以下の部品等の専業メーカー／サプライヤーは、それに振り回されると没落の危機に陥るので、たとえ主契約企業がどう変わろうとも、一貫して納入できるという確かな専門能力を維持して、仕事が確実に保証される方策——いわば浮動的下請けの地位——を志向した。

第2の制約条件は軍事的・技術的な必要からの厳格な規格——これをミルスペックと呼ぶ——の箍が嵌められていることである。しかもこの厳格なミルスペックをパスした生産ラインは常に維持されていなければならない。そうしないと、一朝ことあった場合の即応ができず、また費消した兵器類の補充と保守・点検・補修ができないからである。このことは軍需産業にとっては、恒常的に生産設備の一部を遊ばせた状態にしておくことになり、効率性の見地からは無駄になる（もっとも軍事そのものが大いなる無駄だ——そのため、しばしば軍事支出は経済外的なスペンディングポリシーだといわれてきた——ということからすれば、非軍事経済化を進めることこそが本来の姿だということにもなるのだが……）。しかもこの軍事生産とその維持には厳格な機密の保持までがついてまわり、そのためのコストもかかり、報告義務などの管理体制の整備も必要になる。

第3に兵器体系の刷新のために、絶えざる技術革新に目を配らなければならず、それは軍事技術が最先端で民生技術はそれよりも後方を歩み、そこから波及していく——これをスピンオフという——うちはいいが、それが民生技術優位に逆転してしまう——スピンオンになる——と、かえって時代遅れのものを維持させられることになりかねない。それらのことも相まって、軍需産業は冷戦終焉による全般的な軍事調達の縮小傾向と、その中での経済合理性の追求と技術刷新、最先端民生技術の活用、そしてグローバル化への対応という時代の要請に合わせた新たな再編と方向転換を迫られることになった。これを奇貨とした新たな方向性は大要以下のようなものであった。

2．システムインテグレーターへの脱皮

第1は大規模なM&A——それも国際的な規模での——の展開による国を越えた統合化の促進である。それによって、より一層の大規模化の達成による、国を跨がる支配力の強化を図った。元々、軍需産業、とりわけプライムコントラクタ

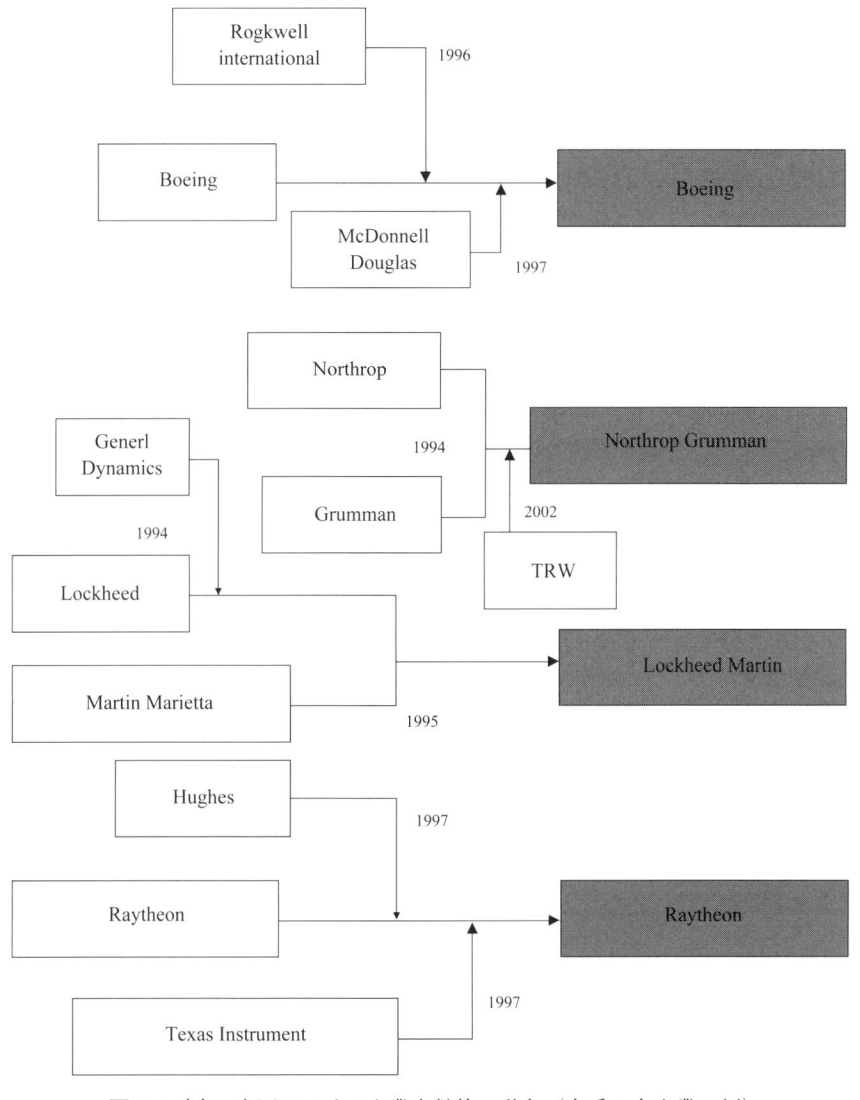

第 1 章　グローバル資本主義と米中政治経済関係

――圧倒的に航空機メーカーが就く――には長期化と巨額化に伴って、それに耐えうる企業体質が求められ、少数の巨大企業による寡占化の傾向が強かった。それがこの軍需産業を襲った不況の煽りを食らって、益々少数の企業への集約化が促進された。図 1-1 に見られるように、アメリカの軍需産業は冷戦体制の崩壊

図 1-1-(1)　米国における企業合併等の動き（大手4大企業の例）

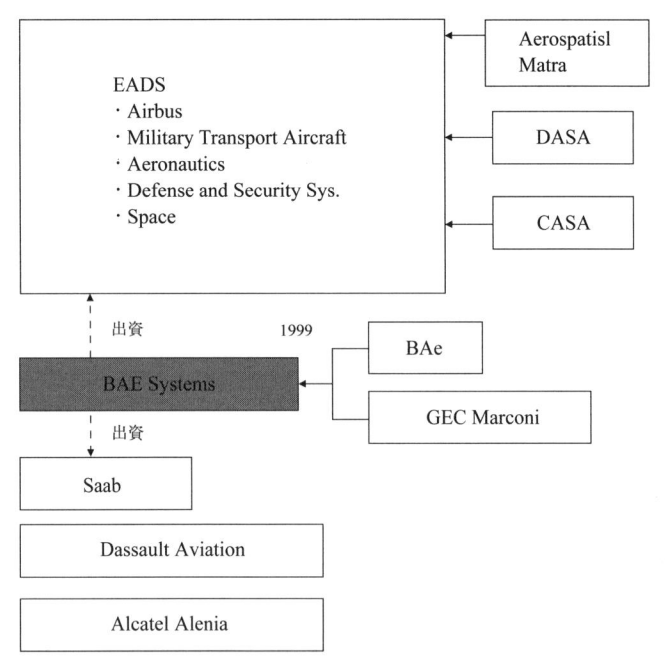

```
                    ┌─────────────────────────────┐      ┌──────────────┐
                    │ EADS                        │◀─────│ Aerospatisl  │
                    │  ・Airbus                    │      │ Matra        │
                    │  ・Military Transport Aircraft│      └──────────────┘
                    │  ・Aeronautics               │      ┌──────────────┐
                    │  ・Defense and Security Sys. │◀─────│ DASA         │
                    │  ・Space                     │      └──────────────┘
                    │                             │      ┌──────────────┐
                    │                             │◀─────│ CASA         │
                    └─────────────────────────────┘      └──────────────┘
                               ▲
                               │ 出資      1999         ┌──────────────┐
                    ┌─────────────────────┐◀───────────│ BAe          │
                    │ BAE Systems         │            ├──────────────┤
                    └─────────────────────┘            │ GEC Marconi  │
                               │ 出資                   └──────────────┘
                               ▼
                    ┌──────────────┐
                    │ Saab         │
                    └──────────────┘
                    ┌──────────────────┐
                    │ Dassault Aviation│
                    └──────────────────┘
                    ┌──────────────────┐
                    │ Alcatel Alenia   │
                    └──────────────────┘
```

図 1-1-(2) 欧州における企業合併等の動き

（資料）日本機械工業連合会日本戦略研究フォーラム「平成 20 年度　世界的規模で広がる M&A アウトソーシングの進展が我が国の防衛機器産業に及ぼす影響の調査報告書」平成 21 年 3 月、11 頁及び 29 頁による。

後、次々に離合集散を繰り返した挙げ句、ボーイング、ロッキード・マーチン、レイセオン、ノースロップ・グラマンの巨大大手 4 社ならびにジェネラル・ダイナミックス（GD）に集約された。しかもこうした少数寡占企業グループへの集約化が、効果的な国家安全保障基盤の創造として、政府の国防省サイドからはむしろ歓迎されるほどであった。一方、ヨーロッパも EU の統合と拡大が進んだ結果、EADS（航空宇宙）を頂点にし、その下での BAE Systems（防衛）に集約されていった。そしてその次には大西洋を跨がって、アメリカ企業を中軸とする両者の結合と役割分担が進み、さらにその下にグローバルな規模での調達の分散化が繰り広げられるようになる。一つの事例を示せば、米企業がプラットフォーム／システムインテグレーターとして頂点に立ち、その下に主要なサブシステム（たとえば、レーダー、ミサイル、エンジン）が米欧間での合弁企業の形で展開され、

さらにその下のサブシステム（たとえばフライトコントロール、電機光学装置）はグローバルに展開され、最下部の部品／商業機器／レアアース（たとえばカーボンファイバー、ディスプレイ、コンピュータチップ）などはさらにグローバル化が進んでいく[25]といった塩梅である。

　このシステムインテグレーターへの脱皮と役割変化であるが、この性格は突然に表れたものではない。従来から大手のプライムコントラクターは、とりわけ航空機生産においては、自ら直接に生産活動全般を独力で行うよりは、多数の部品・コンポ類——同様の組み立てメーカーとしての自動車産業は内製化が基本だが、航空機はそれを遙かに上回る数の部品数量を必要とするので——を外注に出して調達し、最終的に一カ所に集めて、航空機に組み立てて完成機に仕上げるという形式をとっていた。そのため、たとえば、ボーイングの本社があるシアトル近郊には下請け部品類の専業メーカー／サプライヤーが多数点在していた。したがって航空機製造会社からの転身組としては、彼らはシステムインテグレーターに上昇できる特性を濃厚に持っていた。多数の部品類を集め、最終的には一カ所で長期にわたる組み立て作業を行って完成させるシステムでは、きわめて多くの下請け部品メーカーを利用しなければならず、そのための組織化と広範なネットワークの敷設が不可欠で、彼らはそのための情報とノウハウを蓄積してきた。その延長線上で、今度はグローバルな展開を試みるようになった。もっともこうした特性はゼネコンと呼ばれる大手の建設会社や電力・水道などのインフラ整備事業、さらには造船業などにおいても共通に見られるもので、一般には「エンジニアリングサービス」とか「コンサルティングサービス」といわれたり、日本風には俗にいう「手配師的」な役割ともいわれているものである。この性格がここではシステムインテグレーターとしてさらに上昇・精緻化され、何層にもわたる部品類の製造業者の精選が多国籍に跨がって行われるほどにまで発展した。自らは生産活動に従事せず、生産計画全般への企画・設計・組織化・指揮・監督などの全般的な責任を負うことになる。そして実際の生産活動を行う専門企業群を配下に組織して、自国内に止まらず、国際化を大いに進めるので、民間部門と同様の国際下請け生産のメカニズムを、さらに大規模かつ広範に構築することになる。だから一般の多国籍製造企業における自社内企業組織の拡大による企業内国際分業の展開という形は、ここではその出自からして、そもそも希薄であった。

3．武器輸出・ライセンス生産・共同生産

　第2はグローバル化の進展だが、そうはいっても、軍事特有の性格とその制約条件がそこにはあり、それを突破しなければならない。基本的には、上でも述べたように、国防生産は極度に国家安全保障上の制約が強いもので、極端にいえば、自国内での国産と調達が基本になる。そのため、技術革新を行い、最新鋭技術を確保し、その基礎上に強固な産業基盤を構築しようとしてきた。いわゆる富国強兵策とナショナリズムの鼓吹である。そうしないと、対外依存が国家安全保障上の脆弱性に繋がり、実際の戦争状態に入った場合に致命的な弱点になりかねないからである。とはいえ、すべてを自前で行うことはできないので、必要最小限の海外からの外部調達を加味していた。そして軍事の国際化と呼ばれるものは、いわばこうした副次的なものの拡大としてそもそも展開されたものだが、それを大々的に可能にしたのは、第2次大戦後の体制間対抗という枠組みの下で、自由主義陣営内での覇権国アメリカによる同盟国の組織化と領導という、独得の役割と地位によってもたらされたものである。それによって、アメリカ流軍事システムによって同盟国の武装化を果たし、かつまた狭隘な国内市場の制約性を突破して、アメリカ軍需産業の海外販売を可能にして、軍需産業のボトルネックの解消に貢献した。

　しかし時代の要請はさらにグローバル化の扉を開くことになった。この変化を促した理由の一つは民生用技術の革新である。ITに代表される情報・通信関係の技術革新は軍事を超えて優位になり、その結果、民生用技術の軍事転用、つまりはスピンオンを生み出すことになった。そして国際生産を展開して、開発、市場、技術のすべてでの脱国籍化、つまりは多国籍軍需産業へと脱皮していくことを目指すことになる。もう一つの理由はソ連・東欧に始まる社会主義体制の崩壊である。その結果、単一のグローバル世界が出現した。これらによって促迫された軍需産業の多国籍化への脱皮は、当然に、その前提として、軍事体制そのものの事実上の脱国籍化、つまりは単一スタンダードによる統合——すなわちファミリー化——を促し、共通のタグナンバーによる管理がなされる。その上で、実際には兵器のインターオペラビリティ（相互運用）を高め、統一された連合軍としての体裁が整えられる必要がある。つまり同盟軍との一体化された軍事体制の構

築である。しかも単に規格が統一されているばかりでなく、兵器の補充・整備・点検・補修も含めたグローバルなサプライチェーンまでが出来上がっていなければならない。このように、ファミリー化――インターオペラビリティ――グローバルサプライチェーンが関連を持った一連の連鎖の中で強く結合されていくことになって、グローバル時代における巨大軍需産業の跋扈が実現することになる。それらのお膳立ては覇権国アメリカの政治力（パワー）によって整えられてきた。だから政治と軍需産業との癒着、つまりは軍産複合体の形成がその基底に盤踞することになる。

さて兵器生産とその調達の国際化を考えてみると、そこにはいくつかの段階と形態がある。まず最初は「武器輸出」と呼ばれるものだが、それは内容的には軍事援助（MAP）――無償軍事援助、つまり贈与（Grant）形態――から出発して、それから派生されたものとしての、有償での軍事援助（Foreign Military Sales, FMS）であり、これが一般的には「武器輸出」と呼ばれているものである。アメリカの、外国への兵器類の提供は戦後当初は圧倒的にMAPが主力だったが、アメリカの財政への圧迫と相手国の購買力の向上によって、次第にFMSへと中心が移動するようになった。それはちょうど援助一般が贈与から借款（有償化）へと重心が移動していったのと符号している。これとは別に、民間企業が政府の許可を得て相手国に販売する「商業輸出」（Direct Commercial Sales, DCS）もある。これもまた農産物に関して援助（PL480）の後に商業輸出がきたのと照応している。もっともPL480の場合はすべてが無償であったわけではなく、タイトルⅠは現地通貨建での売却であった[26]。ところでFMSとDCSの違いは、FMSの場合は民間企業から買い上げた兵器を政府が相手国政府に売却するものであるのにたいして、DCSは民間企業自身が相手国政府に働きかけて、直接にその実現を果たすものである。もっとも民間の軍需産業にとっては、いずれにせよ兵器の売却による利益が得られることになるので、実質的には両者にたいした違いはない。一方、政府は前者のFMSの場合には、政府収入が得られるが、後者の場合は単に監督しているだけである。さらにそれらとは別に、第3の形態として現地駐在の米軍が中古品を廉価で現地政府に払い下げる「余剰防衛品売却」（Excess Defense Articles, EDA）が以前はあった。これは今や見当たらないようだ。これら三つがいわゆる広く武器輸出という概念に括られるものであった。

こうした完成品の売却以外に、海外での生産活動に当たるものとして、アメリカ政府がライセンス契約に基づいて、現地での生産を認める「ライセンス生産」があった。これは日本のように生産能力が十分にありながらも、自力で生産することが法律——憲法——によって禁止・制限されている同盟国での兵器生産の特殊な形態として行われた。アメリカ軍需産業がライセンスを供与して、その指導下での、現地での生産の実施である。もちろんライセンサー（米企業）はライセンシー（日本企業）からライセンス料と必要な資材や部品類の売却代金を獲得し、必要な技術指導と保守・点検、ならびに監督業務を果たす（もちろん通常はこれらも無料ではなく、契約の際に一括してサービス料の中に含まれている）。そして完成した兵器類は日本政府が購入する。このようにして日本は長期的・段階的に防衛計画の実現を果たしてきた。やがて、そこから脱却して自らの手で兵器類の生産——いわゆる国産化——を企てるようになると、アメリカのライセンス戦略と衝突するようになって、摩擦を生んだ。両者の話し合いの結果、次に掲げるようなスピンオンに基づく日本企業のアメリカの軍事生産への参加が、武器輸出三原則の例外事項として認められるようになって、「政治決着」した。そして兵器生産の国産化は頓挫した。結局のところ、日本の兵器生産はアメリカ指揮下での軍事生産体系の中に完全に包摂されたままであった。ここでは一般の民生用製品の国際化の進展のように、まず技術導入から始め、次第に自立的な生産へと発展する筋道を取れなかった。

　これらの上で、いよいよ本格的な国際開発と国際生産の順番がくることになるが、それは、ヨーロッパで最初に展開された。NATOがあるとはいえ、相対的に独自な生産・防衛基盤を持つヨーロッパでは、伝統的に自前で兵器の調達を果たしてきた。この基盤の上で、アメリカとの間の共同研究・共同開発が始まった。そして共同生産が航空機を中心にして展開されていった[27]。なお、これらの兵器類とは別に、現地軍の訓練などの人的な軍事サービスの提供（MASP）もベトナム戦争のさなかに増大したが、これがイラク戦争の際にはさらに発展して、民間への委託による民間軍事請負会社（Private Military Company, PMC）の跳梁として有名になった。

　こうした歴史の上に立って、ポスト冷戦後、グローバル化の進展の中で共同研究・共同開発の上に立った共同生産が本格的に展開されるようになる。EUの成

立と拡大は、アメリカと同様にヨーロッパ大での軍需産業の集約化・統合を進めることになり、先の**図1-1**に示したようになった。こうした大西洋を挟んだ巨大軍需産業への集約化・統合化の上に、この両者を跨ぐ形での国際開発と国際生産が展開されることになる。その結果、ティア1（A&D Global Primes）、ティア2（Sub-Primes & Systems Partners）、ティア3（Lower-Tier Suppliers）の三層レベルでの階層上の立体物が作り上げられることになる[28]。

以上を要約すると、現在では、国際化は①設計ならびに製造拠点のグローバル化、②武器市場のグローバル化、③国際提携に当たっての契約企業のグローバル化、の三つの形式に集約できる。その結果、たとえばロッキード・マーチンは2009年には75カ国、300社と提携し、国際売上高65億ドル、国際注文80億ドル、レイセオンは80カ国と提携し、またEADSは収益の50％を欧州外であげ、生産拠点の23％は欧州外にある。その国際化の概略は**図1-2**と**図1-3**のとおりである。

なおこれまで武器輸出、ライセンス生産、共同研究・共同開発・共同生産を説明してきたが、それぞれには、メリットばかりでなく、デメリットや制約条件も

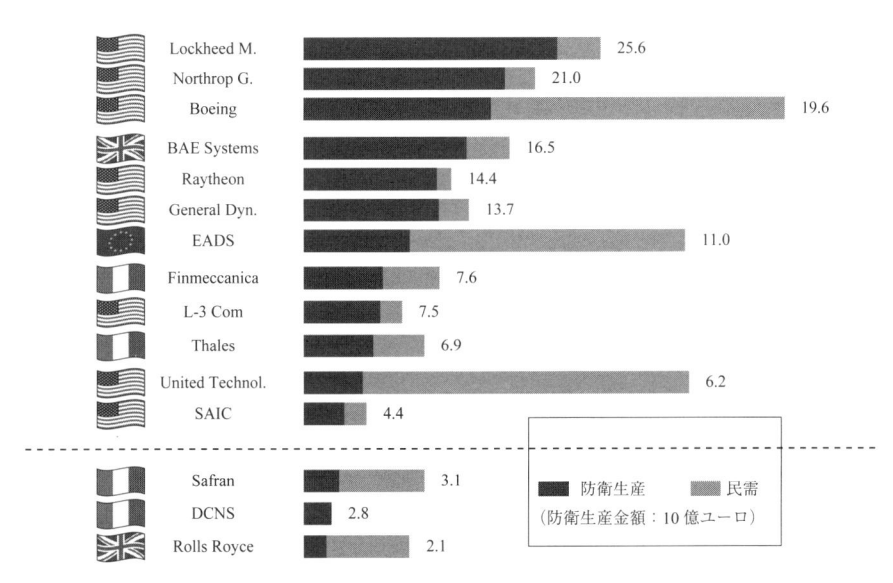

図1-2 主要な防衛機器生産企業（フランス国防省装備庁資料による。）

（資料）ただし、日本機械工業連合会日本戦略研究フォーラム「平成22年度　産業グローバル化が我が国の防衛機器産業に及ぼす影響の調査研究報告書」平成23年3月、64頁。

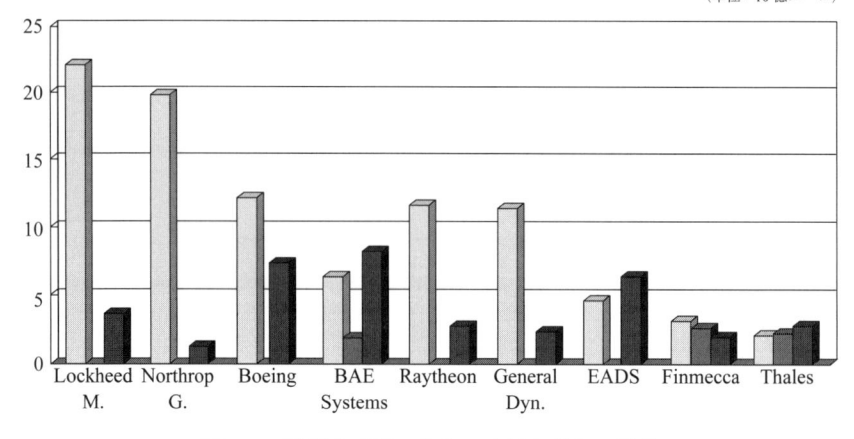

図 1-3　防衛生産額のうちの内需と輸出の規模

（ただし、フランス国防省装備庁資料の防衛機器生産金額に Lockheed Martin 社資料の各企業の輸出比率データを乗じて試算した内需と輸出の規模。単位：10 億ユーロ）
（資料）同上、65 頁。

あることに留意しておかなければならない。まず武器輸出はアメリカの政治力だけでは今や実現されにくいので、輸出企業が輸入国からの商品・サービスの購入を要求される、オフセット契約を輸入国からその対価として同時に求められることが、航空宇宙防衛産業では一般的な商慣習になっている。また武器輸出規制がエンジニアリングや製造に関して様々にかけられていて、それらを首尾良くクリアしなければならない。一方共同開発のメリットは、調達サイクルを短縮させ、コスト削減に繋がることだが、その反対に変化への即応ができない点や、長期にわたる維持・補給に耐えられない点での不利があり、さらに最も困難なのは、民生用の場合、消費者の需要に応じた差異化——そのためにはブランド力の確保が大事になる——が基本プリンシプルだが、軍事の場合には、標準化が基本になるため、そこには異なる原理が支配していて、変化に即応できないことである。また市販のソフトへの依存がもたらすリスクもある。これはサイバー攻撃の際の絶好の標的になる。さらに共同生産においては、規模拡大による効率性の追求、コスト削減、優れた専門企業の生産能力と品質の活用、セカンドソースないしはマルチソースの確保、さらにはグローバルレベルの先端技術の採用、イノベーショ

ンのいち早い採用、リスクの分散と共有、合理化と最適化の加速化など、机上ではメリットが次々と上げられている。しかしその反対に、各国の法的規制を突破し、保護策との調和を図らなければならないことなどに加えて、多国間・多段階に跨がる生産連鎖の中の、たとえどこか一カ所でも中断したり、遅延したりして、グローバルサプライチェーンに支障が生じると、致命的な状態になりかねないので、その管理とスムーズな確保に細心の注意を払うことになる。この脆弱性こそが、民生品以上に大きなリスクになる。加えて秘密の漏洩の危険もある。もちろんこれらはある意味では民間の企業間国際提携の際にも該当するもので、軍事特有のものではないとはいえ、軍事の場合には、それが国家安全保障の根幹に関わることもありうるので、死活的な重要性を帯びている。そう見ると、上述の様々なメリットは軍需産業側からの多分に手前味噌的な都合の良い理屈立てであり、それらは国家安全保障上のデメリットの前には沈黙させられかねないものである。したがって、とかくこの分野では必要以上の秘密主義と厳格な監視がつきまとうことにもなる。

4．スピンオン・デュアルユーステクノロジー・アウトソーシング

　第3にそこでは技術的な必要から、民生用技術の軍事転用（スピンオン）や、軍事と民生の双方に利用可能な両用技術（デュアルユーステクノロジー）の開発と利用が不可欠になる。さらにそのことは広範なアウトソーシング（外注）の活用を伴う。かつては軍事が民生を主導し、軍事の先端技術が民生用に波及していくスピンオフが華やかに展開され、軍事技術・軍需産業の経済的有効性が唱えられた。それはアメリカにおいて、第2次大戦中にマンハッタン計画として原子爆弾の開発が行われたのを手始めに、航空機、航法システム、通信、レーダ、車両など広範に展開された。戦後は、NSC68として冷戦体制下のアメリカの軍事戦略を方向付け、敵国であるソ連・中国など共産圏への輸出禁止──ココムリスト──が厳重に守られた。そしてアポロ計画によって宇宙開発にまで乗り出した。しかしこうした軍事が民生をリードするスピンオフは次第に時代に合わないようになる。それは民生用技術の発達が、とりわけIT関連において飛躍的に伸び出したことをきっかけとする。もとより、このIT関連技術も本来は軍事用として開発されたものだったが、その実用化に手間取っている間に、民生用のパソコン

の普及から始まる、嵐のような「IT革命」が怒濤のように押し寄せることになった。そしてハードから始まり、各種ソフトの開発、そしてその後にはインターネット上での本格的な情報産業の発達など、次々と新機軸が展開されて、今日大盛況を極めている。

その結果、こうした民生用最先端技術を軍事用に転用するスピンオンが唱えられるようになった。その点での嚆矢は日本の民生用技術の急速な発達である。「ターゲティングポリシー」とアメリカから強く非難された、先端産業部門の計画的・戦略的な育成・成長政策によって、日本は輸出大国になり、世界経済の成長の最前線を走るようになった。この民生用技術が軍事転用可能でもあることから、兵器の国産化を目指したが、上述したように、アメリカ側の圧力によって、武器輸出三原則の例外事項扱いとなって、アメリカでの兵器生産への参加を果たす形で、兵器の国産化は断念させられた。かつてこの過程の顛末と詳細な分析を筆者は行った[29]。アメリカ側はこの時の反省から、民生用技術の開発促進のための法制を整備し、新たな組織と仕組みを次々と作りあげていくことになるが、その代表的なものは、半導体のSEMATECH（Semiconductor Manufacturing Technology）の結成（1987年）である。1億ドルを連邦政府が負担して、産官学コンソーシアムが立ち上げられた。これによって、高質な半導体の開発を図った。また1995年には「国家安全保障科学技術戦略」によって、最高度の民生品（COTS）の実現と両用技術の開発、さらには高コスト少量生産の防衛整備品と類似の民生品を量産して、コスト削減を図るなどの工夫を重ねることになる。さらにクリントン政権はミルスペックの緩和を始めとする調達方式の見直しや軍事行政の改革、さらには大胆な軍民転換（defense conversion）[30]まで提唱したが、その実現には至らなかった。

スピンオンが必要になると、技術の性格も軍事、民生両用の、いわば汎用性を持ったものが好まれることになる。こうしたデュアルユーステクノロジーは、スピンオンの時代にこそ花開くことになる。そうして、こうした広範な民生用技術の軍事用への包摂化は、広く民間企業を軍事の内部に取り込むことになるので、システムインテグレーターとしてのプライムコントラクターは、そうした専門企業をグローバルに探査（グローバルスキャニング）し、組織化していくことになり、それはアウトソーシングの形での国際企業間提携の形をとって展開されてい

く。これではまるで多国籍企業の現在形そのものだが、それもそのはずで、大手のシステムインテグレーターを担う企業は航空機会社から出発したもので、まごう事なき巨大な多国籍企業である。だからこの多国籍企業の事業部門の一部に軍需部門があるといった方が適切で、すべて多国籍企業のビジネススタイルとビジネスマインドが支配している。そして軍需と民生の双方が一つの企業内で統一されていることは、民生が不況になれば、軍需に依存し、軍需契約が得られなければ民生で稼ぐといった具合で、その双方を自由に移動することが可能になる。誠に柔軟な組織構造を持つことになる。なお軍事技術そのものの革新が必要だというシグナルはそれと並行的に論じられてきたが、それは一般的には「軍事における革命」(Revolution in Military Affairs, RMA)という言葉で語られている。そこでは軍事そのもののこれまでの論理と機能の中に、最新の科学技術の成果と民生用技術の革新の成果をどう取り入れるかが肝要になり、大量殺傷力（殲滅力）、運搬性（移動力）、小型化、軽量化、耐久性、無人化、迅速化、ネットワーク化などの諸要素がこれまでよりも数段に強力・強大・効率的――人間の殺傷や建造物破壊の度合いを競い合うなどというのはなんとも残酷至極なことだが――なことを目指している。

　アウトソーシングは一般的には開発、運用、保守業務の委託から始まり、次第に経理、総務、人事などの間接業務の外注化から、さらに進んでは設計、開発、物流業務や、さらには生産の一部にまで広がっていくことになる。生産上のアウトソーシングは今日ではサプライチェーンとか外注という概念で括られることが多く、これについてはすでに述べてきたので、ここではサービスに関わるものを考えてみよう。一般には広く請負という言葉で表されてきたものがあるが、それは請負人が相手側に仕事の完成を約束し、注文者が仕事の完成の対価を支払う有償の契約というものであり、これは以前から多くのところで行われてきた。軍需関連に関するものとしては、①PFI（Private Financial Initiative、民間資金を利用して民間の施設整備と公共サービスの提供を委ねる契約方式）、②PBL（Performance Based Logistics、役務の提供等から得られる成果で、注文者が達成目標を設定し、相手側に最良の達成方法を与え、包括的に成果を保証する方式）、③Partnering（イギリスで行われている官民統合目的の特別の契約による調達方式）などがある。もっと詳しくいうと、PPP（Public Private Partnership）は従来からある包括的

なもので、公設民営（GO-CO））といわれる国営兵器工場の民間委託、業務委託であり、これに対して、PFI は施設やシステムの設計・構築等を民間が一体的に担うが、その所有形態や資金調達方式にはいくつかのバラエティを持っていて、市場化テストを含めた改善策として出されてきたものである[31]。要約すると、軍事においてはアウトソーシングは後方支援（補給、整備、施設）、運用支援（通信、物流、衛生管理）、教育・訓練（機材、システムを含む）、調査・研究開発などで広く行われるようになっていて、このうちイラク戦争の際の民間軍事請負会社がとりわけ世界の注目を集めた。

　最後に以上の展開を整理してみよう。これを前節で見た一般的な多国籍企業の行動様式と比較すると、自社内でのモノ作りの展開、つまりは企業内国際分業の展開は、軍需産業の国際化においては希薄である。むしろ、技術とノウハウと政府との親密な関係を利用して、契約を取ってきて、それをグローバルな企業間提携の方式を使って、外注に出す形が中心である。そのためには兵器のファミリー化に基づく、同一規格での武装化が進行して、その下での軍事における相互運用が図られ、さらには事実上、統一した軍隊──名目上の「多国籍軍」──に組織されていくことがその前提にある。その意味では、アメリカンスタンダードによる統一規格の浸透は、国家間の協定に基づいて行われるので、より強固である。また軍需産業は民生用産業でもあり、かつスピンオンが進めば、さらに民生との一体化は不可欠になる。そうすると、両者は同一企業内でどのように統一され、役割分担されているのか。軍需を持つことは企業にとって、マイナスばかりではない。政府のお墨付きが得られ、保証されていることが、企業にとっての絶好の存在意義となる。しかも軍需部門による景気のバッファ効果も期待できる。そして何よりも先端技術を確保することが可能になる。それらは競争条件を有利にする。さらに人的な交流を通じた政府との特別の関係は国家機密にまで手が届くことになる。これらを考えると、メリット、デメリットを総合判断すれば、システムインテグレーターとしてのプライムコントラクターにとっては、軍需はきわめて旨味のある分野であることには違いない。武器輸出もライセンス生産も政府を媒介にした民間軍需産業の利益追求であり、共同開発・共同生産になれば、さらに国を跨がる政府公認のビッグプロジェクトの遂行である。その意味ではアメリカが非難する中国の国家資本主義と内容的にはさして変わるところがない。軍需

産業は同時に民生用機器の会社でもあり、場合によってはシステムエンジニアリングを中核とする巨大なサービス企業にもなり得るので、民生と軍需の間の企業内での重点のシフトと相互関連はデメリットというよりは、むしろこれらの企業を潤してきた。そして今や軍需と民生を併せ持ち、製造とサービスの双方に跨がる多国籍な複合企業として、グローバルに羽ばたいている。これが軍産複合体の内実である。

第5節　アジアにおける冷戦的遺制の存続と多様な道の模索

　本章では、21世紀の世界を概観しながら、アメリカのアジアシフトを中心において、その内容を検討した。残念なことに、長い間の冷戦構造からの脱却とアジアにおける平和的、共存的、互恵的な政治経済関係を生み出しうる基礎としての日—米—中トライアングル関係は未成立のままであり、事実上、その構想は変質化してしまった。

　そのことは第1に緊張関係の増大と戦争への不安を生み出している。アメリカのアジア旋回（pivot）と、「日米同盟」のかけ声の下に日本に課せられた労苦が、中国の対外進出傾向や韓国のナショナリズムの声高な提唱、さらに北朝鮮の軍国主義的対応になって跳ね返っている現状を見ると、暗い気分に陥りがちである。第2次大戦後、バンドン会議を成功させ、平和五原則を高らかに宣言した、希望に満ちたあの声とそこに込められた気概はどこにいったのであろうか。だがこの地域でのかつての戦争の惨禍から立ち直り、今日を築きあげた先人の貴重な努力を無にしてはならない。諸国民は二度と再びこの地で戦火を交えてはならない。そうした断固たる意志を「草の根の民主主義」を基本とする人民は、明確に示さなければならないし、そこに国を越えた国際連帯の基本がある。

　第2に目下交渉中のTPPの中に知財強化の課題があり、それは危険性を持っている。ハリウッドに代表されるコンテンツ企業の後押しを受けて、知財強化を謳うSOPA（オンライン海賊行為防止法）がアメリカで2012年に下院に提出されたが、最終的に否決された。またEUでも同様のACTA（模倣品・海賊版拡散防止条約）が大差で欧州議会で否決された。ところが、これらを上回る知財強化を謳うもの（ACTAプラス）が2011年の日韓FTAに持ち込まれた。それは著作保

護期間の大幅延長、非親告罪化(被害者の告訴がなくても自由に訴追できる)、法廷賠償金の導入、アクセスガードを含む DRM(デジタル著作権管理)の単純回避規制、真正品の並行輸入禁止、プロバイダ責任条項(模倣者本人ではなく)、商標権の拡張(音や匂いにまで)、特許権の拡張(診療行為まで)などを含んでいる。そしてアメリカはこれを TPP にも入れようとしている[32]。アメリカやヨーロッパで通らなかったものをアジアで通そうとするこの試みは、彼らの強い意志の現れか、それともアジアを甘く見て、これを突破口にして、いずれはアメリカやヨーロッパにも遡及させようとする深謀遠慮か。いずれにせよ、これは暴挙であり、否定されなければならない。

　いずれにせよ、世界が情報帝国化に向かい、秘密主義と監視と人権侵害と厳罰化が強まることは困ったことである。アサンジの暴露から始まったアメリカ政府の秘密諜報機関の盗聴活動が、表向きの理由としての敵状視察ばかりでなく、同盟国政府の最高首脳の個人生活にも及んでいたことは驚きである。そしてスパイ活動が微に入り、細に渡って、繰り返し、執拗に展開されているが、それ自体は罰せられないばかりでなく、テロとの戦いに不可欠な活動だと主張されている。それどころか、勇気ある暴露を行ったアサンジは売国奴として指弾されている有様である。情報技術とその手段の開発・進歩はそのことをさらに増幅させる要因の一つになっている。そして政府の情報管理とその支配の強化は、我々の日常生活をますます窮屈にしている。だがそれは決して統治の安定化や強化を生まないだろう。当然、人々の反発や拒絶の方が強くなるからである。それに対する人民の反撃の武器は、個人の自由の尊重という基盤に支えられた民主主義の前進のみである。

●注
1) 関下稔「日—米—中トライアングル関係の経済思想の底流——新自由主義批判の原理的考察——」『立命館国際地域研究』37 号、2013 年 3 月、参照。
2) アーミテージとジョセフ・ナイを共同議長にして、民主、共和両党を網羅する超党派的な新外交戦略だとする CSIS (Center for Strategic and International Studies) Commission on Smart Power, *A smarter, more secure America*, CSIS 2007. のスマートパワー論の内容とその批判に関しては、関下稔『国際政治経済学要論』第 13 章、晃

洋書房、2010 年、参照。

3)、4)、5)『日本経済新聞』2011 年 11 月 18 日。11 月 17 日のオーストラリア議会での演説の全文は The Whitehouse, "Remarks by President Obama to the Australian Parliament," November 17, 2011. なおヒラリー・クリントン国務長官もその直前の 2011 年 11 月 10 日にホノルルで同趣旨の演説を行っている。

6) W.W. ロストウ『経済成長の諸段階——1 つの非共産主義宣言』木村健康、久保まち子、村上泰亮訳、ダイヤモンド社、1961 年。そこでは伝統的社会、離陸先行期、離陸（テイクオフ）、成熟化、高度消費社会の、5 つの発展段階を提示し、この後には消費を超えた「理想」社会の到来をも予想した。彼が「非共産主義宣言」という副題をつけたのは、若い頃共産主義者だった経験から、マルクスを強く意識してのことだろう。また彼は単に学者としてだけでなく、アイゼンハワー、ケネディ、ジョンソンの 3 政権で、対途上国開発戦略を中心にした外交政策のブレインとしても働き、ヴェトナム戦争などにも深く関与した。

7) イアン・ブレマー『G ゼロ後の世界——主導国なき時代の勝者はだれか——』北沢格訳、日本経済新聞社、2012 年。

8) たとえば関下稔『国際政治経済学要論』、前掲。

9) たとえば、『日本経済新聞』2014 年 1 月 11 日。

10) C. フレッド・バーグステン「米中による G2 の形成を」、リチャード・N. ハース「無極秩序と米中関係」、いずれも『フォーリン・アフェアーズ日本語版』2008 年 7・8 月合併号。

11) 関下稔『国際政治経済学要論』、前掲、第 13 章。

12) 原綿生産国としてのアメリカを認知させ、中国からのさらに安価な原綿輸入にたいして補助金を出して米国内の原綿生産者を保護するという、きわめて時代離れした MFN の存在と、アメリカからの原綿輸出→中国での綿糸・綿布生産とアメリカへの再輸出→アメリカでの T シャツ製造と販売→中古 T シャツの激安でのアフリカへの、そしてビンテージものの高額での日本への輸出という、グローバルな生産・販売・再加工・リサイクルについては、『あなたの T シャツはどこから来たのか』（ピエトラ・リボリ著、雨宮寛＋今井章子訳、東洋経済新報社、2007 年）というユニークな名著が詳しい。

13) 佐野淳也「米中間の「戦略的」経済対話の意義」『環太平洋ビジネス情報 RIM』2011, Vol.11, No.40. 30-34 頁。

14) 同上、38-39 頁。

15) 関根栄一「第 3 回米中戦略・経済対話による中国市場の開放への期待」『野村資本市場クオータリー』2011 Summer、ただし『季刊中国資本市場研究』2011、Vol.5-2 より転載。

16) 関根栄一「第 5 回米中戦略・経済対話から見る中国の金融改革に向けた展望」

『季刊中国資本市場研究』2013 Autumn。
17) 佐々木高成「オバマ政権の対中国経済戦略の特徴」『季刊　国際貿易と投資』Spring 2011/No.83.
18) 関下稔『国際政治経済学の新機軸——スーパーキャピタリズムの世界——』晃洋書房、2009 年。
19) アントニオ・ネグリ、マイケル・ハート『帝国——グローバル化の世界秩序とマルチチュードの可能性』水嶋一憲、酒井隆史、浜邦彦、吉田俊実訳、以文社、2003 年。なお筆者はこれにたいする批判的なコメントを『国際政治経済学の新機軸——スーパーキャピタリズムの世界——』同上、で行った。
20) 以下の多国籍企業に関する詳細は、関下稔『21 世紀の多国籍企業——アメリカ企業の変容とグローバリゼーションの深化』文眞堂、2012 年、とりわけ第 4 章、参照。
21) 詳しくは、同上、103 頁。
22) 国際下請生産については、筆者は『現代世界経済論』有斐閣、1986 年、で取り上げた。また多国籍企業と現地地場企業との間の企業間国際提携の展開に関しては同『多国籍企業の海外子会社と企業間提携』文眞堂、2006 年、で展開した。
23) 知識資本という概念を確立しようとした嚆矢はピーター・ドラッカーである。ピーター・ドラッカー『断絶の時代』林雄二郎訳、ダイヤモンド社、1969 年、同『未来社会』上田惇生・佐々木実智男・田代雅美訳、ダイヤモンド社、1992 年。なおそれは正確には「知識取り扱い資本」とすべきであるという指摘を含めた批判的な評価に関しては、関下稔『21 世紀の多国籍企業』前掲、第 5 章、参照。さらにアメリカにおける「知識労働」の実態に関しては、関下稔「知識労働を考える——21 世紀型社会における労働者概念の拡大とその状態に関する考察——」『立命館国際研究』26 巻 3 号、February 2014、参照。
24) それに関してはローレンス・レッシグ『REMIX ——ハイブリッド経済で栄える文化と商業のあり方』山形浩生訳、翔泳社、2010 年、参照。
25) 日本機械工業連合会、日本戦略研究フォーラム「平成 22 年度　産業のグローバル化が我が国の防衛機器産業に及ぼす影響の調査研究報告書」、平成 23 年 3 月、23 頁。そのオリジナルのものは図示されていて、National Defense Industrial Association 2001 年のカンファレンスにまとめられているものによる。なおこの図はあちこちに散見されるもので、この報告書の参考資料 1 として抄訳が掲載されいている「要塞と氷山」(*Fortresses and Technology: The Evolution of the Transatlantic Defense Market and the Implications for U.S. National Security Policy*, by Jeffrey P. Bialos, Christine F. Fisher, and Stuart L. Koehl) の中にも載っている。同上 177 頁。また経団連防衛生産委員会「米国の防衛産業政策に関する調査ミッション」2011 年 7 月 1 日、p.13 では国防総省の資料から作成したとして、この図が掲載されている。いずれに

せよ、米国防総省筋からの見取り図であろう。
26) 筆者はかつて食糧援助が商業輸出に転換していく過程を PL480 の変遷を通じて詳しく分析した。関下稔『日米貿易摩擦と食糧問題』同文舘、1987 年参照。
27) これらに関する詳しい分析と叙述を筆者はかつて行った。詳しくは関下稔『現代アメリカ貿易分析――パクス・アメリカーナの生成・展開・再編――』有斐閣、第 6 章、1984 年、参照。
28) 日本機械工業連合会、日本戦略研究フォーラム「平成 22 年度　産業のグローバル化が我が国の防衛機器産業に及ぼす影響の調査研究報告書」前掲、50 頁。これも図示されていて、オリジナルなものはロッキード・マーチン社のプレゼンテーション（2010 年 11 月 29 日）によるとしている。
29) 関下稔『日米経済摩擦の新展開』大月書店、第 5 章、1989 年、参照。
30) Gansler, Jacques S.（1995）, *Defense Conversion: Transforming the Arsenal of Democracy*, A Twentieth Fund Book, The MIT Press. はその代表的な文献である。
31) 日本機械工業連合会、日本戦略研究フォーラム「平成 20 年度　世界的規模で広がる M&A、アウトソーシングの進展が我が国の防衛機器産業に及ぼす影響の調査報告書」平成 21 年 3 月、55 頁。
32) 詳しくは福井健策『「ネットの自由」vs 著作権』光文社新書、2012 年、参照。

第 2 章　米中政治経済関係の新局面

――対米投資促進と国家安全保障強化の間のアメリカのジレンマ――

第 1 節　新局面を迎えた米中政治経済関係

　前章で概観したように、世界は今、不透明で先の見えない状況が続いている。この中には、21 世紀の世界経済を牽引すると期待されていた、中国を始めとする BRICs 諸国などの新興国の経済成長力も万全とはいえず、今や翳りが見え始めていることも含まれる。アジアにおいては、オバマ政権のアジアシフトと、中国の尊大なまでの大国意識――いわば、拝外主義から排外主義への転換――という二重の変質化がこの間に際だってきている。アメリカは今や世界の覇権国としての役割を半ば放棄して、アジアへの重心移動という、いわば「半世界戦略」に大きく舵を切って、覇権国としての地位を確保しようとしていて、そのための橋頭堡としての「日米同盟」の強化に一路邁進している。それは「財政の崖」に象徴されるアメリカの財政危機の進行の中で、軍事費も含めた大幅削減が必至となる中で、日本の軍事的、財政的貢献を従来以上に渇望し、それに依拠しようとしているからである。他方「世界の工場」として世界第二――モノの貿易に限れば世界一――の「経済大国」にまで成長した中国は、国内的には所得増加による一部富裕層の奢侈的な生活スタイルの蔓延とは対照的に、成長鈍化による低所得層の一層の生活困難による苦境化、民主的諸権利の抑圧や大気汚染、そして「一人っ子政策」の結果としての若年労働力の減少ならびに人口減の可能性など、様々な深刻な問題を孕みつつも、対外的にはこれまでの低姿勢から一転して、周囲を睥睨して、経済権益拡大のための軍事的・政治的な高圧姿勢と拡張主義が強まっている。しかもこの地域では北朝鮮の新政権の核開発が急ピッチで進み、より一層不安定性が増してきている。こうした結果、韓国も含めて、等しくナショナリズ

ムの鼓吹による自国権益の一方的な拡大要求が、一触即発の危険な兆候をも生み出していて、新自由主義が豪語していた、グローバリゼーションの進展が協力・共同生産の拡大と経済成長を促し、その結果、諸国民の共存・共栄の輪を広げ、世界は平和で民主的になるという楽観的な見通しを一蹴しかねない状況である。その結果、世界全体の不透明さと不安定性が一層際だってきている。

　中国は外資と外国技術に依拠し、それを国内の低賃金と結合させて、「経済特区」などの限られた輸出加工基地などを活用し、これを次第に内陸地にまで段階的に拡大して経済成長を達成するという戦略を、それを一元的に管理する強力な国家——共産党とその官僚機構——の支えの下に実施し、今日の地位を築いた。こうした輸出主導的な経済成長路線から、この貿易黒字をこれまでのようにアメリカ財務省証券（国債）の購入にではなく、その余資で海外投資を大々的に進めてきている。そこでは外国企業の買収などのクロスボーダー M&A や、外国での国際生産の展開、さらには労働力そのものの海外移住——従来からの、世界に点在する華僑社会を基礎とし、その延長線上で——による排他的な「中国人」クラスターの形成によって、広範な国際提携とそのネットワークをより一層強固に作り上げることを目指している。そして自立的な技術基盤を高めて、グローバル化を一段と高い水準にまで持っていこうとしている。その重要なターゲットとして、世界最先端の知財力と金融力を持ち、その主体としての多国籍企業——それも知財優位の知識集積体——と多国籍金融コングロマリットの闊歩するアメリカが狙われている。しかも中国の相対的な地位が高まるにつれて、その要求も次第にエスカレートし、しかも自国本位的で、既存秩序への高飛車で執拗な挑戦姿勢が顕著になり、その結果、周辺国へのマイナスの影響や露骨な対抗意識や種々の摩擦が頻発するようになってきた。米中間の戦略的経済対話の促進はアメリカの中国重視を物語っているが、当然にこうした事情の変化は、アメリカ側にも大いなる警戒心を起こさせるものであった。アメリカは社会主義国やイスラム諸国などの異質な体制の国との経済交流に当たっては、経済的な損得ばかりでなく、政治的な安全保障上の理由も考慮してきたが、対米投資に当たって、それをより厳格化しようとして、いくつかのチェックポイントを設けるようになった。それが以下で検討する「エクソン・フロリオ」条項と呼ばれる、国家安全保障という濾過器を通じた外国からの対米投資の点検と審査と管理のシステムであり、その遂行だ

第 2 章　米中政治経済関係の新局面

が、これは近年、9.11 以後にさらに厳重になり、FINSA（「外国投資・国家安全保障法」）と呼ばれる 2007 年の恒常的な法体系の成立にまで至り、しかもそれを統括する省庁も財務省と並んで国土安全保障省が大きな地位を占めるようになった。これは経済利益を国家安全保障とドッキングさせ、かつ後者を前者の上におく論理であり、国益尊重を叫ぶナショナリズム優位の今日の風潮に沿うもので、言葉の本来の意味でのグローバリズムにはそぐわないものである。そこで、こうした変質化を含めて、これらの過程とその顚末について、以下で詳しく検討してみよう。

第 2 節　対米投資の促進と国家安全保障的見地からのその管理
　　　　──立法史的な考察

1. アメリカ資本主義と資本の流出入

　グローバリゼーションを先導してきたアメリカは、自国資本の海外進出を進めるばかりでなく、外国からの投資にたいしてもこれを積極的に歓迎することを基本姿勢としてきた。とりわけアメリカ多国籍企業の海外進出によって国内経済の「空洞化」に悩まされ、かつ日本や産油国を中心にした外国からの輸出攻勢に曝されて、貿易収支の大幅赤字に悩まされるようになった 1970 年代以降は、国内空洞化の穴埋めとしての外資による対米投資を奨励してきたし、後には意図的なドル高・高金利政策によって、さらに外資──特に短期資本──を積極的に呼び込もうとさえしてきた。そしてそれを様々な金融商品に組成して、世界中に販売する金融立国を進めようとした。しかしながら、二度のオイルショックによって稼得した、膨大な原油代金の投資口を求めた産油国マネーは、当初は証券投資（FPI）の形でアメリカの銀行や金融機関に預けてその有利な運用先を委託していたが、やがて自ら積極的にアメリカ企業の買収、つまりは FDI を行おうとするようになり、アメリカ人代理人を名目上の投資家に仕立て、実際はアメリカ企業の真のオーナーになる──これを UBO（Ultimate Beneficial Owner）という──形での企業買収を進めるようになった。その結果、アメリカ企業や銀行がアラブ産油国資本によって買い占められてしまいかねないといった懸念が、センセーショナルに流布するようになり、政府も外資の動向に目を光らせるようになった。もち

ろん、西欧や日本の企業や投資家がアメリカ企業を買収することはそれ以前からあり、歴史的経緯からいえば、資本不足のアメリカがテイクオフ（離陸）できたのは、西欧資本の導入があったからで、ロスチャイルドやクーンローブ、さらにはモルガンなどの有力金融集団も、もともとはこうした大西洋を跨る金融仲介業から出発したことは、よく知られているところである。

　したがって、歴史的に見てもアメリカは、外資がアメリカ資本全体に占める役割に絶えず気を遣っていて、その増減、とりわけアメリカからの資本逃避（キャピタルフライト）が場合によってはアメリカの死命を制することになりかねないと考え、資本移動に関わる統計数字を正確に把握しようと一貫して努力していて、クレオナ・ルイスの有名な著書[2]を嚆矢として、その後は証券投資（FPI）は財務省が、直接投資（FDI）は商務省がそれぞれ所轄官庁として把握し、詳細な政府統計を編集、解析、公表、保存してきた。そして基本的にアメリカは外国からの投資を歓迎してきたし、その投資を平等に扱う——それを保証する国際ルールとしての、内外無差別原則に基づく、法人・個人の内国民待遇と居住者原則の遵守——のが、国際化した資本主義経済システムの基本原則でもある。ただし報告をきちんとさせることはそれとは別に大事なことで、対米投資が10％以上の議決権付き株式の取得（これを法律・会計的な用語法では「持分比率」という邦語を当てる）になって、直接投資になる場合は、「国際投資・サービス貿易調査法」（International Investment and Trade in Services Survey Act）に基づいて、商務省の経済分析局（BEA）に報告しなければならないと規定されている（ただし、100万ドル未満か200エーカー未満の土地の取得、あるいは個人的な使用目的の不動産取得は除く）[3]。また外国人による米国企業の取得に関する報告義務を設けたハート・スコット・ロディノ法（反トラスト法）の所管は連邦取引委員会（FTC）なので、そこと司法省にも報告しなければならないことになる。

　第2次大戦後、覇権国となったアメリカは門戸開放策を積極的に進めたが、その際アメリカの対外援助を行う条件の一つとして、相手国との間の投資保証協定の締結を強く求め、アメリカ資本にとって活動と営業の自由と収用・没収などの回避を獲得して、その後の多国籍化の有利な土台を構築していった[4]。そのことは当然のことながら、相手国企業の対米進出についても同様にアメリカ市場を開くことを認めることになる。したがってグローバル時代にあっては、世界的な成

長と資本移動の自由の保証の下で、膨大に膨らんだ資本は、とりわけ海外直接投資（FDI）の形態で対外（outward）と対内（inward）の双方向で頻繁に移動し──これを「国際直接投資」(International Direct Investment, IDI) という──製造業多国籍企業による国際生産が活発化することになる。合わせて海外証券投資（FPI）も同様に活発化していき、両者が相俟ってクロスボーダー M&A を盛況にし、さらには金融化の急激な進行に伴って、多国籍銀行はおろか、ヘッジファンドを含む多国籍金融業全般までもが証券化の大波の中で隆盛を極めるようになる。とはいえ、このことは、日本や西欧諸国という「同心円」的な世界の中でならさして問題にされるべきものではないが、イスラム世界や旧社会主義国になると、そうはいかない。アメリカとの同質性というスクリーニングにかけるべきだという論調が、とりわけ政治サイドから強く出てくる。そこで議会制民主主義や人権や西欧的──実はアメリカ的──価値観が一種の「踏み絵」として判断基準にされる。

2. エクソン・フロリオ条項の成立

かくして、外資によるアメリカ企業の買収を無条件に認めるわけにはいかず、対米投資には一定の監視と監督が必要だという論調が、体制間対抗の時代から長い間底流に流れ、潜伏していた。これが顕在化したのは、アメリカの国内競争力の後退傾向がピークを迎えた 1980 年代で、それは 1991 年のソ連の崩壊の前夜でもあった。民主党主導の議会は、再三の警告にも一向に重たい腰を上げないレーガン政権に業を煮やして、きわめて保護色の強いスーパー 301 条（モノ）やスペシャル 301 条（サービス）を設定し、相手国を名指しにしたうえ、制裁措置をも盛り込んだ 1988 年包括通商・競争力強化法（Omunibus Trade and Competitiveness Act of 1988）[5] を制定した。ただしここでは貿易だけで、投資に関しては含まれていないので、それを別途、5021 条において、同様の保護主義的な傾向の強い、対米直接投資規制条項を設けた。これが一般に「エクソン・フロリオ条項」(Exon-Florio provision) と呼ばれているものである。こうした考えの源流は体制間対抗の時代にあり、それは対共産圏にたいする COCOM リストの作成とその監視などによってよく知られている。そこで、エクソン・フロリオ条項の制定に当たってはこの 1950 年の「国防生産法」（Defense Production Act）721 条が根拠におかれ、

それを修正、発展させるような形で作られた。エクソン・フロリオ条項[6]は①買収を行う外国企業が国家安全保障を脅かす行為をとる確かな証拠がある場合、かつ②国際緊急経済権限法（IEEPA）以外に、当該買収によって生じる国家安全保障の危険を防ぐのに十分かつ適切な法令が存在しない場合に限って、大統領は外国企業による米系企業の買収を阻止する権限を発動できるというものである。そこで、その詳しい内容について見ていこう。

このエクソン・フロリオ条項を施行する機関は対米外国投資委員会（Committee on Foreign Investment in the United States, CFIUS、1975年設置、ただし法的根拠は与えられていない）で、後に見るFINSAが成立して、エクソン・フロリオ条項が廃止・修正されるまでは、財務長官（議長）を筆頭に、国務、国防、商務、司法の各長官、行政管理予算局長、通商代表、経済諮問委員会議長、科学技術政策局長、国家安全保障担当大統領補佐官、経済政策担当大統領補佐官、国土安全保障省長官の、最高レベルの政府高官12名から構成され、その下で、実際には多数のスタッフが作業していた。

次にその手順だが、第1の関門は「通知」（notice）である。これは正式の審査ではなく任意だが、その意味合いは、当該対米直接投資が国家安全保障に抵触せずにアメリカ企業の買収を実際に行えるかどうかのお伺いを立てるというものである。そこでやっかいなのは、このエクソン・フロリオ条項が肝心の国家安全保障の定義を明確には行っていないことである。ただし、国家安全保障にとって重要な、国防上必要な製品やサービスや技術はそれに該当するという、一般的なガイドラインはある。

そこで、ともかくこれを通過すると、第2の関門が待ち受けている。それは「審査」（review）と呼ばれているもので、外国企業からの買収案件の通知を受けてから、30日以内に案件の審査を行う義務を持つ。その際の考慮項目は①国防生産の実施に必要な国内生産、②国防要件を満たすのに必要な国内産業の潜在力と収用能力（人材、製品、技術、資材、その他の供給品及びサービスを含む）、③国家安全保障に必要な国内産業ならびに商業活動への、外国人の支配、④テロ支援国家、またはミサイル技術と生物・化学兵器の拡散を推進する国家への軍事物資、装備、及び技術の売却に与える、当該取引の潜在的影響、⑤アメリカの国家安全保障に影響する分野におけるアメリカの技術優位にたいして、当該取引が

与える潜在的影響の、5点である。

ここで疑問が出た場合には、第3の関門が待っている。それは「精査」（investigation）と呼ばれ、さらに詳細な検討が加えられ、その結果を45日以内に大統領に報告することになる。そこで最後に「大統領の判断」（action by the President）ということになるが、15日以内に下し、議会にその内容を通知する。大統領の判断は司法審査対象外になり、いわば決定を下す命令となる。そして全体で90日以内に終了する。これが基本的な行程である。

しかしそれでは「一事不再理」になりかねないので、後に途中での再審的な要素を加味するものとして、一旦「撤回」（withdrawal）した上で、修正などを加えて再提出したものを認めるという「軽減合意」（mitigation）という項目が、FINSAによって付け加えられることになる（**表2-1**は1988年から2010年までの具体的な件数の推移を表している）。なお、これだけでは巧妙な買収には対処できないという懸念が起きて、1993年に「バード修正条項」（Byrd Amendment）[7]が、1993会計年度国防権限法の837（a）として付け加えられたが、それは①米系企業を買収する外国企業が外国政府の統制下――ないしはその代理人として行動する――にあり、かつ②当該買収が米国で州際商業活動の従事者を支配し、米国安全保障に影響を及ぼす恐れがある場合には、45日間の拡張審査を実施することを義務付けたものである。念には念を入れたいということである。

ところで、こうした一見厳格そうな法律ができても、実際には、外国企業が通知を行った買収案件のほとんどは、実際の審査――審査に至ったのは提出された案件のわずか10％ほど――を受けることなく容易に承認されたし、また問題になった場合にも、後には一旦撤回した上で、再度軽減合意という妥協的な措置を採用して、通過させることが可能になった。しかし全体的には外国企業による買収は年々増加傾向にあり、問題も起きている。その象徴的な出来事は、一つは中国国有企業である中国海洋石油（CNOOC）が、2005年6月に、すでにChevron Texaco社の買収を受け入れる方針を示していたUNOCAL社に高額の買収提案を提示して、その買収合戦に参入しようとしたケースである。しかしこれはエネルギーという国家安全保障に関わることから、議会の猛反発を招き、買収阻止に向けた法案が多数提出され、結局CNOOCは買収提案を撤回した。もう一つは、2006年2月に、アラブ首長国連邦（UAE）の公営港湾管理会社 Dubai Ports World

(DPW) が当時イギリス企業によって運営されていたアメリカの6港湾施設を買収したが、それは国家安全保障上のリスクを懸念する議会の猛反発を受けた。結局、DPW はこの港湾業務をアメリカ企業に売却して、一件落着した。ここでは相手が中国やイスラム国という、アメリカにとって警戒すべき異質な国だという国家安全保障上の懸念もさることながら、買収を行う企業自体が国家資本だからでもあった。これは SWF（Sovereign Wealth Funds）として、近年大いに世界の注視を浴びており、アメリカでの警戒心もきわめて強い。グローバリゼーションの申し子たる新自由主義政策は先進国では規制緩和、民営化、証券化を闊歩させているが、それに対抗するために、新興国や産油国ではにわかに膨れあがった巨万の富を国家権力という強固な鎧で覆って、国家資本として世界に徘徊し出している。いわば、新自由主義とグローバリゼーションの「鬼っ子」、ないしは得体の知れない「リヴァイアサン（怪物）」の出現という、憂慮すべき事態の到来である。いずれにせよ、これらのことが契機になって、議会では審査の強化を求める動きが強まり、2007 年に CFIUS の改正法が成立し、2008 年 12 月から新規則の施行が始まった。

3．FINSA による厳格化

　そこで、今度はこの改正法だが、様々な議論と経緯を経て、2007 年に「外国投資・安全保障法」(Foreign Investment and National Security Act, FINSA) が恒久法として制定された[8]。まず第 1 に、ここでは法律で守られた恒久的な機関の設立がエクソン・フロリオ条項を修正する形で、全 12 条からなる FINSA となって成立し、連邦法典に組み込まれた。CFIUS は法的根拠を持つ機関になり、大統領府から切り離されて、財務、国土安全保障、商務、国防、国務、司法、エネルギーの 7 省の長官が議決権を持ち、労働省長官には議決権がなく、それに、同じく議決権のない国家情報局長と大統領府からの各長が加わって構成されることになった。国家安全保障重視の気運から、議長を国土安全保障省に移すという議論もあったが、最終的にはこれまでどおり財務長官のままだが、個別の案件については、適切な行政機関の長を審査に際して主務庁 (lead agency) として指名できることで落ち着いた。

　第 2 に対米投資の促進、つまりは自由化（経済利益の最大化）と、国家安全保

障の尊重、つまりは保護（国益擁護）の間の兼ね合いをめぐって激論が続き、9.11 の後を受けて、後者を前者の上におく、いわば政治化（politicize）過程が台頭したが、結局、両者のそれぞれの併記に落ち着いた。この点では、グラハム／マーチックが、米資産の外国人所有の増大と外国人支配という憂慮すべき事態があるが、政治化にはコストがかかり、むしろ長期的には経済を政治に優先させる観点が大事で、管理は必要最低限に留める矜持をアメリカは持つべきだという主張[9]を従来から展開しているが、この主張が議会の多数を得た形となった。というのは、今日のアメリカは何よりもグローバリゼーションの恩恵を享受して、外資によって実際には支えられており、その利益を失えば、アメリカ経済が陥没して、存立の基盤そのものが問われることになり兼ねないと、懸念されるからである。

第 3 にこれまで曖昧だった国家安全保障という概念の明確化が俎上に載せられた。ここではこの概念を拡張して、経済安全保障や環境安全保障までも含めたものにするかどうかといったことも論じられたが、結局、そうしても国家安全保障の中身には変わりがないので、それを具体化させたものとして、「枢要産業基盤」（critical infrastructure）[10]という概念が導入された。これはその後この問題を経済的に取り扱う際のキーワードになっていき、後段で見ていくが、中国の技術導入——もっぱら模倣技術、それも許諾を得ない違法すれすれのものに依拠しがちだが——との関係では critical technology（枢要技術）といった概念も使われたりするようになる。国家安全保障が事実上は技術安全保障的性格を濃厚に持つようになるのは、アメリカの産業の競争力が落ち始め、競争力に関する提言や検討が陸続として出されるようになる 1980 年代中盤以降のことであって、今に始まったものではない[11]。その意味ではアメリカ経済の後退や危機を表現するものであった。

さて枢要産業基盤とは具体的にはどんな産業をさすかということになるが、国土安全保障こそが最重要だということから、2001 年の愛国者法（USA PATRIOT Act）で例示した、農業及び食糧、水、公衆衛生、緊急サービス、政府、防衛産業基盤、通信・情報、エネルギー、陸上ならびに水上輸送、銀行・金融、化学産業及び有害物質、郵便、国定記念物・イコン、それに枢要な製造業（critical manufacturing）[12]をさしあたりは念頭においていて、厳密な確定はできていない。と

いうのは、この概念には融通無碍な側面もあり、いかようにも拡大解釈する余地は残っており、またそうした柔軟なものにしておくほうが——日米貿易摩擦の際にとったように——この問題の政治化過程には都合がよいからでもある。しかもこれらは何よりも国家の緊急時に大事なものを指していて、そのまま平時に適用しても良いかどうかという疑問も出てくる。そこで、考慮すべき要素としての6項目（主要エネルギー産業、基幹技術、外国政府支配、テロや核不拡散へのアメリカとの協力関係の有無、重要資源の長期見通し、CFIUSが重要と考える他の産業）を追加している。これらが、国家安全保障を重視する際の大事な点になる。

第4に肝心の主体である外国人による支配の意味合いであるが、これを明確にすることが最も大事ではあるが、実際には最もやっかいな問題でもあり、FDIの定義付けにおいて扱いに苦労してきたところでもある。そのため、FINSAは基本的には「支配」（control）を明確に定義しないという立場をとっている。その代わりに、その周りにある、本件に「該当する取引」（covered transaction）、「アメリカ合衆国ビジネス」（U.S. Business）、「外国人」（foreign person）と「外国事業体」（foreign entity）などの概念を明確化することで、自ずと外国人支配の内容を厳密化するという、いわば間接法を採用している。回りくどいが、見ていこう[13]。

本件、つまりは国家安全保障への抵触に該当する取引の中身は、既存企業の合併（merger）、吸収（acquisition）、買収（takeover）に限定するもので、会社新設（start-up or greenfield）は含まれない。その理由は明確には書かれていないが、それが、すでにあるアメリカ人の経営を排除し、そこで働くアメリカ人労働者に異なる環境——経営方針や労働条件や待遇など——を生み出すことになるからであろう。こう限定した上で、外国人による企業取得がアメリカの国家安全保障上のリスクを生み出すからだという、国家安全保障を企業経営の自由の上位におくことになる。

そうすると、次にアメリカ合衆国ビジネスの内容が問われるが、それを州際取引にのみ限定されたものを指すとしている。州際ビジネスというと、我々には馴染みがないが、アメリカの連邦政府が関与できるのは、州を超えた連邦全体に関わるものだという、州権中心的な伝統と制限があり、そこから導かれたものだろう。そうなると、それとの対比で外国人ならびに外国事業体が問題になる。個人はわかりやすいが、問題は事業体である。今日の企業が法人格を与えられ、複数

の事業部を持ち、多数の部門・ビジネスに跨り、株式会社ばかりでなく、様々な営利・非営利形式を内部に複雑に包み込み、しかも国を跨って結合・関連し合い、かつ何層にも系列化しているのが一般的である。したがって日本語でいう会社や企業という言葉ではなく、事業体という言葉を使い、それは branch、partnership、group or sub-group、association、estate、trust、corporation or division of corporation、organization など様々な事業分野やその形式、形態、経営方式などを網羅した包括的な内容を表す概念として、総括的に使っている。

　これらの外堀を埋めた後で、限定された「支配」の意味を問うことになる。それは端的にいえば、パワー（power）である。事業体の議決権付き株式——持分比率——の多数や、少数ではあれ、支配的な部分を握るといった明示できる数字上の優位を占めることで示されるのは無論のことだが、それに加えて、広範な代表権や代理投票権、特別のシェアや契約の調整、公式・非公式の方針指導権限、あるいはその他の重要問題への決定と指導という、幅広いパワー概念を導入している。したがって、持分比率に数字的な線引きをして絶対化したり、取締役会などの経営指導部の多人数獲得といった狭い形式論に限定してはいない。そしてこの外国人の背後に外国政府が隠れていることに特に注意を払っている。このことが物語っているものは、FDI は外国人所有の意味で、それ自体は国際化の表れとして、むしろ歓迎されるところだが、それと外国人支配とは、関連はしてはいるものの、相対的には独立したものだということになる。したがって、FDI の中に支配——特にその質——の概念を持ち込むと、非常に無理が生じることになる。

　グローバリゼーションの進展は資本の相互交流を強めて、国家の敷居を本来的には低くしていき、資本の世界的な飛翔とそれに依拠する世界的な成長と発展を促すはずなのに、自国企業が外国人に支配されていくと見て、国家安全保障による掣肘が頭をもたげることになる。それはアメリカとて例外ではない。現実の資本はけっして無国籍でもユニバーサルでもなく、国旗でくるまれているからである。そうすると、中国やアラブ産油国を筆頭にして、国家資本が SWF として猛威をふるうようにもなる。それは資本の普遍性をけっして刻印するものではない。それをどうコントロール（支配）するかは、どこの国籍のものであれ、資本である限りは変わりはないとばかりに、資本の走狗に成り下がっている資本家・経営者によってではなく、その下で呻吟する働く人々の力次第である。つまりは人民

主権の確立こそが大事である。そのことをこの問題は明確にすることになった。

　第5に先にも上げたが、一旦引き上げた後で再度提出できる緩衝措置として、軽減合意（mitigation agreement）という工夫を加えて、国家安全保障をめぐって堂々巡りに陥ったり、また審査等が恣意的にならないようにした。このように、できるだけスムーズに対米投資が促進できるように気を遣っている。というのは、何度も強調したが、対米投資そのものは大いに歓迎されるべきもので、圧倒的多数の外資は FINSA の外側で、自由に振る舞っているからであり、それを国家安全保障に関わるからという理由だけで、特定の外資の侵入を防ぐというのは、例外的な取り扱いにしなければならないからである。ただし軽減合意の内容に違反した場合には、審査を再開するという強い縛りをかけている。

　そして最後に非公開性の横行による不透明性を払拭するために、CFIUS による客観的なデータを中心にした年次報告の義務付けと、議会にたいして適宜、必要な情報を提供することが決められた。ただし、ことは秘守性の強い問題なので、公開・非公開の切り分けや対象の限定などをきめ細かに決めている。また CFIUS にすれば、官僚組織の常として、できるだけ標準化された基準に基づく、いわばルーチン化して運営したいと望むのは当然で、その点では先のグラハム／マーチックも OECD を通じた国際スタンダードの確立と公開制を提言しているが、これは採用されなかった。

　以上、結論を端的にいえば、外国資本の対米投資を歓迎したいが、国家資本――SWF――を中核にした、異質な中国やアラブ産油国の攻勢が続いており、それへの警戒心――むしろ恐怖心といった方が適切だろう――がこの法改正を促した大きな理由だったといえよう。これについては後段で詳しく検討したい。そして政治家はこれを自らの活躍のための絶好のチャンスの到来と見ていたし、また官僚機構はそこでの自らの出番と縄張り拡張と権威付けを狙って立ち回ったといえよう。それらの合成力がその全体と方向を決めており、したがって、きわめて政治経済的な色彩の濃厚な課題であったが、全体のトーンが国土安全保障に傾きがちなのは、冷戦時代への逆行だとするコメントも多く出された[14]。

第3節　具体的な分析に基づく検証

透明性を求める議会や専門家、さらには深い関心を持つ内外の企業や投資家からの要望に応えて、CFIUS が年次報告の形で統計資料を出すことができるようになったので、今度は、それに基づいて、実態面を検討してみよう。

まず**表 2-1** を見ると、エクソン・フロリオ条項が成立して以来の年々の推移がわかるが、ここでは二つのピークがあったことがわかる。一つは通知件数は、成

表 2-1 エクソン・フロリオ条項推移：1988～2010 年

(単位：件数)

年	通知	精査	撤回	大統領による判断
1988	14	1	0	1
1989	204	5	2	3
1990	295	6	2	4
1991	152	1	0	1
1992	106	2	1	1
1993	82	0	0	0
1994	69	0	0	0
1995	81	0	0	0
1996	55	0	0	0
1997	62	0	0	0
1998	65	2	2	0
1999	79	0	0	0
2000	72	1	0	1
2001	55	1	1	0
2002	43	0	0	0
2003	41	2	1	1
2004	53	2	2	0
2005	65	2	2	0
2006	111	7	19	2
2007	138	6	15	0
2008	155	23	23	0
2009	65	25	7	0
2010	93	35	12	0
合計	2,155	121	89	14

(資料) Committee on Foreign Investment in the United States, *http://en.wikipedia.org/wiki/Committee on Foreign Investment in the United States* による。

立直後の1989年から1991年までの3年間に651件、全体の30%が集中している。もう一つのピークは2006年から2008年までの3年間で19%が集中している。両者を合わせると、全体の約半分を占めることになる。前者はロシア・東欧の崩壊によるグローバリゼーションの一段の進展を控えた時期であり、後者はサブプライムローンの焦げ付きに始まる金融危機の進行と踵を接している。なお、通知されたもののうちで精査にまで至ったのは、4%足らずで、ほとんどはそこまでにいかずに問題なしとして承認されている。さらに大統領の判断にまでなったのは、わずか14件で、しかもこの段階までいって拒否されたのはわずか1件しかなかった。このように見てくると、これは抑止効果を狙ったもののように見える。

次に表2-2はエクソン・フロリオ条項に該当する取引をFINSAが成立するまでの3年間とその後の3年間で比較したものである。ここでの特徴は製造業の比率は低下してきているが、依然として中心であることだ。この製造業の中ではコンピュータの比率が半分にまで達している。そのコンピュータ関係だが、通信やナビゲーションなどのコンピュータを使った情報・通信関連分野で比率が高くなっている。また情報は専門・科学・技術サービスが全体の過半を占めている。そしてそれは、コンピュータのシステムデザインが最も多く、建築・エンジニアリングがそれに次いでいる。このように、パソコンとその交信システムが切り開いた新しい時代の流れが全世界に普及していく様子が、そこに端的に窺われる。したがって、全体を通していえるのは、製造業中心とはいえ、伝統的なモノ作りを意味せず、コンピュータと情報・通信に関連したものが主体で、それを担うサービスがそれに付随していることである。このことは明らかに現代におけるIT化の進展を反映している。ここに外国企業のアメリカへの関心が高いことが明白であるし、それにチェックをかけようとアメリカ側は考えて、取り扱いの焦点をここに当てている。

第3に今度は国別に見てみると（表2-3）、最大はイギリス（製造業・情報）とカナダ（鉱業・金融・情報）という、伝統的なアメリカの友邦国で、アメリカとの文化的、生活的な共通性の高い国で、それにフランス、日本、オランダなどの先進国が圧倒的に中心である。それらはまさにアメリカとの同心円的な世界を形作っている。とはいえ、ドイツの割合はそれほど高くない。なおここで異色なのは、イスラエルの存在で、先進国に伍している。この国がアメリカとの深い関

第 2 章　米中政治経済関係の新局面

表 2-2　該当する取引の産業別内訳比較：2005〜2007 年と 2009〜2011 年

(単位：件数)

	2005〜2007 年	2009〜2011 年
Ⅰ全産業	313	269
①製造費	148 (47%)	106 (39%)
②情報	112 (36%)	95 (35%)
鉱業	27 (9%)	48 (18%)
卸売	25 (8%)	20 (7%)
その他	1 (0%)	
Ⅱうち製造業（①）	148	106
コンピュータ・電子（①-a）	51 (34%)	53 (50%)
輸送機器	30 (20%)	23 (22%)
機械	16 (11%)	8 (8%)
その他	51 (34%)	22 (21%)
Ⅲコンピュータ・電子（①-a）	51	53[1]
半導体	21 (41%)	14 (26%)
通信機器	9 (18%)	16 (30%)
コンピュータ周辺機器	8 (16%)	4 (8%)
ナビゲーション・計測・統御機器	13 (25%)	18 (34%)
Ⅳ情報（②）	112	95[2]
専門・科学・技術サービス（②-b）	52 (46%)	52 (55%)
通信	23 (21%)	15 (16%)
出版	27 (24%)	18 (19%)
その他	10 (9%)	10 (10%)
Ⅴ専門・科学・技術サービス（②-b）	52	53[3]
建築・エンジニアリング	21 (40%)	14 (27%)
コンピュータシステムデザイン	21 (40%)	23 (44%)
経営・科学・コンサルタント	7 (13%)	8 (15%)
科学的研究開発	3 (6%)	5 (10%)

注1) 再生用磁気・光学媒体1件を含む。
注2) 金融が追加される。
注3) その他2件を含む。
(資料) Committee on Foreign Investment in the United States, *Annual Report to Congress Public Version*, December 2008 及び December 2012 の各表より作成。

連性があることが窺われるし、アメリカの技術を大いに当てにしているのだろう。そして問題の中国は急速にアメリカ企業を獲得し始めていて、そのことがアメリカ国内に風波を立てていることがわかる。

　これらは国ごとの一般的な数字で、しかも件数のみの表示で、その詳しい中身は不明のままである。それは従来からの非公開制の箍が依然としてはまっていて、必要最低限の関係者にしか詳しいデータが開示されていないからである。そこでもっと詳しいデータ――特に数字や企業名――を求めて、企業レベルにまで下ろ

表 2-3　該当する取引の主要国別・産業別内訳比較：2005〜2007 年と 2009〜2010 年

(単位：件数)

	2005〜2007 年					2009〜2010 年				
	①情報	②製造業	③鉱業	④卸売	合計	①製造業	②金融・情報	③鉱業	④卸売・小売	合計
オーストラリア	6	3	5	4	18	1	2	2	3	8
カナダ	21	7	5	2	35	1	10	14	2	27
中国	1	3			4	12	3	5		20
フランス	6	14	1	4	25	18	1	4	4	27
ドイツ	5	4	1	2	12	2	4			6
イスラエル	5	1			16	6	10		2	18
日本	5	5			10	8	6	3	1	18
オランダ	2	8		1	11	2	8	2	2	14
スウェーデン	2				2	5	9			14
UAE	2	4	1	3	10	3				3
イギリス	28	44	4	3	79	32	28	5	3	68
総計	112	148	27	25	313[1)	106	95	48	20	269

注1)　その他1を加えてある。
(資料)　**表 2-2** に同じ。

して探ろうとすると、枢要技術（critical technology）という概念にぶつかることになる。これはこの年報の第 2 部で取り扱われているが、もともとは外国からの産業スパイ活動（industrial espionage activities）からアメリカ企業を守るという主旨から出発していて、同じく 1950 年国防生産法 721 条の m (3) によって、規定されている。そこでの検討は、一つは複数の外国企業または政府によって、巧妙かつ密かに結託を図りながら、枢要技術の研究、開発、生産の獲得が企図されているかどうかを調べることで、coordinated strategy（「結託戦略」）と呼ばれているものである。これは今日では複数国に跨る三角合併の問題などにまで拡大しそうな兆候があり、それを剔出できれば、複雑な国際的買収劇の内実を抉り出すことができるかもしれない。もう一つは外国政府による米企業の秘密を得るための産業スパイ活動である。これもサイバー攻撃など今日では大いに関心を集めている。なおそれらについては、すでに 2007 年の報告書が別途出されていたが[15)]、今回はそれを 2006 年と 2007 年の状況に延長して扱っている。ここではまず枢要技術の一覧だが、**表 2-4** のとおりである。これは NAICS（北米産業分類表）と照合して、厳密にそのサブパートの具体的内容も確定されている[16)]。それによると、1073 件の M&A を審査して、その適否を判定している。そこで主要企業に限って見ても、**表 2-5** のとおりで、軒並み IT 企業関連が並んでいる。また国別に見た

第 2 章　米中政治経済関係の新局面

表 2-4　枢要技術一覧

Critical Sectors List
1. Advanced Materials and Processing
2. Chemicals
3. Advanced Manufacturing
4. Information Technology
5. Telecommunications
6. Microelectronics
7. Semiconductor Fabrication Equipment
8. Electronics: Military Related
9. Biotechnology
10. Professional and Scientific Instruments
11. Aerospace and Surface Transportaion
12. Energy
13. Space Systems
14. Marine Systems

（資料）**表 2-2** 2008 年版、p.27 より作成。

表 2-5　米枢要技術企業獲得の主要外国企業一覧：
2006 年 1 月〜2007 年 12 月

企業名	国籍	獲得数
Thomson Corp	Canada	10
RAB Capital PLC	United Kingdom	10
Harris Computer Systems	Canada	8
SAP AG	Germany	8
Siemens AG	Germany	8
Reed Elsevier NV	United Kingdom	8
Nokia	Finland	7
Essilor International SA	France	7
Accenture Ltd	Bermuda	6
Wolters Kluwer NV	Netherlands	6
Roche Holding AG	Switzerland	6
Laird Group PLC	United Kingdom	5
Stantec Inc	Canada	4
Sonepar USA	France	4
Bayer AG	Germany	4
CDC Software	Hong Kong	4
Sony	Japan	4
Koninklijke Philips Electronic	Netherlands	4
Jobserve Ltd	United Kingdom	4
Pearson PLC	United Kingdom	4
United Business Media PLC	United Kingdom	4
WPP Group PLC	United Kingdom	4

（資料）**表 2-2** 2008 年版、p.33 より作成。

金額で調べると、**表 2-6** のようになり、さらに獲得企業数を見ると、**表 2-7** のようになる。これらで見る限り、先進国の企業が並ぶ、ごくありふれた合併、買収劇のように見える。もっとも枢要技術をめぐる外国の産業スパイ活動や、複数の外国政府による結託した、巧妙な米企業獲得活動などはそれ自体興味をそそられ

表 2-6 国別の米企業獲得取引額

(単位：100万ドル)

国	取引数	取引額
United Kingdom	203	28,404
Canada	170	5,563
Japan	58	11,764
Germany	55	36,125
France	49	20,050
India	34	1,416
Netherlands	34	9,731
Switzerland	31	8,603
Australia	28	3,267
Israel	22	1,103

(資料) **表 2-2** 2008年版、p.34 より作成。

表 2-7 米枢要技術企業獲得の外国企業母国

国	獲得数
United Kingdom	30
France	13
Japan	8
Canada	7
Netherlands	7
Germany	6
Israel	5
Switzerland	5
China	4
Singapore	4
Australia	3
Sweden	3
Finland	2
India	2
Norway	2
Spain	2
Austria	1
Belgium	1
Brazil	1
British Virgin Islands	1
Czech Republic	1
Denmark	1
Egypt	1
Hong Kong	1
Hungary	1
Italy	1
Luxembourg	1
Mexico	1
Oman	1
Poland	1
Russia	1
South Africa	1
Thailand	1

(資料) **表 2-2** 2012年度、p.24 より作成。

るテーマであり、しかも軍事関連になると、アメリカの国家安全保障の深奥に迫ることになるので、ここに提示されているデータを是非とも立ち入って分析したい衝動に駆られるが、焦点が外れることになりかねないので、これ以上は立ち入らないことにする。

　いずれにせよ、これら二つの検討を通じて、外国企業やその背後にいる外国政府の対米投資にたいしては、アメリカ側はエクソン・フロリオ——国家安全保障の遵守——と外国の産業スパイ活動への監視——特に最近はサイバー攻撃などへの——という二重の網を張って、波打ち際で危険物を取り除こうとしている。そうすると、アメリカの中枢部分への外国からの攻撃を守ることが国土防衛上、その崇高な使命だということになるが、しかしそれは他面では自由化とグローバル化という今日の大道に棹さすことにもなる。そのジレンマにアメリカは悩み続けることになるが、時代の推移は次第に前者の方にアメリカの重心は傾きがちである。そうなると、軍事・政治の力に物言わせる「超大国」ではあっても、経済・文化で世界を領導する「覇権国」ではなくなっていくことになる。いみじくも、この問題は岐路に立つアメリカの行方をも象徴している。

第4節　中国の軍事技術模倣化と「自主創新」技術開発への警戒

　前節までは対米直接投資にたいする全般的な管理を見てきた。しかしアメリカの対中戦略は、それを基礎にして、さらに中国だけに特別に焦点を当てたものを別に用意している。ブッシュ政権下で2006年に始まった、長期の戦略問題を話し合う「米中戦略対話」（SED）を引き次いで、2009年のロンドンでのG-20においてオバマと胡錦濤との間で新たに「米中戦略・経済対話」（U.S.-China Strategic and Economic Dialogue, S&ED）として、①政治・国家安全保障問題を話し合う戦略トラック（国務長官主宰）と、②金融・経済問題を扱う経済トラック（主宰財務長官）の二つに分けて話し合うことで再合意した。前章で検討したように、2009年7月以来、年一回ずつ開催されてきている。対話では多く経済問題に焦点が当てられたが、その中で貿易、投資、農産物、金融、消費拡大などに加えて、中国の「自主創新」技術の開発や知財保護とその違反の問題にも及んできていて、それらに関しては後章で詳しく論じることにする。

一方、議会では 2000 年 10 月 30 日に成立した PL106-398 によって、超党派的な課題（bipartisan issues）として対中戦略の本格的検討を考え、それを主宰する「米中経済・安全保障検討委員会」(U.S.-China Economic and Security Review Commission, USCC) を設置した。USCC は 2002 年に最初の年次報告書を議会に提出すると同時に、議会での公聴会の開催や、それに当たっての多数のリサーチペーパーやレポートを提出して、精力的に活動している。最初の年次報告において、これまでの経緯と委員会の役割を要約しているが[17]、大統領府任せのこれまでのばらばらな対中政策を一本化し、長期的な観点から超党派でこれに取り組む必要性を強調している。また対中関係は政治、軍事、経済の総合的な面から見る必要があり、とりわけ、経済と安全保障との間の結合関係に注意することを強調している。そして合計 18 点の勧告を行っているが、中でも中国に関する情報を的確に掴み、国家としての展望を持つことが肝要だが、経済面では、貿易と投資の関係を上手に運営していくこと、WTO への加盟を最恵国待遇の承認を含めて、成功裡に進めていくこと、中国の資本市場へのアクセスを首尾よく実現させることが大事になり、政治・軍事面では、大量破壊兵器の拡散を避けること、台湾と中国大陸との緊張関係を緩和させること、中国の軍事の近代化を冷静に観察していくことなどを特記している。これを見ると、いかに中国に対する議会での関心が高いか、そしてそのためには中国に関する正確な情報を共有することが大事かがわかる。

ところで議会における USCC 設置のきっかけになったのは、下院の「アメリカの国家安全保障ならびに中国との軍事・経済問題に関する特別委員会」（委員長クリス・コックス）を 1998 年に設置（409 票の賛成、反対はわずか 10 票）したが、そこでの議論の結果、核装備された大陸間弾道弾あるいは大量破壊兵器の製造に役立つ技術や情報が中国に秘密裡に渡ったと、センセーショナルに騒ぎ立てた通称「コックスレポート」[18] を提出したことにある。「コックスレポート」は大要、以下の 5 点の主張を行っている。①中国はアメリカの最新熱核兵器に関する設計情報を盗んだ。②盗まれた秘密事項によって、人民解放軍が自身の核兵器の設計、開発及びテストを速めることを可能にさせた。③中国の次世代の核兵器は盗まれたアメリカの設計情報を含んでいて、アメリカが使用する兵器に有効に対抗できる。④盗まれたアメリカの情報に基づく小弾道は、2002 年に配備の準備がなされ、また中国の次世代のミサイルに MIRV（複数個別誘導再突入体）技

術を結合させることを可能にするものである。⑤秘密の盗難は孤立したものではなく、実は中国国家安全部によるアメリカ兵器研究所にたいする数十年の諜報活動の結果である。しかもその違法な活動は不祥事の結果用意された、新しいセキュリティ対策にもかかわらず、依然として継続している、というものである。

　これは、急激に経済成長を遂げ、国際舞台に華々しく登場し、WTOへの加盟も俎上に載ってきた中国への警戒心をいやが上でも高めることになった。しかしながら、「コックスレポート」の主張は一方的に断定して論じ、麗々しく周辺を飾り立てて証明しようとしている割には、その客観的根拠は薄弱なもので、しかも当初はその全文にわたる公表を大統領が拒んだため、一層全体像がわかりづらかった。早速にアカデミーサイドからも多くの反論がなされ、その杜撰さが指摘された。中でもスタンフォード大学から出された集団的な検討は、「コックスレポート」は客観的根拠に欠けているというもので[19]、それは妥当なものだと受け取られた。とはいえ、この問題は国家の最高機密事項に関わるため、情報が公開されず、したがって真相が究明されにくいという性格を持っていて、そのため、いつでも蒸し返される可能性がある。というのは、本当に最高の軍事機密が漏洩されたのなら、それは相手国である中国の犯罪行為だというばかりでなく、盗まれたアメリカ側の管理責任も当然、問われることになるからである。また中国側がいうように、それを中国が独自に開発したものなら、彼我の軍事力の差は確実に縮小していることになって、アメリカ——とりわけ軍部——にとっては憂慮すべき事態の出来だからである。

　いずれにせよ、中国に対する警戒は一段と進んでいて、それは軍事的な警戒心が中核にあるが、そうすると、その基礎をなす科学技術基盤にまで至り、そして産業基盤としての経済力一般にまで広がっていく。いわば、政治・経済両面を網羅する全面的な検討対象であり、しかもその政治体制はアメリカとは正反対であり、かつ表面的にはきわめて強固である。これらの異質性に満ちた「超大国」との、一面での対抗と、他面での協調はアメリカにとって未知の、しかも神経の折れるものである。これらの内容に関しては次章で詳しく検討しよう。

●注
1）筆者によるその成果の一部は、関下稔「ベナム工業化の現段階と日本企業――日―米―中トライアングル関係の外縁的布陣――：第一部　概観」『立命館国際地域研究』第 36 号、2012 年 10 月、同「日―米―中トライアングル関係の経済思想の底流――新自由主義批判の原理的考察――」『立命館国際地域研究』第 37 号、2013 年 3 月、参照。
2）Lewis, Cleona（1938）, *America's Stake in International Investments*, Washington, D.C., Brookings Institution.
3）ここのところは三菱東京 UFJ 銀行が『海外投資ガイドブック　アメリカ合衆国』2004 年、作成過程で米財務省に聞き取り調査を行ったのにたいして、財務省側が回答したものに基づいている。詳しくは Inward Investment Reporting Requirements, http://www.osec.doc.gov/ogc/occic/invest.html 参照。
4）この過程については筆者は繰り返し述べてきたが、古くは関下稔『現代世界経済論』有斐閣、第 7 章、1986 年、参照。
5）一般には「1988 年包括通商競争法」という訳語名が流布しているが、筆者はその意味内容を斟酌して、上記の邦訳名を与えている。
6）以下の「エクソン・フロリオ条項」に関する詳しい説明も、三菱東京 UFJ 銀行の、財務省へのインタビューにたいして、財務省側が回答したものに基づいている。詳しくは Committee on Foreign Investment in the United States（CFIUS）, U.S. Department of Treasury, Office of the Assistant Secretary International Affairs, Office of International Investment, *http://www.freerepublic.com/focus/f-news/15834/posts* による。なおここで、「通知」（notice）、「審査」（review）、「精査」（investigation）、それに「大統領による判断」（action by the President）、という邦語名を与えたが、これらには定着した邦語名はなく（ただし「軽減合意」（mitigation）はそれ以外の邦訳名をみていないが）、筆者がその内容を考えて上記の表記にした。
7）日本では「バード修正条項」というと、2001 年農業歳出法に盛り込まれた、外国のダンピングや補助金に対する相殺関税措置を行い、それで得た税収をダンピングまたは補助金提訴を支持した国内業者に分配することを指す措置として有名だが、これはそれとは別のもので、あまり知られていない。
8）FINSA 制定に至る議会での議論の経過と論点に関しては、GAO（Government Accountability Office）、CRS（Congressional Research Service）、CFIUS などが議会での公聴会の開催などに合わせて、適宜、レポートや資料等を出していて、参照には事欠かないが、まとまったアカデミックな研究書としては、Graham, Edward M. and David M. Marchick, *US National Security and Foreign Direct Investment*, Institute for International Economics, Washington, DC, May 2006. がこの課題に歴史的、総括的に取り組み、詳細な経緯を追って論点を整理し、かつ最後には政策提言も行っていて、

参考になる。Foreign Investment and National Security Act of 2007 の正式の条文は Public Law 110-49, 121 Stat. 246, July 26, 2007. に記載されており、またその施行細則も Regulations Pertaining to Mergers, Acquisitions, and Takeover by Foreign Persons; Final Rule, 31 CFR Part 800, Federal Register 70702, Vol.73, No.226, November 21, 2008. に記載されている。しかしただでさえ法律に疎い筆者が、法律文書特有の難渋・複雑さの中に沈潜すると、さっぱり要領を得なくなるので、我が国の法律畑からこの問題を検討した、渡井理佳子「アメリカにおける対内直接投資規制の現状」『慶応法学』第19号、2011年3月を適宜参照した。いずれにせよ、以下の展開に当たっては、これらのレポート、公聴会記録、著書、論文、法文や施行細則等を活用した。

9) Graham and Marchick, *op.cit.*, pp.xx-xxi.

10) critical に「重要」という邦語を当てることが一般的だが、筆者にはこの言葉の含意は「死活を左右するほど重大な」ということなので、「枢要」という邦語を使うことにする。またここでは critical infrastructure という言葉が作られたが、ここでいうインフラとは、我々が一般的に使っている公共投資の対象になる道路や港湾、通信網といった狭い意味での社会資本をさすのではなく、それらを含めて、国家安全保障を支える基礎的な産業基盤の意味合いである。これは同時に技術と結合されて、critical technology といった用語法が中国の技術戦略などとの関係で使われたりもする。

11) この過程に関しては、筆者はかつて一連の著書で詳しく検討した。たとえば、関下稔『日米貿易摩擦と食糧問題』同文舘、1987年、同『日米経済摩擦の新展開』大月書店、1989年、同『競争力強化と対日通商戦略』青木書店、1996年、参照。

12) Critical infrastructure, http://en.wikipedia.org/wiki/ Critical infrastructe による。

13) ここは前記の施行細則によった。詳しくは Regulations Pertaining to Mergers, Acquisitions, and Takeover by Foreign Persons; Final Rule, *op.cit*.

14) たとえば、James F. F. Carroll, Comments, *Back to the Future: Redefining the Foreign Investment and National Security Act's Conception of National Security*, Emory International Law Review, vol. 23, 2009.

15) Report on U.S. Critical Technology Companies, *Report to Congress on Foreign Acquisition of and Espionage Activities against U.S. Critical Technology Companies*, September 2007.

16) 詳しい一覧は Committee on Foreign Investment in the United States, *Annual Report to Congress*, December 2008, pp.49-50.

17) Report to Congress of the U.S.-China Security Review Commission, *The National Security Implications of the Economic Relationship Between the United States and China*, 2002 Annual Report. July 2002.

18) U.S. House of Representatives, Select Committee on U.S. National Security and Military / Commercial Concerns with The People Republic of China, Chairman Christopher Cox. January 3. 1999.
19) *The Cox Committee Report: Assessment*, Stanford University, December 1999. は冷静で客観的な根拠を示してそれに反論した代表的なコメントである。

第3章　海外投資への中国の重心移動と「自主創新」技術の開発・獲得へのアメリカの危惧

第1節　21世紀初頭の米中関係の枠組み

　これまで21世紀の米中関係に関して、大要、以下のように論じてきた[1]。資本主義と社会主義の体制間対抗の時代が終わり、グローバリゼーションの下で「市場経済」化が急速に進展し出したが、皮肉なことに、そこではモノ作りの拠点としての中国の位置が際だち、「世界の工場」という呼称さえ生まれるようになった。その急速な経済成長はグローバル時代の世界の牽引者の役割を果たしてきたが、その内実は、強力な国家権力の主導下で外資とその技術に依拠して、工業化のための国内企業システムの再編を実現し、低賃金コストを活用して低廉な製品を作り、それを海外市場で主に販売する、輸出主導型の経済成長路線をとったものであった。そして今日では世界第二位のGDPを稼ぐほどになり、やがてはアメリカを追い抜くとさえ、一部で予想されている。その路線を当初は「社会主義市場経済」化と呼んだが、それは、自足的で、閉鎖的で、管理主義的な「社会主義計画経済」の確立・成長政策の失敗を資本主義の手法を借りて修正・達成しようとするものであり、そこでは技術、資本、企業＝経営システムとその管理、さらには行政指導まで一貫して先進資本主義の試練済みの手法をまねたものであった。違うのは、13億もの巨大な人口を持つ単一国家でありながら、一元的な指令に基づく強力な政治＝国家体制の堅持と巨大な低賃金基盤の活用とその動員にあった。それは資本主義の蓄積基盤の弱体化、とりわけ景気後退と物価上昇の二重苦、つまりはスタグフレーションに見舞われていた、当時の西側先進国経済に旱天の慈雨のごとき効果を持ち、グローバル化の一層の進展を促すものであった。それを筆者は「グローバル原蓄」という呼び名で概念化した[2]。

しかしながら、中国がいつまでも低賃金ばかりを売り物にすることはできない。グローバル化の進展は中国よりもさらに低賃金国での生産を可能にするからであり、また中国自体の賃金水準も次第に上昇し、所得水準の向上をもたらすことが確実に予想されるからである。さらに経済成長の鈍化は「中所得国の罠」と呼ばれる停滞への恐れも感じさせる。そこで、中国は将来の持続的な経済発展の見通しを考えて、自立的な経済基盤の確立を展望した。すなわち最初の時期は低賃金と外資と技術導入による輸出志向的な経済発展の時期、第2の時期は外国企業のマーケティングに依拠した世界大での販売促進の時期、そして第3の時期は自立的な技術基盤を確立し、それを最大に活用する自立的な経済発展の時期の、三段階を想定した。そしてこの自立的な技術基盤を「創新技術によるイノベーション」(indigenous innovation) と呼び、これを大いに鼓吹することになった。この路線は2002年の第16回党大会で「走出去」(go out policy) として提唱され、2006年に胡錦涛主席によってさらに体系的なものとして提起された。

　こうした中国の長期戦略はグローバリゼーションの進行への寄与の側面ばかりでなく、同時に、諸外国、とりわけ覇権国としての野望を捨てていないアメリカに、逆に大いなる懸念や、さらには警戒心までをも抱かせるものであった。たとえば対米直接投資の動向を専門的に研究してきたグラハム／マーチックは、以下のように主張する。基本的にはアメリカは外資を歓迎すべきだが、それが拡大していくにつれて、アメリカ国内での政治問題化が発生しかねないので、外資の進出による米資産の外国所有と国家安全保障の堅持との政策的な兼ね合いが問題になる。そこでは両者のバランスのとれた政策ミックスが、とりわけ、旧社会主義国からの転換を図っている異質な国との関係では不可欠になると考えられる。その際には、政治化には様々なコストがかかるので、経済を政治に優先させる観点が大事で、管理は必要最低限にすべきで、後は自由にするのがよいだろう。そうしないと、アメリカ経済が外資によって支えられている前提が壊れることになるし、またグローバリゼーションと自由化との関連性ないしは一体化が失われてしまいかねない[3]。これは覇権国アメリカの繁栄の基礎に世界的な自由化の枠組みと外資の対米進出があることをよく心得た専門家の意見である。だがこうした中庸を心得た論説とは反対に、外資の対米進出を極端に警戒し、アメリカ企業の外国人・外国法人による支配は避けるべきであるという側面を強調する内向きの論

第 3 章　海外投資への中国の重心移動と「自主創新」技術の開発・獲得へのアメリカの危惧

調もあり、とりわけ 9.11 後は「国土安全保障」という概念が従来の国家安全保障に上乗せされて措定され、そこでは「枢要産業基盤」（critical infrastructure）の保護という形で、外資によるアメリカの枢要産業・技術の獲得を阻止する動きになった。特に中国の対米進出が彼らにとって必要不可欠な技術の獲得とそれの中国への吸収という形で、国家権力と一体となった、実質的には国有企業（state-owned enterprises, SOEs）によって技術移転が生じたり、あるいはさらに違法な産業スパイ活動の徘徊などの疑いが広がり、中国警戒論がより一層増幅されることにもなった。かくして全体としては中国への警戒心が、その経済的、政治的プレザンスの増大に伴ってアメリカ側に広まってきている。

　本章では前章に引き続いて、21 世紀初頭における米中間の政治経済関係を見ていくことになるが、ここでは中国側の戦略とその実際をアメリカ側がどう見ているかに焦点を当ててみよう。前章で見たように、アメリカでは外国からの投資にたいする管理は今日 FINSA（Foreign Investment and National Security Act of 2007）（「2007 年外国投資・安全保障法」）によって法制化されている。これにたいして、米─中関係に関しては 2000 年に PL106-398 によって超党派的な課題として検討することが決められ、それを主宰する「米中経済・安全保障検討委員会」（U.S.-China Economic and Security Review Commission, USCC）が設置された。USCC は 2002 年に最初の年次報告書を議会に提出すると同時に、公聴会の開催や、それに当たって多数のリサーチペーパーやレポートを提出して、その補充や豊富化を行っている。他方で、米中間の戦略的な対話がブッシュ政権下で 2006 年に始まったが、オバマ政権になってから、装いを新たに「米中戦略・経済対話」（U.S.-China Strategic and Economic Dialogue, S&ED）として継続、拡充され、2014 年 7 月までに合計 6 回開催されている。このように、「同床異夢の世界」としての今日の米中政治経済関係は、協調と対抗の二要素の入り交じる、複雑かつ奸智に長けた攻防が支配する過程でもある。そこで以下では USCC の最新の年次報告書（2013 年 11 月）を中心において、アメリカから見た中国経済と安全保障問題に焦点を当てて考えていこう。

第2節　米中間の貿易と投資の現況と問題点

1. 貿易

　まず最初に米中間の物的財貨の貿易のこの間の推移から見ていこう。財におけるアメリカの対中貿易赤字はこの12年間に大幅に増加しており、2012年にはついに3000億ドルを超えるところへまできた（**図3-1**）。1979年からの累積では実に3兆ドルを超えるほどにまでなり、2012年には石油を除いたアメリカの貿易赤字の4分の3までが中国によって占められている。まさに中国一国がアメリカの入超のほとんどを占めている状況である。一方、アメリカの製造工業品の輸出は少しずつ改善されているが、対中貿易輸出超過品目は、主に輸送機器（36億ドル）、農産物（63億ドル）、くず・スクラップ類（42億ドル）、鉱物（13億ドル）といったところである。しかも先端産業で構成される高度技術製品（advanced technology products, ATP）——オバマ政権は別のところでは高度製造業（advanced manufacturing）という言葉も使っている[4]——は一貫して赤字で、**表3-1**にあるように、最近年では345億ドルにも上る大幅の赤字を記録している（全体の貿易

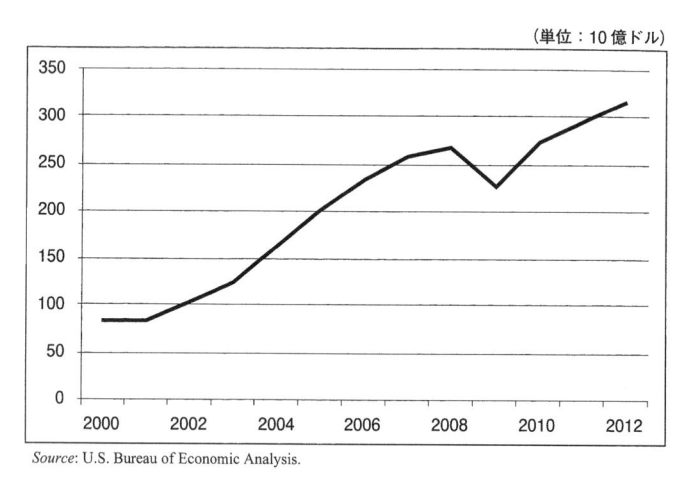

図3-1　アメリカの対中貿易赤字（財）：2000-2012年

（資料）*2013 Report to Congress of the U.S.-China Economic and Security Review Commission*, November 2013, p.46 より作成。

第3章　海外投資への中国の重心移動と「自主創新」技術の開発・獲得へのアメリカの危惧

表3-1　アメリカの高度技術製品の対中貿易：2012-2013年

(単位：100万ドル)

	輸出	輸入	収支 2013.6	収支 2012.6	変動 2012-2013
TOTAL	7,828	42,327	-34,499	-35,418	919
(01) バイオテクノロジー	122	25	97	58	39
(02) 生命科学	901	667	234	156	78
(03) 光電子工学	102	1,335	-1,233	-2,429	1,196
(04) 情報通信	1,375	38,607	-37,232	-35,717	(1,515)
(05) 電子	1,439	1,049	390	163	227
(06) フレキシブル製造	713	278	435	185	250
(07) 高度素材	77	70	7	15	(8)
(08) 宇宙	2,901	256	2,645	2,162	483
(09) 兵器	1	39	-38	-34	(4)
(10) 核技術	199	1	198	23	175

Source: U.S. Census Bureau, NAICS database (Washington, DC: U.S. Department of Commerce, Foreign Trade Division). *http://censtats.census.gov/cgi-bin/naic3_6/naicCty.pl.*
(資料) *ibid.*, pp.46-47 より作成。

赤字の約一割ほどである）。そのほとんどは情報・通信（-372億ドル）で、それに光電子工学（-12億ドル）と、わずかだが兵器類（-4千万ドルほど）が赤字である。これを見ると、とても工業先進国の輸出活動とは見えない。そこで、中国側の輸入を増やすためには、以下の4点の措置が中国側に必要になると、USCCは指摘している。第1に消費を刺激して競争を促進するためには、市場開放をさらに進めるべきである。第2に人民元をさらに切り上げることである。第3に十分な国内消費を生むためには家計の可処分所得を引き続き引き上げねばならない。第4に家計と企業の貯蓄率を引き下げるべきである（民間貯蓄率は50％を超えている）[5]。だが正直なところ、これらの中国への注文が直ちにアメリカの対中輸出の活発化に繋がる要素になるようには思われない。同様のことはかつて日米貿易摩擦華やかなりし頃、対日要求として主張されたが、日本という「同心円的世界」の中では通用しても、中国という異質な「同床異夢的世界」の住人とはそうはいかない。中でもアメリカ側は米中戦略・経済対話においても盛んに人民元の切り上げを主張してきた経緯があるが、それ自体は直接的に対中輸出を拡大させることだけを目的にしたものではないだろう。また中国に対する全体的な牽制姿勢が幾分かは輸出活動を抑制させてはいるだろうが、問題はどう見ても肝心のアメリカの工業製品の競争力の不足と経済のグローバル化――特に多国籍

企業の国際生産——にあり、それが小手先の手練手管で抜本的に変わるほどには、事態は容易ではないだろう。なおこれらに関しては、人民元を扱う第5章で詳しく論じる。

2．直接投資（FDI）

さて今度は直接投資（FDI）に焦点を当ててみよう。巨額の貿易黒字を持っている中国は、これまで米財務省証券の購入にその貿易黒字を主に当ててきた。外貨準備は3兆660億ドルで、そのうち70％がドルだといわれている——それだとおおよそ2兆5420億ドルになる計算——が、米政府は、1兆2800億ドルの財務省証券を中国が所有しているが、それには二次市場ないしは外為市場での購入分や、政府機関ならびに民間債務は含まれていないとしている。つまり正確なところは中国側の秘密主義もあってよくわからないということである[6]。もっとも中国政府がドル資産に集中しているのは、意図的に保守的投資戦略を採ってきていたからである。それから次第に土地の購入や企業の取得に移るようになり、対米直接投資は近年急増している。とはいえ、潜在力に比して実額としてはそれほど大きくはなく、シェアもまだわずかである。第10次5カ年計画（2001年から2005年まで）で積極的な対外進出戦略（「走出去」go out policy）が開始されるようになったが、それは主に国有企業（state owned enterprises, SOEs）に依拠するものであった。デレック・シザーズ（ヘリテージ財団）によれば、「国有企業（SOEs）および国営事業体（state controlled entities）が中国のグローバルな対外FDIを支配しており、2005年から2012年までSOEsは全体の86％を占め、民間企業は14％にすぎなかった」と2013年5月9日のUSCCの公聴会で証言している[7]。

そして第12次5カ年計画（2011-2016）においてこれが加速化されるようになった。その中心戦略は、第1に競争力のある中国製造企業は国際的な販売ネットワークとグローバルなブランド名を確立するために海外投資すべきであること、第2に中国企業は対外的にR&D部門に投資をすべきであること、そして第3によりクリーンでハイテクな経済を促進するために、これまでの資源集約的ならびに環境汚染的な製造業からシフトすること、というものである[8]。それまではエネルギー、機械、建設、情報といった戦略的な重化学工業が中心におかれていたが、上の第12次5カ年計画では、中でも「戦略的新興産業」（Strategic Emerging

第 3 章　海外投資への中国の重心移動と「自主創新」技術の開発・獲得へのアメリカの危惧

Industries）としてエネルギー保存／環境保護、次世代 IT、バイオテクノロジー、高性能機器による製造（high-end equipment manufacturing）、新エネルギー、新素材（原材料）、新エネルギー車の 7 分野を上げ、これらに特別の投資資金を当てている。この戦略的新興産業は、計画によると中国の GDP の 3％（2010 年）から 8％（2015 年）に、そして 2020 年には 15％にまでなると予想している。ここから明らかなことは、中国の対外 FDI が天然資源の確保からその技術のアップグレード化、ハイレベルのバリューチェーンの追求、グローバルな競争を保持するための経営力の確保に向かっていることである。もう一つはグローバルなブランド力の創出にある。そして最後にソフトパワーの獲得がくる。これらが走出去の当面の内容である。

　中国は証券投資（FPI）は大きいが、FDI はまだ小さい。米 BEA（Bureau of Economic Analysis, 貿易分析局）によれば、2012 年の対米直接投資は全体で 1747 億ドルだが、そのうち中国からは 2 億 1900 万ドル足らず、シェアはわずかに 2％だとしている。2011 年の中国からの FDI はフローで 5 億 7600 万ドル、ストックでは 38 億ドルとしているが、これが正確に実態を反映しているかとなると、大いに疑問のあるところで、UBO（最終所有者）——この概念は産油国の米企業買収が盛んになり出した 1980 年代後半から使われ出したもので、名目的な代理人の背後にいる真の所有者をあぶり出すために案出された[9]——で見ると、ストックで 95 億ドル、そして中国商務部（商務省、MOFCOM）の公表数字ではフローで 18 億ドル、ストックで約 90 億ドルである（**図 3-2**）。この違いの理由は、一つには香港経由のものと、ケイマンなどの海外オフショアセンター経由のものが含まれていないからである。もう一つの理由は、民間の推計が最新のものにアップデートされているのに、使われているものが古い方法によっているためである。そのため、たとえば前述のシザーズは 2012 年の中国の対米直接投資を 140 億ドル以上、2005 年から 2012 年の累積額では 542 億ドルに達するとしている。またローディアム・グループは 2012 年は 67 億ドル、2000 年から 2012 年までの総計で 231 億ドルと推計している[10]。このように推計は様々だが、同グループの研究部長タイロ・ハネマンは、最近の中国の対米直接投資の変化は政策とビジネス上の理由の双方にあるとしている。そして別のところでは、こうした中国からの投資を歓迎しつつ、いかにしたら、アメリカの安全保障を損なわずに、その利益を

(単位：100万ドル)

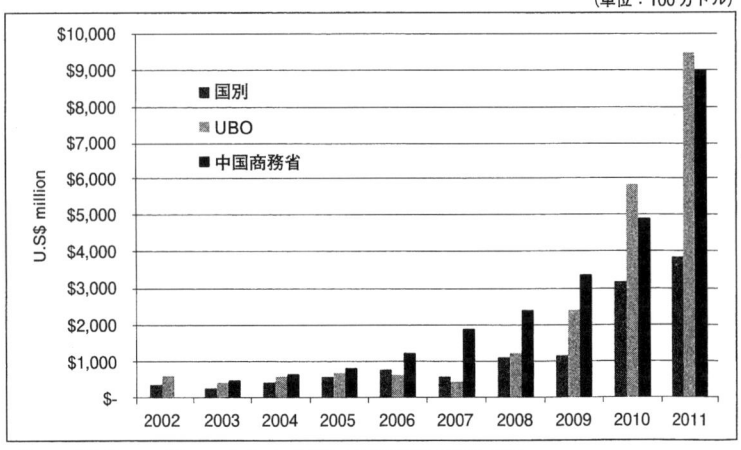

Source: U.S. Bureau of Economic Analysis; China MOFCOM, various years.

図 3-2　中国の対米直接投資残高：2002-2011 年

（資料）*ibid*., p.94 より作成。

最大化させるかが、今後の中心課題になると主張している[11]。

　もっとも中国当局が低利子率での米財務省証券保有の持つ戦略的な脆弱性に気付いて、多様性を求めるようになったことは確かであり、だから技術とサービスにたいして持つアメリカのリーダーシップこそが、中国にその方向に向かわせている背後にある要因だと、多分に楽観的な解釈をとることもできよう。特にR&D 投資や顧客サービスに結びついた投資が多いのはそのためだろう。シザーズも投資先としてのアメリカの魅力を指摘しているが、もっと大事なのは、中国政府には国内経済の動向との関連という戦略的な意図が働いていることだと指摘している[12]。さらにアンドリュウ・サモセッジ（キャピタルトレードインク）は、中国の対米投資は市場と政府の政策の双方に動かされているが、とりわけ投資承認過程におけるゲートウェイの役割を政府が果たしていると述べている。というのは、民間企業は国内で十分に資金調達できないので、外国証券の相場が有利な時にシェルカンパニーの購入を通じてアメリカ資本市場に参入するという、マイナーな動機がそれに加わることになるからである。そのやり方は 3 対 1 ほどで、IPO（新規公開株）よりもむしろ reverse merger（逆さ合併）といわれる手法を使って行われている[13]。これについては、後段で再度言及しよう。

第3章　海外投資への中国の重心移動と「自主創新」技術の開発・獲得へのアメリカの危惧

　以上のことが示しているものは、形式的な中国からのものよりも、実際は遙かに多くのものがアメリカに投資されていて、UBOと中国側統計があまり変わらないところを見ると、これが実勢に近い数字だともいえよう[14]。ただし、全体的には中国への警戒心が高まると、その対米投資を大きめに評価しがちな傾向が現れることに留意する必要がある。なお注目すべきはサモセッジの見解で、彼はUSCCの求めに応じて、中国の対米投資とSOEsについての詳細な分析をそれぞれ別途に行っているが、前者において、大要、次のように述べている。第1に対外投資は政府の主導下にあり、SWFとしての性格を濃厚に帯びている。第2にFDIの方針はこれまでのエネルギー・資源中心から、それに加えて、中国が求める先進高度技術を持った産業にも手を伸ばしている。第3にアメリカ政府——州、連邦の双方——の側も雇用や経済の浮揚のため積極的に中国からの投資を受け入れようとしている。第4にとりわけ中国側は金融・財務力の弱いアメリカ企業に的を絞っている。第5に少数だが、アメリカ企業と十分に太刀打ちできる中国企業が出てきている。したがって、全体としては中国からの投資を歓迎すべきだが、留意すべき点もある。それは、たとえ表面は民間企業であっても、その背後にはUBOとしての政府がいるので、市場原理に従うわけではないこと、またSOEsはアンフェアな態度をしばしばとりがちなため、アメリカ経済が傷つけられることもあること、したがって、経済安全保障や国家安全保障上の緊張関係を生むことになるかもしれない。さらに考慮すべきは、データが過小評価の傾向を持つことである。また逆さ合併などの手法の利用などについても警戒すべきである[15]。以上のサモセッジの分析と提言は中国の対米投資の専門家としてよく中庸を心得ていて、しきりと彼は中国の投資姿勢はmodest（穏当な）であるという言葉を繰り返している。とはいえ、今日の全体的な中国警戒論を反映して、SOEsへの警戒も強調している。

　次にその内容だが、金額で見た**図3-3**（総額）279億ドルと件数で見た**図3-4**、670件を比較すると、金額ではエネルギー関係（44％）が多く、次いで娯楽・不動産（18％）で、件数ではIT（17％）、機械・電子（15％）、自動車（13％）、エネルギー（13％）、消費財・同サービス（11％）と分散している。具体的にはLenovo（レノボ、聯想集団）によるIBMのパソコン部門の買収、China Aviation Industry（中国航空）によるCirrus Industries（ミネソタ州の軽ジェット航空機）の

85

(単位：％)

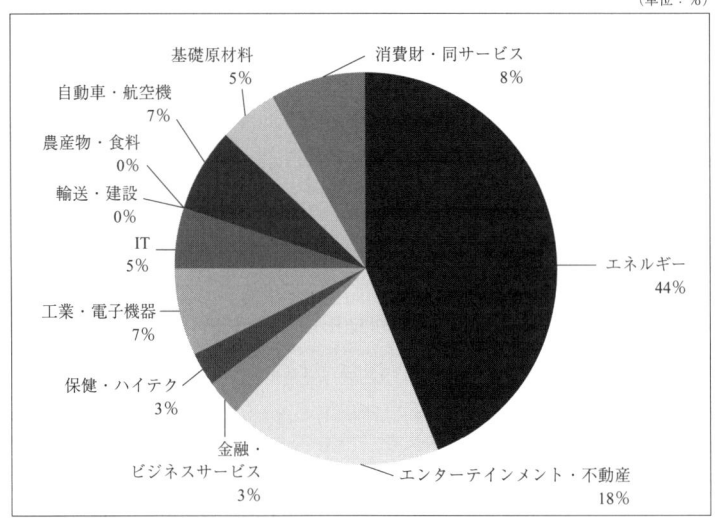

Source: Rhodium Group, *China Investment Monitor* (New York, NY: 2013).

図 3-3 中国の産業別対米直接投資：2000-2013 年第 2 四半期累積値（279 億ドル）

（資料）*ibid.*, p.96 より作成。

(単位：％)

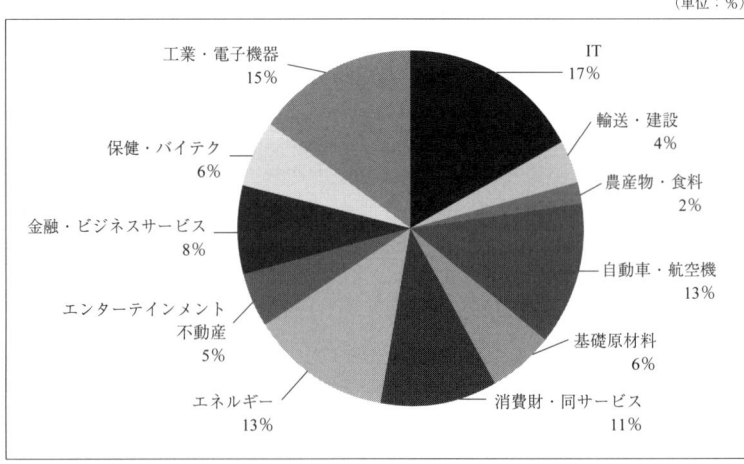

Source: Rhodium Group, *China Investment Monitor* (New York, NY: 2013).

図 3-4 中国の産業別対米直接投資累積件数：2000-2013 年第二四半期（670件）

（資料）*ibid.*, p.9 より作成。

第 3 章　海外投資への中国の重心移動と「自主創新」技術の開発・獲得へのアメリカの危惧

買収などだが、ただしたいていは SOEs によって支配されていて、2000 年から 2012 年までの間、それは 149 件、126 億ドル以上に上り、これにたいして政府所有が 20％以下の民間企業は 444 件と件数は多いが、金額は 100 億ドルほど足らずである。また 2012 年には Sinopec（中国石油化工集団）はオクラホマの Devon Energy から 25 億ドル払って、130 万エーカーに及ぶ掘削地の出資分をミシガンやその他で獲得した。また 2013 年 2 月には Chesapeake Energy Corp が 10 億ドルでオクラホマとカンザスに跨がる石油・天然ガス地を Sinopec に売却した。CNOOC（China National Offshore Oil Corporation, 中国国有海洋石油）は 2010 年と 2011 年に Chesapeake の石油・ガスシェールの南テキサスにある資産 10 億 8 千万ドル分とコロラド／ワイオミングにある資産 570 万ドル分を購入した。一方サービス部門の投資は全体の 4 分の 1 ほどだが、中でも不動産は中国でよりも安全なので、急成長している。China Vanke Co.（万科）がアメリカの不動産会社 Tishman Speyer Properties と共同（中国側 70％株式所有）で、6 億 2 千万ドル分のコンドミニアムを建てた。ハイテクでは金額よりも件数が重要で、アメリカの技術に関心があるからである。農業では 2013 年に Shuanghui International Holding Ltd.（双匯集団）が 71 億ドルでヴァージニアに拠点をおく豚肉生産会社 Smithfield Foods Inc. を買収した。これは CFIUS（対米外国投資委員会）の任意での「審査」(review) を受けたが、Smithfield Foods 側が承認したのでクリアした。農業は中国側のグローバル戦略の一部だと考えられよう。産業クラスターを狙うということでは、カリフォルニアが突出していて、全体の 4 分の 1（2012 年に 620 件中の 170 件）ほどを占めている。その他ではニューヨーク、テキサス、イリノイ、ミシガン（同年、合わせて 352 件）に集中している。財務省証券から民間株式などへの投資多様化にあたって、おおっぴらな SWF（Sovereign Wealth Fund）である CIC（China Investment Corporation、中国投資有限公司）とは違って、SAFE（State Administration of Foreign Exchange、中国国家外国為替管理局）は秘密裡に資産や株式を買っていて、その金額は 2011 年に 45 億ドルにも上ると、前述のシザーズは推計している[16]。これらが主なところである。

　こうした対米投資がもたらす全体的な経済的評価だが、グリーンフィールド（新設）の場合は、雇用創出、租税収入増、生産性の改善、それに全般的な競争力の改善が見込まれる。M&A の場合にも、買収者が企業の再活性化を目指せば、

雇用に影響を与えることになる。中国企業が中国政府の戦略的考慮や政治的干渉を離れれば、経済的な効果はさらに見込まれるのだが、「戦略的新興産業」のための技術の獲得に向かうと、そうはならない。2013年5月9日の公聴会では、こうした政府の戦略的な目標から民間企業の行動を分離して考えることは困難だという点で証言は一致していた。たとえばシザーズは中国の「民間企業には法が守られる権利も拒否権もない」とさえ言い切っている[17]。また利益最大化行動を取ることを前提にして成立しているアメリカの反トラスト法は、そうした行動を取らない中国企業には不公正な競争という点で該当しない弱点を持っている。このように、全体的には中国企業の異質性を強調する論調になっている。ただし、グリーンフィールドなら許せるが、M&Aは警戒しなければならないという論理は、前章でFDIUSの行動を見た際にも散見されたアメリカ側の一貫した見解だが、これは多分にご都合主義的に映る。どのような形態をとるのであれ、中国政府と中国共産党がその背後にいるUBOなら、アメリカにとって脅威ないしは警戒の対象であることに変わりはないはずである。その本音を隠してグリーンフィールドだけを容認するのは、何度も繰り返したが、アメリカ経済は外資なしにはやっていけないほどにグローバリゼーションの大海の中に沈潜しているからである。だからグローバル化を強力に推進してきたアメリカは、皮肉なことに「世界のアメリカ化」から「アメリカ自体の世界化」への転換によって自らも打撃を被り、それに伴うジレンマに悩まされている。

3．国家安全保障との抵触

対米投資の貿易関連面では、安全保障問題が出てくる。たとえば、諜報・スパイ活動などで、重要な情報を保護するため、政府は国家産業安全保障計画（NISP, National Industrial Security Program）を作って、その管理を国防安全保障局（U.S. Defense Security Service、国防省と25の政府機関から成る）に委ねた。それは外国の所有、支配、影響下にある会社（FOCI）の動向を監視している。そしてこれが国家安全保障に関わる危険があるということになると、CFIUSが調査を行うが、その審査対象となった件数は2010年で10件、全体の中に占める中国の割合は同年では9％である（図3-5）。前章で詳しく述べたように、CFIUSは外国国家所有の程度とそれがアメリカの国家安全保障にどの程度影響するかどうかを見ている。

第3章　海外投資への中国の重心移動と「自主創新」技術の開発・獲得へのアメリカの危惧

(単位：件数，％)

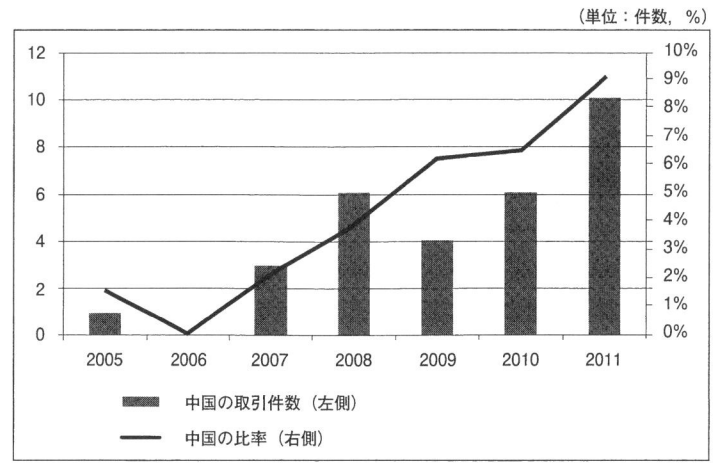

Source: Committee on Foreign Investment in the United States, *Annual Report to Congress* (Washington, DC: various years).

図3-5　CFIUSによる中国からの対米投資の審査：2005-2011年

（資料）*ibid*., p.102より作成。

　中国の場合、前者に関しては複雑で、明確に出てこない。後者に関しては、中国政府と中国共産党（CCP）は企業の経営陣に確実に影響力を持っている。その有名な事例は通信メーカー Huawei（華為技術）と ZTE（中興通訊）のケースで、アメリカの通信ネットワークに不正にアクセスする中国の諜報活動に繋がる可能性ありと下院の常設諜報委員会の報告書（2012年10月）が指摘した[18]。

　そこでの勧告は、第1に中国通信機器メーカーのアメリカ市場への参入には疑義があるので、諜報活動に警戒を強め、CFIUSは国家安全保障の見地からその参入を阻止すべきであり、部品を含めて両社の製品を購入しないことである。第2に両社は安心できないので、米民間企業は長期的に両社とのビジネス取引の国家安全保障上のリスクを考慮すべきである。第3に議会の司法委員会は中国の通信部門のアンフェアな取引に目を光らせることである。第4に中国企業はオープンで透明であることを示すため、速やかに金融情報やサイバー安全保障について第三者機関の評価を受け、また情報の法的な基準と知的財産権の遵守を行うことである。第5に司法委員会は通信における危機に対応できる法制を工夫すべきである。以上だが、具体的な明確な証拠を提示できず、危険だから締め出せといわんばかりの論法であった[19]。その点ではかつてのコックスレポート[20]のような、

89

500頁を超える詳細なデータ——だからといって、根拠が明確になった訳でもないが——に基づく報告書ではなかった。これら二社が軍や政府との関係が緊密であるため、アメリカの情報・通信の安全に関わるというのが主な理由であったという憶測も飛んだ[21]。だが上でも述べたが、アメリカの対中輸入の最大品目が情報・通信にあり、そのことに注意を喚起する狙いが確実にあっただろう。しかしそのことと、中国側がスパイ活動をしていることとは直接には結びつかない。しかもその確かな証拠を示せないでいる。いずれにせよ、旧来の冷戦対抗的な姿勢が議会の一部に広まっていることは確かで、そこに政治的な関与の重大な根拠をおこうとする狙いが濃厚である。しかし、ここでの論拠は、裏を返せば、そのままアメリカ企業の一部にある軍産複合体的体質を濃厚に反映しているようでいて、苦笑せざるを得ない。

なお中国の対米投資が問題になった主なケースは**表3-2**のとおりである（さらに詳細な一覧表は、注14）にあげた増田耕太郎氏による労作の巻末にある）。国家安全保障に関する明確な定義が与えられていないことから、CFIUSはむしろこれを狭く限定しようとしているのにたいして、シザーズはサイバーセキュリティに関してもっと拡大して行うべきだとし、またその極端な秘密主義をも批判している。またマーク・プロトキン（Convington & Burling LLP法律事務所）もそれに同意した上で、国家安全保障の明確な定義付けを行うべきで、少なくともサイバー安全保障とSOEsについては明確にその中に含めるべきだとしている。さらにエリザベス・ドレイク（Stewart & Stewart法律事務所）は純粋な利益ばかりでなく、潜在的な利益をもふるいにかけるべきだといっている[22]。確かにSOEsの問題は国家安全保障と経済安全保障との間の境界を曖昧にしている。SOEsは明確な戦略目標を持っていて、航空、自動車、石油、鉄鋼、通信等に重点をおいており、政府から様々な厚遇を得ている。また短期的な利益を追求せず、優先順位をつけて投資している。問題はこれらのことをどう考慮するかである。

以上見たように、中国からの投資には十分警戒の目を光らせなければならないが、国家安全保障に抵触せず、経済的見地を優先してなされるなら、アメリカ経済にとっても雇用その他の利益をもたらしうるというのが、USCCの大筋である。その点ではグラハム／マーチックやサモセッジ、あるいはハネマンの論調に近い。また国家安全保障について明確に定義付けすべきかどうかを巡る論議については、

第3章　海外投資への中国の重心移動と「自主創新」技術の開発・獲得へのアメリカの危惧

表 3-2　問題になった主な中国の対米投資：1990-2013 年

年	投資側	相手先	要点
1990	China National Aero Tech (CATIC)	Mamco Manufacturing Co.	大統領命令により阻止。
1995	China National Non-Ferrous Metals Import & Export Corp, San Huan, Sextant	Magnequench Inc.	クリントン政権で一旦は承認されたが、その後中国への技術移転と雇用の喪失が判明。
1999	China Ocean Shipping (Group) Company (COSCO)	Long-term Lease of former Naval Base, Long Beach, CA	国家安全保障上の理由から議会が禁止。
2005	China National Offshore Oil Corporation (CNOOC)	Unocal Corp.	株主によって拒否。
2005	Lenovo	IBM's personal computer division	CFIUS が承認。
2008	Huawei, Bain Capital	3Com	CFIUS が不承認を表明したので、取引とりやめ。
2009	Northwest Nonferrous International Investment Co.	Firstgold Corp.	CFIUS が不承認を表明したので、取引とりやめ。
2010	Tangshan Caofeidian Investment Co. Ltd (TCIC)	Emcore	CFIUS が懸念したので、取引とりやめ。
2010	Far East Golden Resources Investment Ltd. (FEGRI)	Nevada Gold Holdings, Inc.	UBO としての Hybrid Kinetic Group の存在が問題になり、彼らが手を引くことで同意。
2011	Huawei	3Leaf	CFIUS の質問に Huawei が手を引くことに同意したため、不承認。
2012	Rells Corp.	Terna Energy Holding USA Corp.	CFIUS が取引中止を勧告したが、Ralls は従がわず、大統領命令によって阻止。それにも抵抗したが、無条件で実行。

(資料)　*ibid.*, pp.107-108 より作成。

　前章でも指摘したが、これはエクソン・フロリオ条項以来の一貫した姿勢で、ガイドライン以上のものを出さないのは、その方が融通無碍に適用可能だからである。こうしたものは、厳密に定義すればするほど、その狭い穴を通り抜ける工夫もまた相手側によって開発されるもので、いわばイタチごっこのような側面がある。また場合によっては、許可してやりたいのにそれができなくなるといった形で自らの手を縛ることにもなりかねない。とりわけ何よりも相手国からの報復措置を取られやすい。そうしたこともあって、CFIUS の専断に委ねられている。これが現在までのアメリカにおける最大公約数的な合意＝妥協になっている。

第3節　中国の「自主創新」技術（indigenous technology）の開発・獲得の成否とその評価

1．「自主創新」技術の開発と獲得

　前節での貿易・投資関係の検討を通じて、アメリカ側は、一つには情報・通信分野における中国企業の参入ならびにそのスパイ活動がアメリカの国家安全保障に重大な影響を与えるので、これを阻止すべきだという、きわめて冷戦遺制的な対抗姿勢をとった。もう一つは進出形態としてグリーンフィールドは承認できても、M&Aにおいてはそもそも中国企業はSOEsが圧倒的であり、またたとえ民間企業の形をとっても、その背後にUBOとしての政府ならびに共産党が厳然としてあるので、油断できず、いわば異質なものである。したがって、こうしたグローバリゼーションの異端児＝「鬼っ子」とどう付き合うかが大変難しいという困惑の姿勢をとっている。本節以下ではこの二つの問題について考えたいが、最初に中国企業の対米進出の脅威の前提としての、中国側の「走出去」戦略（go out policy）による「自主創新」技術（indigenous technology）の狙いと内容と評価と獲得＝実現の成否について考えてみよう。前節で見たアメリカ議会の諜報委員会の論調は、そのことには全く触れずに、国家安全保障上危険だから排除すべきだと主張して、ことさらに両国間の緊張関係を増長させている。だがこのことを考えていくと、この分野におけるアメリカの産業競争力はどうなのか、もしHuaweiやZTEなどごく少数の企業であれ、アメリカに伍して、あるいはそれを上回るような企業が出現したなら、それは何故か、またそもそも中国の技術力はどの水準にあるのか、そして今後どこまで発展するか等の、きわめて深刻な問題が浮上する。だから中国の自主創新技術の獲得の是非とその正確な評価はきわめて大事な課題である。

　アメリカ側がこの自主創新技術に関心を持ち、強く意識し出したのは、中国側が走出去戦略を打ち出してからである。そしてそれにたいする警戒心が年々強まってきているが、2010年にアメリカ商業会議所が出したレポートは、そうした傾向の一つを代表している。執筆者のジェームズ・マグレガーは中国の創新技術開発について詳しく論じているが、中国側の狙いは、より一層の経済発展を進め

第3章　海外投資への中国の重心移動と「自主創新」技術の開発・獲得へのアメリカの危惧

るためには、技術の外国支配を避けつつ、自前の高い技術をどのようにして身につけるかにある。ところがその基礎のない中国は、外国産の技術を導入し、それを模倣して身につけ、さらにそれを自国にあったものに自己流に改造、改良していかなければならない。そのためには国際的な科学・技術の協力・共同開発を必要とし、多くの先端技術を持つ西側多国籍企業を積極的に呼び入れつつ、それとの折り合いが強く求められる。だがその際の弱点は、固陋で頑迷な「テクノナショナリズム」[23]に依拠して、そのネットワーク作りに狂奔していることにあると、マグレガーは見ている。具体的には、たとえば海外で知的財産権の訴訟に直面している中国企業が、それに対する報復をし易くする 2008 年特許法の制定、また輸入品が中国に入るのを遅らせる効果を持つ製品の検査・認証制度の強化、さらには中国進出企業にたいしてノウハウの開示が強く求められることなどに、それが端的に表れているとしている。だがこうしたやり方はアメリカ流の「テクノグローバリズム」ともろに対抗し合うことになる。

　このように、中国側が打ち出した自主創新技術を巡る問題は、今日のグローバル経済とサービス経済化を反映して、スタンダードを巡る争いに収斂され、それが今日のグローバルな規模での競争の特質を表している。そこでは中国の自主創新技術開発路線を「テクノナショナリズム」として攻撃し、それに対比して、アメリカンスタンダードを国際社会が受け入れるべきグローバルスタンダードとして強要しようとするアメリカ――その背後にはそれを渇望する多国籍企業がある――と、それに対抗して独自のチャイニーズスタンダードを作り上げたい中国との熾烈なせめぎ合いが展開されることになる。上で見たように、中国はオリジナルな創新技術をすぐにはできないので、中長期にわたる計画的な育成と、進出してくる外資の技術の獲得・模倣・応用・改造に向けた抜け目ない戦略、そしてアメリカのみならず、それ以外の先進国企業や研究機関との国際提携を模索している。そうすると、まっとうな、地道で真摯な努力を通じてそれを実現していくのが本筋だが、それには多くの時間と労苦がかかるので、それ以外に、手っ取り早い方法として、リバースエンジニアリング（RE）を利用して中国流の「まがい物」を生み出し、それをチャイニーズスタンダードとして、あたかもオリジナルなものであるかのように装う巧妙な術策や、知財料を払わない密かなイリーガルな模倣化の蔓延なども混在することになり、事態は複雑化と混迷化を深めること

にもなる。もちろんその背後には、模倣・改造できるだけの技術力がすでに中国には備わっていることでもある。そこではWTOのルールやTRIPs協定などの国際的な規範の遵守を中国側に求めるという、大きな国際的な経済的秩序による網打ちがなされるが、それだけでは急速に拡大しつつある中国国内市場における無秩序で激烈な競争には到底対処できない。

　したがって、中国の自主創新技術の成否の評価は、たとえば、自主創新技術を担う人材がどのような状態にあるか、中国企業の主体的力量はどうか、政府の政策は適切か、またまがい物は本物の世界標準にまで成長していけるのか、一部の重点的な自前化・突出化とその範囲から外れる在来的な二次的・三次的な凡庸技術との著しい格差の存在をどうするか、さらには偽物やイリーガルな模倣の蔓延を阻止して、国際社会の同意を得られるような統一的なスタンダードとその管理体制をどう築くことができるかなど、多くのものが差し迫った緊要課題となって現れてくる。

　さて肝心の自主創新技術を中国側はどう捉えているだろうか。それに関してはジェトロが行った詳細なレポートがある[24]。それによると、2006年から出発した第11次5カ年計画では、コア技術と自主的な知財が中国に欠如していることが、今後のグローバル経済下での経済発展に重大な支障になると考えて、自主創新技術の達成に狙いを定めて、それをスローガンとして掲げた。具体的には総合政策としての「国家中長期科学技術発展計画綱要」（国務院2006年2月）、「国民経済と社会発展第11次5カ年計画綱要」（国務院2006年3月）、「国家自主創新基礎能力建設「第11次5カ年計画」」（国家発展改革委員会・科学技術部・教育部2007年2月）を総合的政策として確立し、その下に各分野の政策が策定され、さらにその支援措置が設けられた。そこでは**図3-6**のように、11分野が選ばれている。それを推進する政策主体を国家発展改革委員会が統括し、それに各行政部門が参画する形をとる。より具体的には重点的な資金投下、税制優遇、金融支援、政府調達の活用、企業と科学研究機関との連携、知財保護、管理体系の改革、そして自主技術／ブランドの強化・宣伝である（その要約は**図3-7**）。ところで実際の中国の科学技術の水準はどうか。ジェトロは中国のハイテク分野のR&D支出割合を国際比較している（**表3-3**）。これを見れば、中国の遅れは一目瞭然である。したがって、これをどのように引き上げるかに問題の核心があることになる。

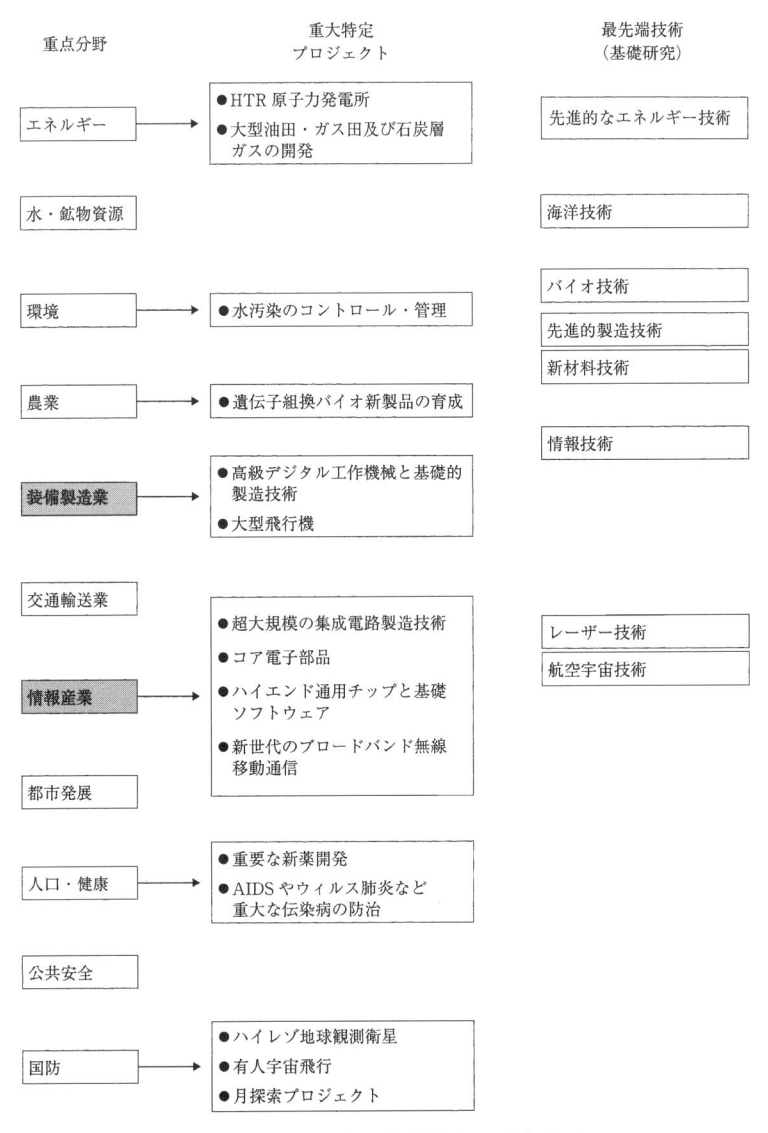

第 3 章　海外投資への中国の重心移動と「自主創新」技術の開発・獲得へのアメリカの危惧

重点分野	重大特定プロジェクト	最先端技術（基礎研究）
エネルギー	● HTR 原子力発電所 ● 大型油田・ガス田及び石炭層ガスの開発	先進的なエネルギー技術
水・鉱物資源		海洋技術
環境	● 水汚染のコントロール・管理	バイオ技術 先進的製造技術 新材料技術
農業	● 遺伝子組換バイオ新製品の育成	情報技術
装備製造業	● 高級デジタル工作機械と基礎的製造技術 ● 大型飛行機	
交通輸送業		
情報産業	● 超大規模の集成電路製造技術 ● コア電子部品 ● ハイエンド通用チップと基礎ソフトウェア ● 新世代のブロードバンド無線移動通信	レーザー技術 航空宇宙技術
都市発展		
人口・健康	● 重要な新薬開発 ● AIDS やウィルス肺炎など重大な伝染病の防治	
公共安全		
国防	● ハイレゾ地球観測衛星 ● 有人宇宙飛行 ● 月探索プロジェクト	

図 3-6　中国の自主創新技術の重点分野

（資料）ジェトロ『自主創新政策と中国企業』ジェトロ北京センター知的財産権部、2007 年 3 月 30 日、11 頁より作成。

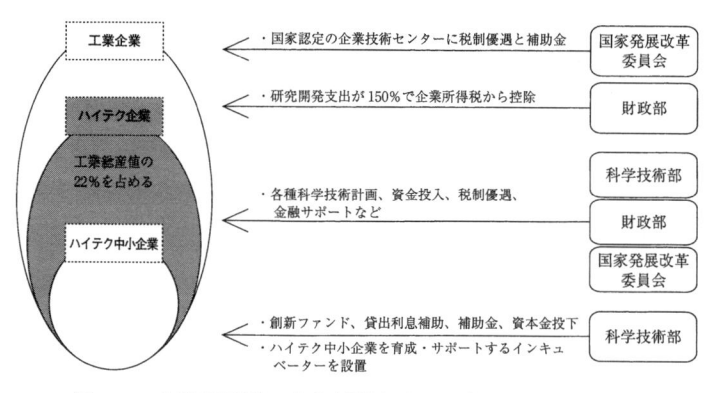

図 3-7 企業類型別の自主創新と利用できるサポート制度

（資料）同上、27 頁より作成。

表 3-3 各国ハイテク産業の R&D 支出割合の比較

（単位：%）

	中国 2004年	米国 2002年	日本 2002年	ドイツ 2002年	フランス 2002年	イギリス 2002年	イタリア 2002年	韓国 2003年
製造業	1.9	7.8	10.4	7.7	7.4	6.9	2.3	7.3
ハイテク産業	4.6	27.3	29.9	24.1	28.6	26.0	11.6	18.2
医薬製造業	2.4	21.1	27.0	−	27.2	52.4	6.6	4.4
航空宇宙製造業	16.9	18.5	21.6	−	29.4	23.8	23.4	−
電子及び通信設備製造業	5.6	25.4	20.4	39.2	57.2	23.6	19.4	23.4
コンピュータ及び事務設備製造業	3.2	32.8	90.4	18.1	15.8	5.9	8.8	4.4
医療設備と計器器具製造業	2.5	49.1	30.1	14.0	16.1	8.3	6.4	10.7

データの出所：「中国ハイテク産業データ」国家統計局 HP、2007 年 3 月。
（資料）同上、28 頁より作成。

2．具体的な事例での検証――自動車・エレクトロニクス・チャイニーズスタンダード

　そこで、以上の計画と論理の正否をいくつかの事例によって検証してみよう。まず多国籍企業を中心とする国際生産がグローバル経済の中心的な要素であるが、自動車生産における米中間の相互依存関係は、中国からアメリカへの自動車部品輸出と、アメリカから中国への完成車輸出という形で展開されている。このことは、**図 3-8** に見られるように、自動車生産のグローバル化の進展――主体としての多国籍企業――が中国からの膨大な額の自動車部品の対米輸出となって現れて

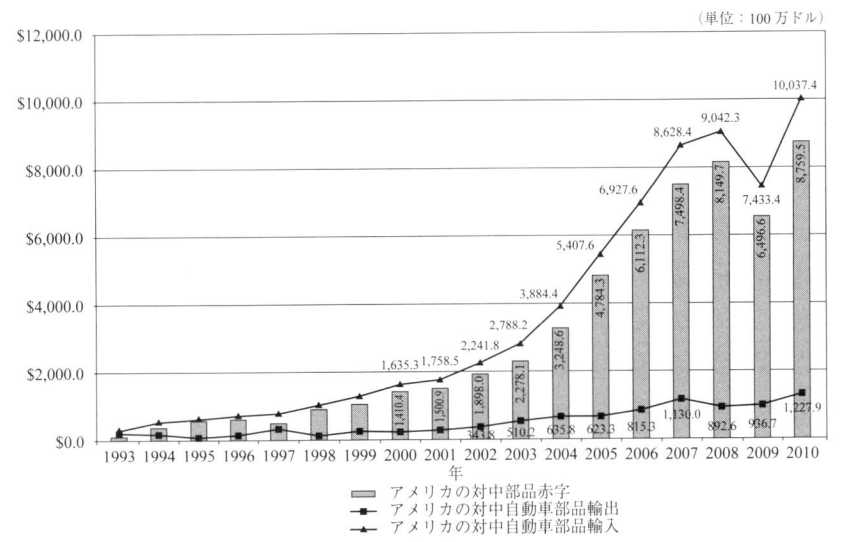

第3章 海外投資への中国の重心移動と「自主創新」技術の開発・獲得へのアメリカの危惧

Source: U.S. Department of Commerce, Bureau of the Census.

図 3-8 米中間の自動車部品貿易：1993-2010 年

（資料）U.S. Department of Commerce, Office of Transportaion and Machinery, *On the Road: U.S. Automotive Parts Indusutry Annual Assessment*, 2011, Chart12 より作成。

いるところで、佐々木高成氏[25]によっても指摘されている。自動車生産に関してはすでに USCC の 2006 年の報告書や公聴会でも取り上げられていたが、ただしそこではもっぱら中国側の意図的な保護主義が問題にされていた[26]。だが、その目論見はもろくも潰えた。グローバル化の進展は世界大での生産の効率化を追求するあまり、肝心のアメリカ国内経済の競争力の回復ができないばかりでなく、やがては国内での生産基盤をなくし、海外調達を増やしていく国内「空洞化」の道を辿ることになる。だから、国際生産の発展はグローバル化の進展の一方の指標であり、確かに国際的な相互依存関係の緊密化をもたらすが、他面では国内産業基盤の弱体化＝空洞化を随伴するものでもある。このジレンマに先進国政府は悩まされるが、推進役としての先進国多国籍企業にとっては、生産と経営の効率化のための必要な選択だと見なされる。また中国にとっては輸出拡大と先進技術獲得の恰好の機会と映る。だがそれがテクノナショナリズムに偏すると、中国への進出を躊躇せざるを得なくなる。したがって、そこではアメリカと中国との思惑の違い、また多国籍企業と米中両国政府の駆け引きとが入り乱れることになる。

次にエレクトロニクス（特に半導体）を見てみよう。中国のエレクトロニクス産業を分析した国吉澄夫氏は、半導体需要の30％を占める中国は外資によって支配され、輸入品が80％を占めるほどの低自給率である。ここでは、前工程部分を台湾からのファウンドリー（受託生産）としてSMIC（上海中芯国際）などの中国メーカーが担っていて、投資3.6万件、投資残高618億ドル（2007年）に上る。これを「チャイワン」（チャイナ＋タイワン）といって、その隆盛を表現しているが、一方アメリカメーカーはモトローラがSMICに買収（2004年）された後遺症もあり、不振である。また日本メーカーは技術力はあるものの、前工程が日本製なため、進出できないでいる。これを改めるには、中国企業との共同開発を行うパートナーシップの追求が大事で、それによって埋もれた技術の再利用（カーブアウト）を図るべきであると、述べている[27]。ここには、かつて日本の優秀な技術者が定年退職のため、韓国企業にスカウトされ、それが電子産業における韓国の隆盛に繋がったという苦い経験が投影されている。したがって、中国と日本との互恵的な国際協力の一つの可能性として積極的に考える余地があろう。

　この点では、かつて台湾のメーカーがファブレス化したアメリカメーカーのファウンドリーとして、量産型の標準メモリーの生産を低価格で引き受け、それを自らスマイルカーブと名付けた、EMS（Electronics Manufacturing Services）の時代があった。それが今や自らがファブレス化して、中国でのファウンドリー展開を進め、さらにはアメリカに研究拠点をおくなど、グローバルなネットワークを持つ多国籍企業化を進めるに至っている。その詳細な実態解明に関しては川上桃子氏等の多くの研究があり、また筆者もかつてそれについて言及したことがある[28]。このような台中間の企業間国際提携は、中国側が台湾の下請化されるようになると、次には台湾のようにそこから脱出して、自らがEMSの主役を演じられるように転進できるであろうか。そうなれば、自主創新技術の獲得に繋がるだろう。そうではなく、このまま台湾メーカーの資本活動──中国地場企業ばかりでなく、中国での子会社の設立も含めた──の中に包摂されるのであれば、それは中国側のいう自主創新技術の獲得にはならないだろう。ただ生産場所と労働力を提供し、その生産指令に従わされているにすぎないからである。

　第3に今度はチャイニーズスタンダード作りの事例を見るが、ここでは上のIT技術を例にとって詳細に分析しているエルンストの言説が興味深い。リバー

第3章　海外投資への中国の重心移動と「自主創新」技術の開発・獲得へのアメリカの危惧

スエンジニアリングを利用した外国製品の分解―模倣―改造を通じた大衆商品（コモディティ）の量産化による安売り戦略は、利潤を減少させ、不十分な資本蓄積をもたらし、その結果、製品開発のための資金不足によって技術のロックインに陥ってしまって、差別化戦略に移行できないコモディティトラップに陥ると、エルンストは主張する[29]。したがって、まがい物には未来はないので、中国の脅威を過大視してはならないと見ていた。これをヒントにして、大原盛樹氏等は中国での自動二輪車（バイク）のドミナントモデルの形成とその部品類を含めた組立加工を考察している。巨大な需要を持つ自動二輪車は中国ではホンダのエンジンとスズキの車体を組み合わせて中国標準車種を作り出し、これをドミナントモデルと位置付け、それを基にして付属品と部品の組み合わせによる様々なバリエーション（同型化の中での多様化）を誕生させた。これらを基に、各社は競争場において価格や品質、デザイン等の差を通じて鎬を削ることになる。そこでは部品メーカーに直接発注する場合もあれば、一次の部品メーカーがさらに二次以下の零細部品サプライヤーに下請けさせる場合もある。そして生産量の変動に応じて契約と解除を行う、フレキシブルな生産体制をとっている。こうして外国品の分解―模倣―改造―量産化という過程をとって、低価格品が大量に販売されることになり、たちどころに市場を席巻することになった[30]。こうした形でのチャイニーズスタンダード作りは日本のメーカーのオリジナルスタンダードの折衷に過ぎず、模倣、改造、改編を主眼においている。それは、国内ではともかくとして、国際的には今日の知財私有化万能の時代においては、到底、世界標準として認められることにはならないだろう。

　以上の主張はなるほど鋭い指摘であり、説得力を持っているが、それだけでは終わらないだろう。たとえば、先進国におけるブランド化が生み出す競争のサイクルも熾烈を極めていて、その結果、ブランドトラップとでも名付けられる、知名度を高めるための広告、宣伝活動への巨額の資金投入を行って良好なイメージ作りに邁進する、別の形でのサイクルとその罠が形成されることにもなる。さらに知財化された世界でのスピード競争が持つデジタルトラップも加わることになる。そこでは一方ではリバースエンジニアリング（RE）を通じる低価格化へのまがい物の路線と、他方ではオリジナルブランドを通じる高価格化の路線の、二方向での展開が行われて、上のコモディティトラップならびにブランドトラップ

と架橋している。したがって今日のグローバル経済下では、価格（生産コスト）、ブランド（高品質、高付加価値化）、スピード（納期）の三面での競争とそれぞれが持つ限界が、相互に関連し合いながら展開されていると、複合化して見ることができる。それを筆者は**図 3-9** のようなモデルとして提示してみた[31]。そしてそれぞれのトラップを避けるには、競争の排除＝独占を構築することだが、IT化が進む現代では、特定のスタンダードが唯一のものとして確立され、そのネットワークが形成されると、たちどころに「一人勝ち」の世界が出現することになる。だがスピード化はそれを克服して別のスタンダードや基準を生み出しがちなため、バージョンアップによる継続性を試みるが、それとても一時的なものに止まらざるを得ない。そこで唯一のものとして認知され、かつそれを私有化する知財化——つまりは「ニューモノポリー」——の道が、ここでのデッドロックを突破するものとして開発・工夫された。そしてそれを基軸にして、ブランドトラップを克服し、その下にコモディティトラップを包摂する階梯的な立体構造物を作り上げようとする。だがそれぞれの相互関連はグローバルな競争を一層複雑かつ

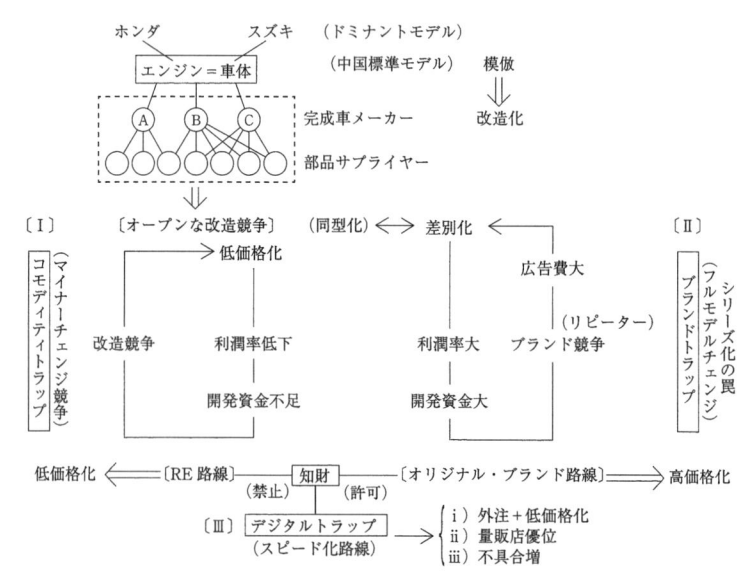

図 3-9 コモディティトラップ、ブランドトラップ、デジタルトラップ関連図

（資料）関下稔『多国籍企業の海外子会社と企業間提携』77 頁による。

第3章　海外投資への中国の重心移動と「自主創新」技術の開発・獲得へのアメリカの危惧

加速化させることになるし、また相互の移行をも企てたり、逆に固定化されて、その障害＝阻止要因にも成りうる。いずれにせよ、こうした総合化モデルにこれを拡張することこそが、現在のグローバルな競争と知財独占のメカニズムを解明でき、またモノ作りとコト作りの総合化された、複雑な現実の姿により近付けられるのでないだろうか。

　ところでエルンストは、さらに最近、中国の自主創新技術開発戦略を評価して、それを「ユーティリティモデル」（日本語では「実用新案」といわれ、新発明に基礎をおく特許よりも一段下がるものと見られている。またコンピュータの世界においてプログラム作成に有用なソフトまたは機能拡張・補助ソフトをユーティリティという）と名付けている。その含意は、低予算での短期的な狙いには有効で、初期のキャッチアップ段階に適したものであるからだ。具体的にはリバースエンジニアリングを使い、漸進的なイノベーション策をとって成長していこうとするもので、身軽に対応できる小企業に有効である。加えて正規にライセンスされていない、Shazhai（山寨）と呼ばれる違法なパクリ商品なども、中国に広く蔓延している。ユーティリティモデルという意味では、たとえば急速に台頭してきたHuaweiなどは、基本特許ではなしに、品質改良型のイノベーションに重点をおく顧客需要に応じたものに中心をおいている。一般には「小判鮫商法」ともいわれる、世界的標準にある基本特許を握ったメーカーとの互換性を持ち、2次的商品や付属品などにおいて、その補完的な役割を果たすことで売り上げを伸ばしていくやり方である。こうしたやり方や、広くリバースエンジニアリングによる分解・模倣・改造の持つ限界や、さらには他人のアイディアの盗用・剽窃（plagiarism）などの違法の問題が加わる。そして政府資金ばかりでなく、肝心の民間企業のR&D投資の拡大や主体的努力、さらには短期的な実用主義的姿勢ではなく、長期を見据えた基本思想の設定など、課題は多い。とはいえ、**図3-10**にあるように、中国の研究開発能力と技術水準が次第に大きくなってきていることも事実である（合わせて、企業別のものを**図3-11**で示した）。

　一方アメリカはそれとは対極的な民間の自発的な創意から生まれ、市場での競争を通じてその中の最良のものが生き残る「ベストプラクティスモデル」[32]をとってきたと、エルンストは見る。これには弱点もあるが、民間の活力に依拠する最上のものであることに自信を持ち、問題は、政府がいかに調整と推進の音頭取

(単位：%，1000万人)

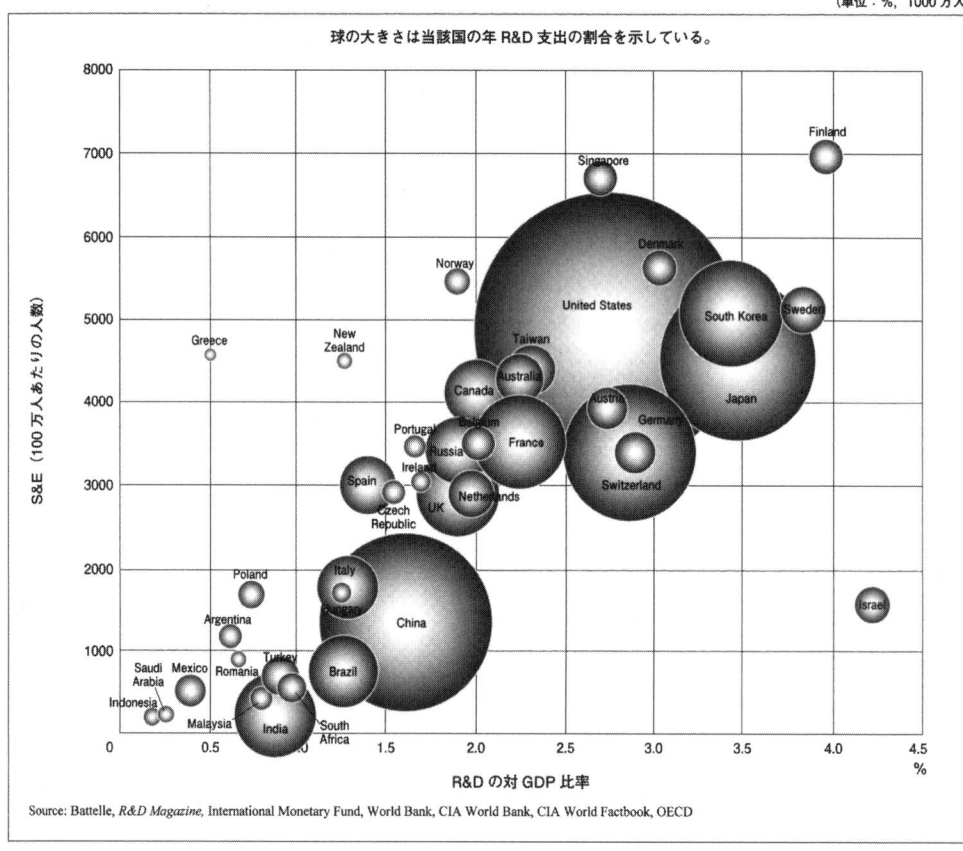

球の大きさは当該国の年R&D支出の割合を示している。

Source: Battelle, *R&D Magazine*, International Monetary Fund, World Bank, CIA World Bank, CIA World Factbook, OECD

図 3-10 世界主要国の R&D 科学技術者（S&E）分布図：2011 年

（資料）Battelle, *2012 Global R&D Funding Forecast*, R&D Magazine December 2011, p.4 より作成。

りをとるかにあるので、今こそアメリカは大いに目覚めて（wake-up call）、イノベーションのグレードアップを図るべきだと彼は警告している[33]。ここには「IT革命」はオタク学生たちの西海岸でのガレージにおける起業化から始まったという、アメリカンドリーム（神話）への限りない憧憬と崇拝が根底にあり、市場での競争と自発的な創意工夫に依拠するアメリカ式スタンダード作りに全幅の信頼をおいている、楽観的な自由主義と未来志向的な考えが濃厚に漂っている。

こうした評価を下す論者は多い。林幸秀氏は最近『技術大国　中国』[34]という興味ある著書において、現在の中国の技術水準とその問題点を以下のようにまと

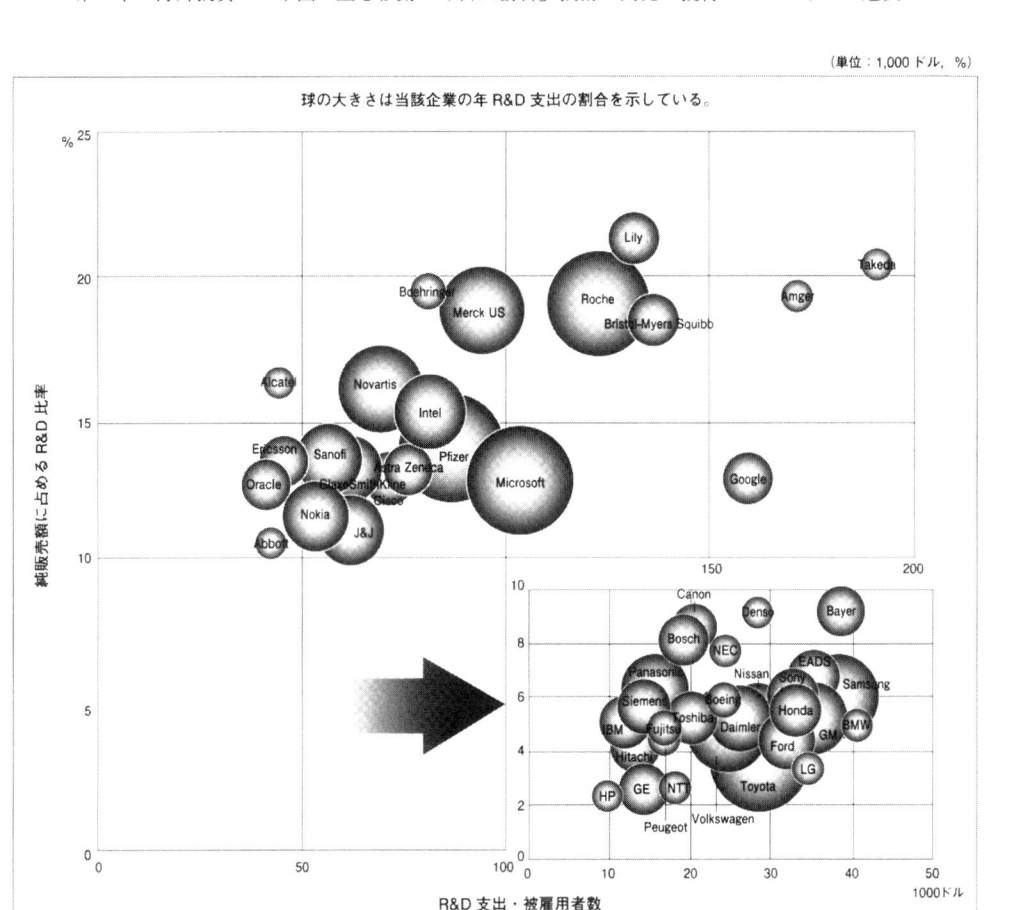

第3章　海外投資への中国の重心移動と「自主創新」技術の開発・獲得へのアメリカの危惧

図 3-11 主要企業別 R&D 分布図：2010 年

（資料）*ibid.*, p.13 より作成。

めている。第1に全体としてはキャッチアップ型の域を出ないでいて、先端部分への外国依存、ハード先行的でソフトの遅れが目立つ。第2に早急な実用化・商品化を急ぐあまり、いくつかのものの継ぎ足し型で一貫性、体系性、総合性がなく、またしばしば安全性が無視されがちである。第3に部品、装置などの建設を自組織内で自前で行うため、共通性、汎用性に欠ける。第4に運用の消化不良が起きて、使い込まれないため、改善努力が遅れ、またアフターサービス、メンテナンス面が弱い。第5に捏造、盗作等の不正（misconduct）の横行が目立つ。第6

に評価に当たって信賞必罰主義が基本になっているため、それが事態を進める面と同時に、継続的に育てていく気風が弱くなる。最後に共産党の指導が強力でそれが大いに影響している。ここでは日本の技術至上主義と中国の実用主義とを対比させて論じていて、どちらにも一理あるとともに、また欠点もあることを指摘している。さらに人材面で若年者が多いこと、記憶力重視の秀才が多いが、創造力が欠如していること、高学歴になり、高収入を得られるが、研究者が実際の労働現場を知らないこと（それとの対比で、現場での女性の低賃金、低学歴者との著しい格差の存在）、科学技術の増額には政治が絡むこと、新陳代謝の必要や海外からの人材の呼び戻しが課題になっている等、要点に的確に切り込んだ評価を下している。これらはなるほど今日の中国のダイナミックな発展振りとその弱点を捉えている。それは同時に「拝金主義」とでもいうべきマネー資本万能の風潮を増幅させて、社会的不安を醸成させた結果、共産党支配のメカニズムにまで批判の矢面がいくことは必定である。それこそが最大の問題点である。

第4節　SOEs（国有企業）によるアメリカ企業取得の含意

　今度はアメリカが異質な存在として警戒しているSOEs（国有企業）について考えてみよう。それが問題になるのは、前節でも触れたが、クロスボーダーM&Aを使ったアメリカ企業の買収戦略にある。その前提にはアメリカ企業の対中進出の際の競争相手としてのSOEsに張り巡らされた高い障壁や特別の優遇措置、それに参加に当たっての持ち株比率の制限などへのアメリカ側の不満が根底にあった。したがって、双務主義に基づく対等の取り扱いを要求することになり、取引手段として中国の対米投資が扱われてきたという側面もある。USCCは2012年度の報告において、SOEsを特別に取り上げたが[35]、そこでは中国を国家資本主義と規定している。そのうえでSOEsは中央政府によって持ち株会社形式を通じて支配されていて、そのうちの最大級の121社は共産党によって選別されている。SOEsの問題点は、国家戦略的な位置付け――たとえば通信、航空、エネルギー、建設など――がなされていること、これまた国営の銀行によって資金面での融資の保障が与えられていること、対外的には国家の威光（national flag）を代表して行動していること、その際しばしば市場原理を無視した行動をとれるのは、

第3章　海外投資への中国の重心移動と「自主創新」技術の開発・獲得へのアメリカの危惧

補助金や低利率での融資が確保されているからであり、国内にあっては、それに加えて、土地、燃料、電気等を市場料金以下で利用できること、環境及び労働の規制にあたっての特別例外措置が与えられていること、さらには低税率や税制優遇措置などがあるからである。これらの、今日のグローバリゼーション下の鬼っ子として、西側ルールを無視する行為にたいしては、ディスクロージャーを求めて、双務主義に基づくスクリーニングの実施やOECDの競争的中立性（competitive neutrality）原則に基づいてSOEsも行動すべきで、ナショナルチャンピオン作りのために補助金を使用することはできないことを認めさせることであると、主張する。

　サモセッジとカイルは上でも触れたが、USCCの依頼によってSOEsに関する詳細な分析レポートを提出し、合わせて2012年2月15日の公聴会[36]でもその内容を証言している。そこでの主張点は上の報告書にも反映されていて、多く重複する。ここではそれ以外のことを付け加えておくと、SOEsを①100％所有形態、②多数株所有形態、③中国内外のSOE子会社を通じて間接的に所有もしくは支配されている事業グループの、三形態に分けているが、このうち第3のものの実態はよくわからないとしている。それらは農業を除くGDPの40％以上——これに郷鎮企業（township and village enterprise, TVEs）と都市集団所有企業（urban collective enterprise）を加えると50％近くになる——を占めていると推定している。SOEsには共産党の指導的役割、戦略部門の形成、ナショナルチャンピオンの構築（5カ年計画）、それに自主創新技術獲得のための対外的な先兵としての役割が割り振られている[37]。そしてそれを中核にした中国式社会主義の実現を目指すとしているが、その中身は、公的所有による支配を中心においた、基本的には市場経済システムに基づく多様な所有形態を持ったものを目指すものであると、彼等は判定している。改革・開放政策は中国経済を確かに一変させ、SOEsはその中心に座ってきた。それは国家主導的な資本主義の展開である。だが将来的にこれが市場のインセンティブに応える民間所有企業に基づく自由市場資本主義に転換する見通しはなく、共産党は依然として強力な国家セクターを選ぶ方向を追求し続けている[38]。だから西側のこうした期待は淡いものにすぎないと、彼らは冷静な、かなり厳しい評価を下している。

　私的な資本の運動と国家資本との共存と競合という問題は、第2次大戦後独立

を遂げた途上国の経済開発に当たって、資本不足のために国家資本の形態をとり、国家による上からの誘導によって成功に導こうとして、これが取り入れられた経緯がある。また民間企業の国有化はソ連邦以来、社会主義革命の常套手段でもあり、資本家は恐怖におののいた経験がある（とはいえ、採算のとれなくなった、公共的な性格の強い産業分野の国営化や公営化を資本主義諸国もとってきた経緯もあるのだが……）。中国の SOEs にはその両者が前提にあり、なおかつ今日のグローバル経済の時代の新しい事態への対応として、対外的にも資本主義的企業の形をとって進出していくという面が付け加わっている。当初の SWF に始まる国家資本の跋扈は、先にも述べたが、グローバル化の進展の中の異分子＝「鬼っ子」であった。したがって、政府の干渉度合いと透明度を基準にして各国を分類し（図3-12）、それに応じた対応を西側先進国は考えた。ここでは国家が SOEs の政策決定、その推進、さらに管理に関してどれだけ干渉するかに問題の中心がおかれた。だが今日の中国の SOEs を巡る問題は、さらに進んで、戦略的なナシ

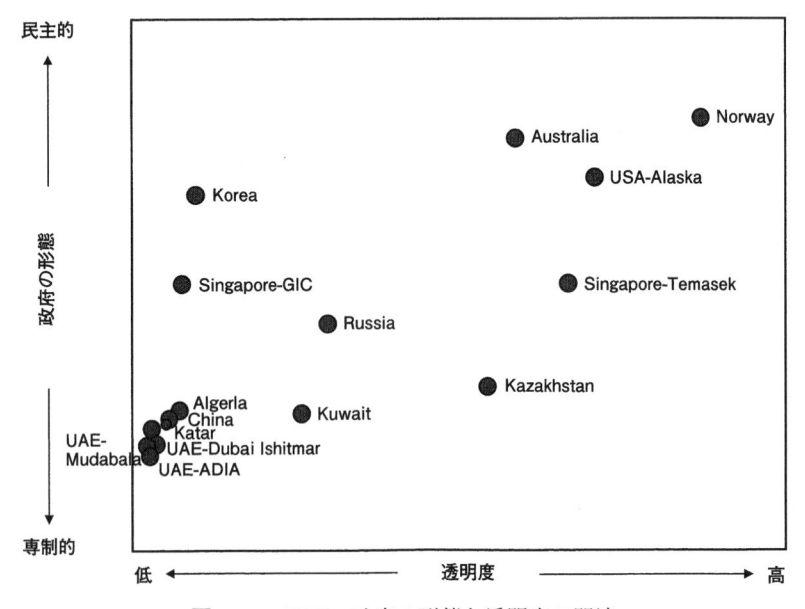

図 3-12　SWF：政府の形態と透明度の関連

（資料）U.S.-China Economic and Security Review Commission, Hearing on the Implications of Sovereign Wealth Fund Investments for National Security. February 7, 2008, p.15 より作成。

第3章　海外投資への中国の重心移動と「自主創新」技術の開発・獲得へのアメリカの危惧

ョナルチャンピオン作りとそれを通じた世界の最前線にまでいくという目標があり、そのことを通じて彼らのいう社会主義市場経済の達成という未来像があり、それを国家とその背後にある共産党が指導していくという構図が厳としてある。それは、これまでの途上国の開発路線とも、その中での国家資本とも、また国有企業とも大いに異なっていて、西側世界にすれば、利用と同時に恐怖をも感じざるを得ない存在である。もっともナショナルチャンピオン作りに関しては、かつて日米貿易摩擦の際に、「ターゲティングポリシー」としてアメリカ側が日本批判の材料に使った経緯がある。しかし今回の中国の場合はそれを超えたグロバリゼーション推進への重大な障害だと断定している。

　だがこの中身をよく考えていくと、SOEsもさることながら、一番の問題は最終的な決定者としての共産党にたいする警戒心——むしろ恐怖心というべきか——にあるといえよう。冷戦対抗の時代にあっては、お互いに切断された世界として対峙し合っていればよかった。しかし現在のグローバル時代においては、一つに世界の中で共存し合わなければならない。もちろん、それが資本主義的グローバル化であることを強調し、その下への包摂化を狙って、資本主義的グローバル化の推進手段——「トロイの木馬」——として新自由主義の経済政策を送り込んだ。確かにそれを体した有能な「テクノクラート」（共産主義官僚）によって未曾有の経済成長と「世界の工場」となって結実したとはいえ、それは西側の思惑どおりにはいかなかった。所詮は「同床異夢の世界」である。資本主義側は中国社会の変化と共産党の変質化を狙っていて、確かに共産党の変質化は確実に起こっているが、それは共産主義からの変質ではあっても、アメリカや西側世界が望むような「デモクラシー」への転進ではない。その逆に益々強権的、強圧的、情報管理的、寡頭制政治支配への道を歩んでいるように見える。共産主義は西側のデモクラシーを「ブルジョア民主主義」と名付け、自らはその上をいく「プロレタリア民主主義」だと称してきた。この点ではアメリカ民主主義の信奉者と旧社会主義国における共産主義者との間には到底和解できない一線があり、どちらも自分たちの方が優れているという確信を持っているようだ。そのことは、アメリカCIAのエージェントだったチャルマーズ・ジョンソンが描いた「ゾルゲ事件とは何か」[39)]の中に端的に示されているように感じられる。ジョンソンは共産主義者尾崎秀実に限りなく敬愛の念を抱きつつ、なおかつアメリカは多くの間違

いを犯した――その中には帝国主義的干渉や場合によっては侵略行為も含めて――が、にもかかわらず、その理念は共産主義の理念よりも上にあるという確信を、その中で綴っている。恐らく、その対極にあった尾崎やゾルゲを突き動かしたものも、その反対の共産主義こそが資本主義を超えた未来を切り開くものだという固い信念に基づくものであったろう。そうすると、両者は最終的に和解し、共存し合えるようなものではないだろう。

　共産主義の運動においては、先進的な職業的革命家集団――前衛党――を通じる大衆の指導なくしては革命の成功はないとされ、それは革命後の国家建設に当たっても引き継がれると考えられてきた。むしろ革命後こそその必要性が高まるというのが、スターリンを始めとする国家建設を担った共産党指導者たちの基本的なスタンスであった。その組織原則は民主集中制といわれ、「一枚岩」的団結を誇り、強力な上からの政策決定と方針の実行にはきわめて有効であった。したがって、革命闘争や解放闘争――特に武力闘争――には有効なことは歴史的に証明されている。しかし、権力を握った党が命令に一方的に偏すれば、強力ではあっても、民主主義は後退し、社会不安が起こり、その結果、治安の強化への手練手管の開発に狂奔することになる。人民への「無私の奉仕」とか「献身」が単なるスローガンになり、支配の道具として使われれば、人民にとっては限りなく不幸である。途上国での独裁体制はこの手法を学んできた。中国もまたその方向へと限りなく変質化していきつつあるように見える。それは、西側世界が期待するような、分権化され、相互牽制されたような、市民社会におけるデモクラシーでは到底ない。政治における権力と、経済的な富を作るためのビジネスシステムと、コミュニティにおける日常生活での常識や様々なイデオロギーとの、いわばそれぞれの相対的な分離と独立化――分権化――というメカニズムがここでは容易には育たない。共産党はそのすべての領域で圧倒的であり、密かに監視され、通報されあっているという、一元的な支配体系をとっている。その中で本来の役割の限界を無視し、その理想も字面だけのものになれば、権力だけが突出し、抑圧と強制が残るだけである。しかもその背後には軍隊と警察と公安という強力な国家暴力が控えている。その点ではアラブ社会や途上国の独裁政権と変わらないことになる。だから共産党の変質化は生じても、アメリカの期待しているような方向に変質しているわけではない。そこにこの問題の難しさがある。「トロイの木馬」

第3章　海外投資への中国の重心移動と「自主創新」技術の開発・獲得へのアメリカの危惧

は市場経済化と経済成長の起動因にはなっても、そこからの市民社会の成熟化に向かうわけではない。市場経済化への誘導のために共産党の変質化を期待してたが、その実、彼らは成功に益々自信を持ち、強大になるという逆の結果をもたらした。このジレンマと、そこからの脱出路を容易に見いだせない手詰まりにアメリカは切歯扼腕している。もちろん、アメリカングローバリズムが掲げるデモクラシーと人権と自由なアメリカ的生活様式の享受という「踏み絵」に照らして、中国に強く自制と反省を求める姿勢は堅持しているが、その見通しはけっして明るくはない。というのは、肝心のアメリカ社会とその政治がこれまた字面だけの民主主義になってきているからでもある。そこでも情報管理と諜報活動重視と秘密厳守とマスコミ（中国では政府系情報機関）を使った一方的な世論誘導による人民支配と統治システムが強化されている。そうすると、その共通性が一方では反発し合いながらも、他方で両者を強く結びつけている赤い糸であり、まさに「同床異夢の世界」としてしか表現できない、権謀術数と魑魅魍魎の充満した共通の舞台――アリーナ（闘技場）――を用意することになる。

　もっとも、こうした筆者の観測とは別の構図を描いている論者がいる。イアン・ブレマーは現代世界を無極世界――Gゼロ――と規定し、中国がアメリカに対抗して、たとえ経済的にナンバーワンになっても、国益の最大化を目指す国家資本主義に依拠する限りは、他国とのオープンな関係に広がらない限界を持っている。いわばそこにはヘゲモニーの思想が欠如しているからである。その点、自由主義経済は協力し合える利点を持っているので、いくつかの極を結ぶ緩やかな共有・共存関係が将来期待できるとしている[40]。ここには、現実の共産主義国際体制が持った致命的な弱点を的確についている妙手が用意されている。マルクスに始まる「プロレタリア国際主義」は「万国の労働者団結せよ」（後にレーニンはそれに非抑圧民族を付け加えたが）と謳い、国際連帯を旗印に掲げてきた。しかしその実態が大国主義と国家主義、そしてその背後で先決的に支配する共産党独裁――プロレタリア独裁ではなく――にあったとすれば、これほどの歪曲化はない。それは到底、グローバル化した無極世界では長く生き続けることはできないだろう。もっとも、後発国が先発国に追いつき追い越すために、一時的にナショナリズムに依拠し、ターゲティングポリシーを採ることは、現実に覇権国による組織化が支配している世界においては、現実的政策としてはありうる。だが

「拝外主義」から「排外主義」への急転回は一時的にはともかく、長期的には持続し得ない。こうした「富国強兵策」はどこかの時点でさらに軌道修正しないと、世界の怨嗟の的になりかねない。欧米先進国支配下での日本→ NIES →中国という、後発国の台頭と成功モデルの確立と推移の中で、時代は大いに変化していき、今や世界は外延的拡大──つまりは成長チャンピオン競争──をやめて、内包的な深化──共生と共存──の時代を迎えつつある。そこでは自分自身を認めてもらうためには、まず何よりも相手を尊重し、相互のプラスサム社会建設を目指すことである。この時代認識を持たないと、進歩から反動への急旋回が待ち受けているだろう。

●注
1）関下稔「米中政治経済関係の新局面──対米投資促進と国家安全保障強化の間のアメリカのジレンマ──」『季刊　経済理論』50 巻 2 号、2013 年 7 月。
2）関下稔『国際政治経済学の新機軸──スーパーキャピタリズムの世界──』晃洋書房、2009 年。
3）Graham, Edward M. and David M. Marchick, *US National Security and Foreign Direct Investment*, Institute for International Economics, Washington, DC, May 2006.
4）大統領科学技術諮問委員会（PCAST）が 2011 年 6 月に提出した報告書でこの言葉を使い、その振興を強く訴えている。その内容に関して筆者はすでに検討した。詳しくは関下稔『21 世紀の多国籍企業──アメリカ企業の変容とグローバリゼーションの深化──』第 3 章、文眞堂、2012 年、参照。
5）*2013 Report to Congress of the U.S.-China Economic and Security Review Commission*, One Hundred Thirteenth Congress, First Session, November 2013, p.47.
6）*ibid.*, p.91.
7）U.S.-China Economic and Security Review Commission, Hearing on Trends and Implications of Chinese Investment in the United States, written testimony of Derek Scissors, May 9, 2013.
8）*2013 Report to Congress of the U.S.-China Economic and Security Review Commission*, *op.cit.*, p.92.
9）詳しくは関下稔『21 世紀の多国籍企業──アメリカ企業の変容とグローバリゼーションの深化』文眞堂、第 7 章、2012 年、参照。
10）*2013 Report to Congress of the U.S.-China Economic and Security Review Commission*, *op.cit.*, p.94.

第 3 章　海外投資への中国の重心移動と「自主創新」技術の開発・獲得へのアメリカの危惧

11）Rosen, Daniel H.and Thilo Hanemann, *An American Open Door?, Maximizing the Benefits of Chinese Foreign Direct Investment*, Center on U.S.-China Relations Asia Society and Kissinger Institute on China and the United States Woodrow Wilson International Center for Scholars, Special Report, May 2011.

12）*2013 Report to Congress of the U.S.-China Economic and Security Review Commission*, *op.cit*., p.95.

13）*ibid.*, p.95.

14）増田耕太郎「中国企業の対米直接投資の特徴──米国企業の買収と対内直接投資規制──」『季刊　国際貿易と投資』Autumn 2012/No.89. は中国の対米直接投資の特徴を総括的に描き、各機関・論者の対米直接投資の推定額への適切な評価も下している好論文である。特に巻末の別表で具体的な事例、M&A での既存企業の買収、同失敗例、グリーンフィールド（新設）、CFIUS の審査対象などについて、一覧表を作成していて、大変便利で、大いに利用可能である。

15）Szamosszegi, Andrew, *An Analysis of Chinese Investments in the U.S. Economy*, U.S.-China Economic and Security Review Commission, October 2012, pp. ix-xi. もう一つのものは、Szamosszegi, Andrew, and Cole Kyle, *An Analysis of State-owned Enterprises and State Capitalism in China*, U.S.-China Economic and Security Review Commission, October 26, 2011.

16）*2013 Report to Congress of the U.S.-China Economic and Security Review Commission*, *op.cit*., p.98.

17）U.S.-China Economic and Security Review Commission, Hearing on Trends and Implications of Chinese Investment in the United States, testimony of Derek Scissors, *op.cit*.

18）U.S. House of Representatives, Permanent Select Committee on Intelligence, Investigative Report on the U.S. National Security Issues Posed by Chinese Telecommunications Companies Huawei and ZTE, 112th Congress, 2nd session, October 8, 2012.

19）*ibid.*, pp.vi-vii.

20）U.S. House of Representatives, Select Committee on U.S. National Security and Military/Commercial Concerns with The People Republic of China, Chairman Christpher Cox, January 3, 1999. この「コックスレポート」が契機になって、超党派的な USCC ができた過程については、すでに前章でも説明した。

21）2012 年 10 月 16 日付けの『日本経済新聞』は、Huawei の創業者、任正非 CEO が人民解放軍出身者であることを問題視したとある。

22）*2013 Report to Congress of the U.S.-China Economic and Security Review Commission*, *op.cit*., p.103.

23）McGregor, James, *China's Drive for 'Indigenious Innovation': A Web of Industrial Policies*, Global Regulation Cooperation Project, U.S. Chamber of Commerce, Global Intel-

lectual Property Center, 2010. pp.4-7.
24）『自主創新政策と中国企業』JETRO、2007 年 3 月 30 日、ジェトロ北京センター、知的財産部。
25）佐々木高成「中国の独自路線強化と自国企業優先策に対する米産業界の懸念と批判」『季刊　国際貿易と投資』Autumn 2010/No.81.
26）United States-China Economic and Security Review Commission, *2006 Report to Congress of the U.S.-China Economic and Security Review Commission*, One Hundred Ninth Congress, second session, November 2006. do, *China's Impact on the U.S. Auto and Auto Parts Industry*, Hearing before the U.S.-China Economic and Security Review Commission, One Hundred Ninth Congress, Second session, August 2006. またこれとは別に、議会調査局（CRS）もこれに関連したレポートを適宜出している。たとえば、Cooney, Stephen, *China's Impact on the U.S. Automotive Industry*, CRS Report for Congress, Updated April 4, 2006.
27）国吉澄夫「「自主創新」から「国際標準」へ──最近の中国のエレクトロニクス産業の動きから──」九州大学アジア総合政策センター『紀要』第 4 号。
28）川上桃子「価値連鎖の中の中小企業」小池洋一、川上桃子編『産業リンケージと中小企業』第 2 章、アジア経済研究所、2003 年、同『圧縮された産業発展──台湾パソコン企業の成長メカニズム──』名古屋大学出版会、2012 年、関下稔『多国籍企業の海外子会社と企業間提携──スーパーキャピタリズムの経済的両輪──』文眞堂、第 2 章、2006 年。
29）Ernst, Dieter, "Moving beyond the Commodity Trap? Trade Adjustment and Industrial Upgrading in East Asia's Electronics Industry," East-West Center Woking Papers Economic Series No.10, January 2001.
30）大原盛樹「オープンな改造競争──中国オートバイ産業の特質とその背景」ならびに葛東昇、藤本隆宏「疑似オープン・アーキテクチャと技術的ロックイン──中国オートバイ産業の事例から」。いずれも藤本隆宏・新宅純二郎編『中国製造業のアーキテクチャ分析』東洋経済新報社、第 3 章ならびに第 4 章、2005 年、
31）関下稔『多国籍企業の海外子会社と企業間提携──スーパーキャピタリズムの経済的両輪──』前掲、第 2 章、76-78 頁。
32）Ernst, Dieter, "America's Voluntary Standards System-A "Best Practice" Model for Innovation Policy?", East-West Center Working Papers, Economics Series, No.128, February 2012.
33）Ernst, Dieter, "China's Innovation Policy is a Wake-Up Call for America", Asia Pacific Issues, May 2011, No.100.
34）林幸秀『科学技術大国　中国──有人宇宙飛行から原子力、iP 細胞まで』中公新書、2013 年。

35) *2012 Report to Congress of the U.S.-China Economic and Security Commission*, One Hundred Twelfth Congress, Second Session, November 2012, pp.47-72.
36) *Chinese State-owned and State-controlled Enterprise*, Hearing before the U.S.-China Economic and Security Review Commission, One Hundred Twelfth Congress, Second Session, February 15, 2012.
37) Szamosszegi, Andrew and Cole Kyle, *An Analysis of State-owned Enterprises and State Capitalism in China*, U.S.-China Economic and Security Review Commission, October 26, 2011. pp.1-3.
38) *ibid.*, p.91.
39) チャルマーズ・ジョンソン『ゾルゲ事件とは何か』篠崎務訳、岩波書店、2013年。
40) イアン・ブレマー『自由市場の終焉——国家資本主義とどう闘うか——』有賀裕子訳、日本経済新聞出版社、2011年。また『朝日新聞』2012年10月20日での「Gゼロの世界」と題するインタビュー記事。

第4章　知財をめぐる米中間の攻防

――アメリカの対中進出と六つのパラドクスの生起――

はじめに

　中国における知的財産権（略して知財、Intellectual Property Rights, IPR）[1]の侵害が世界の話題になって久しい。この問題はIT化の進行するグローバル時代の重大な障害として、目下、世界の耳目を集めている。これまでの諸章では米中政治経済関係を論じてきた[2]が、そこでは主に中国のアメリカへの進出に絡んだ側面に焦点を当ててきた。本章では今度はアメリカの対中進出の側面を扱うが、その際のキーワードはこの知財侵害（IPR Infringement）である。単一世界の成立というグローバリゼーションの下で、IT化の世界的な波が13億もの巨大な人口を抱える中国をも呑み込んだ結果、その過程でたちまちのうちに知財侵害が自然発生的に噴出したばかりでなく、同時に中国の「自主創新」技術の革新（indigenous innovation）を目指す国家政策の推進と一体となって、半ば意図的にも知財侵害が進行していて、その結果、事態は益々深刻さ――特に知財王国アメリカにとって――を深めてきている。こうした中で、しびれを切らしたアメリカの民間企業――特に著作権を持った知財に依拠するコンテンツ企業――からの強い圧力を受けて、上院財政委員会（U.S. Senate Committee on Finance）から「アメリカの雇用と経済に与える知財侵害と自主創新技術の革新の影響」を調査すべしとの依頼が出され、国際貿易委員会（ITC, International Trade Commission）は2010年11月に第1報告（*China: Intellectual Property Infringement, Indigenous Innovation Policies, and Frameworks for Measuring the Effects on the U.S. Economy*）（以下『第1報告』とする）を、そして翌2011年5月に第2報告（*China: Effects of Intellectual Property Infringement and Indigenous Innovation Policies on the U.S. Economy*）（同じく『第2報告』とする）

を提出した。そこではこの問題にたいする総括的な分析が試みられているが、中でも第2報告では中国進出企業にたいする独自の詳細なアンケート調査を実施して、問題の性格と広がり、そして深刻さなどを測って、ことの真相に迫ろうとしている。したがって、これらの報告書は前章で扱ったUSCC（U.S.-China Economic and Security Review Commission, 米中経済・安全保障委員会）の年次報告書やスタッフレポート、さらには公聴会記録とは多少違った色調に彩られていて、知財侵害に焦点を合わせながら、問題を経済的な領域に限定させて論じている。それは、上述の対中進出を行う企業側からの強い要望と関心の深さを反映して、具体的な対処方法や有効な政策の立案を志向したものになっていて、その後に政治的な交渉への期待が頭を覗かせるという手法をとっている。その点ではこれらは、恐らく中国の知財違反の深刻さへの告発と自主創新技術政策にたいする批判的見地を堅持した、現時点でのアメリカにおける最も包括的な報告書だといえよう。そこで、この二つの報告書を俎上に載せて、この問題の真相に迫ってみたい。

　展開の順序をあらかじめ示せば、最初にこの報告書の基本的な主張点とその背後にある思想をまとめ、次に調査報告書の示す実態の把握とアンケート調査に基づいて、その主要点を取り上げて論じ、その上で、最後にそこからの帰結を六つのパラドクスの生起という形で筆者の考えをまとめてみたい。この最後の点こそがこの問題の核心であり、そこには米中間の戦略と見解の相違、両者のボタンの掛け違いが如実に示されている。とはいえ、事態は彼らの予想外の方向に動いていて、まさしくここにこそ今日の世界の政治経済的な焦点の一つがあり、そのことを反映した現時点での米中間の政治経済的な帰結が象徴的に現れていると筆者は考える。というのは、知財侵害についての解決方向はアメリカ流知財戦略に則ることだけが正道だとばかりはいえないからであり、そこには多くの考えてみるべき課題があり、当然にそこからの将来方向もいくつかの道が用意されねばならないからである。

第4章　知財をめぐる米中間の攻防

第1節　米中相互依存関係の成立・深化と両者の思惑の違い
　　　──同床異夢の世界

1. 知財違反──特許違反、著作権侵害、商標模倣、営業秘密悪用

　最初にグローバル時代におけるアメリカの知財戦略について考察してみよう。まずITCの報告書は中国での知財の定義とそこでの知財違反（IPR Infringement）を以下の四つのカテゴリーに大別し、それぞれの詳しい内容を説明している[3]。第1は特許違反（Patent Infringement）、第2は著作権侵害（Copyright Piracy）、第3は商標の模倣（いわゆる「偽ブランド」）（Trademark Counterfeiting）、そして第4はトレードシークレット（営業秘密）悪用（Trade Secret Misappropriation）である。これらのそれぞれの定義内容にはアメリカを先頭とする西側諸国の規定とは多少違っているものもあり、そのこともアメリカ側の危惧や疑念や苛立ちを生んでいる。しかしことが法律によって明確に定義される性格上、門外漢の筆者にはそれ自体に深入りして是非を論じたり、その内容を法学的に検証することは適切とも思われないので、本章では筆者の主要な関心事である、経済過程にできるだけ引きつけて論じていくことにしたい。とはいえ、その前提として最小限の共通認識が必要なので、その内容の要点をまず述べておこう。

　第1の特許に関してだが、それは期限を限って発明家に排他的な権利を与えるものだが、中国では発明（invention）、実用新案（utility model）、意匠（design）が認められていて、新規性、創造性、実用性がその要件となる。発明は製品、製造工程、改善に関わる新しい技術的解決へのパテントの付与である。これにたいして、実用新案は形状（shape）、構造（structure）、またはそれらの組み合わせ（combination）に関わる考案へのパテントの付与である。また広く意匠と呼ばれているものは、形状、パターン、色彩、あるいはそれらの組み合わせに関わる考案である。日本語では実用新案と訳されている utility model は、発明に基づく通常の特許よりも一段低いもの──つまり petty patent（下級パテント）──と欧米では見なされているが、中国では特許の一部に含まれており、同様にデザイン（意匠）も特許の中に含まれていて、かつ広く著作権──つまりは知財──の対象となっている。もっともこの点では日本も実用新案権は物品の形状、構造または組

み合わせに関わる考案であって、特許ほどの高度さは求められない。また意匠も広い意味では機能性、実現性、経済性などに関わるもので、目的を実現するためのものなので、応用美術ともいわれ、登録はされるが、独占にはなじまないので、自由利用が可能である。したがってこれらは著作権よりも弱いものだと考えられている（ただし例外は一品製作の美術工芸品や高度の芸術性があると認められた場合で、それらは著作権の対象となる）[4]。このように、著作権という概念で括る場合、欧米と中国とでは特許の中のその範囲に違いが出てくることに注意しなければならない。なお中国ではパテントは通常20年間有効だが、実用新案と意匠は10年である。そして後者は正式のものになるために審査はあるが、承認前には何ら実質的な審査は行われない。だからこれは事実上は国内のものであり、外国企業は上の取り扱い上の違いもあって、滅多に中国で保護を求めない。なおアメリカでも特許は出願後20年間有効で、発明にはその要件として、新規性（novelty）と非自明性（non-obviousness）が求められ、またこれ以外に植物特許（plant patent）とデザイン特許（design patent）がある。

　第2の著作権侵害は著作権者の許可なくコピーすることを禁じていることに反する行為を行うことだが、それは、著作権を保護することによって、創造的な営為を奨励することを目的にしている。中国では文章及び口述での創作、写真、演劇、美術、建築、映画、グラフィックデザイン、それにコンピュータのソフトウェアがそれに当たる。著作権者は再生（reproduce）、流通（distribute）、実演（perform）、翻案（改作）（adapt）にたいする権利を含める広範な排他的権利を有していて、法人の場合は最大50年間、個人の場合は生前プラス、死後50年間権利が保証されている。その点では欧米世界では多く死後70年間まで延長されていて、日本などもそれに同じくすることが検討されている。この著作権の侵害が中国ではとりわけ音楽、映像、ゲーム、ソフトウェアなどにおいて大量かつ頻繁に行われていて、これらの分野では90％以上が「海賊版」だとさえ、巷間ではいわれている。

　第3の商標は財の製造者またはサービスの販売者を他のそれらから区別するために使われるもので、それは言葉、デザイン、通信文、数字、立体形状、色の組み合わせなどで表され、品質、地域、ならびに仕様を特定する証明またはマークを指していて、登録されて守られる。これもまた「偽ブランド」として中国では盛んなもので、欧米諸国が特に憂慮しているものの一つである。なお中国では特

許を含めて先願主義（first-to-file system）が採用されていて、通常は10年間有効である。したがって、中国内でまだ届けられていない外国の商標があると、たちまちのうちに誰かが届け出て、商標が不法に奪われてしまうことにもなりかねない。その点では、伝統的にヨーロッパでは——日本も同様に——先願主義が一般的だが、アメリカは先発明主義（first-to-invention）を長い間、とってきた。それは個人の創造性に依拠するイノベーションを大いに発揚させたいと考えたからである。しかし、国際的な大勢との調和を図る必要が叫ばれ、検討の上で、2011年9月に特許改革法（「リーヒ・スミス米国発明法」Leahy-Smith America Invents Act）が成立し、2013年3月16日までに順次、施行されて、先願主義に合流した。

第4のトレードシークレットは公に知られていないが、所有企業に経済的利益をもたらす企業情報で、具体的には独自に開発した技術や顧客情報、さらにはマーケティングの成果も含まれる。これらの特殊な情報を公開せずに、あえて社内の秘密情報として管理する戦略が西側世界では通常とられている。これは、競争上ならびに取引上の優位を維持するために、具体的には特許切れになったものの実質的な存続や、企業間提携を行う際の、表には出ない企業秘密の保持を情報共有の名の下に相手企業に事実上義務付けるやり方として、そして何よりも従業員への——事実上は退職後も含めての——服務義務として、多く使われている。したがってこれの違反者は経済スパイ法（アメリカ）や不公正競争防止法（日本）などによって厳罰に処されることになり、しかもそれは海外への漏洩を避けるなどのために、厳しくなる傾向にある[5]。なおこの点での違反は中国には多く、たとえば、従業員が企業内で知り得た新たな情報（顧客情報など）や製品・製法に関する新工夫などを企業外に持ち出して、自分で作ったり、他人に知らせたり、あるいは売ったりといったことが頻繁に起こっている。

2．アメリカの知財戦略

そこで、今度はアメリカの知財戦略そのものに入っていこう。アメリカ企業の多国籍化による海外進出の展開と国家主導的な軍事技術中心の研究開発投資資金の投入は、とりわけ民生部門での国内生産基盤の弱体化と「空洞化」を呼び、アメリカ製造業の国際競争力の低下を生み出して、日米間の貿易摩擦の激化に収斂されていった。そこで日本の対米輸出の自主規制策と国内再生を目指す競争力強

化策が次々と打ち出されたが、事態の劇的な反転はできなかった。他方でそれとは別に、モノ作りではなく、知財を中心としたサービス経済化への針路変更を企図し、それはアメリカ主導下でガット・ウルグアイラウンドにおけるGATS（「サービス貿易に関する一般協定」）やTRIPs協定（「知的所有権の貿易関連の側面に関する協定」）となって、国際的な枠組みを構築した。そして議会は保護主義的色彩の濃い「1988年包括通商・競争力強化法」において、相手国への制裁措置を盛り込んだスーパー301条と並んで、知財に関する同様の措置を盛り込んだスペシャル301条を作って、不公正なサービス取引への監視を続けた。こうして知財重視は20世紀末から21世紀初頭におけるアメリカの基本的な戦略となっていく。それは、クリントン政権下で、「IT革命」の下、1990年代に「ニューエコノミー」として花開き、連続して120カ月以上の景気上昇を遂げることになったことで、さらに増幅されていった。そこでは、情報化時代を先導していく構想と政策が次々と展開されていくことになるが、とりわけ重要なのは、提唱者ゴア副大統領の名とともに有名になった「情報スーパーハイウェイ構想」（National Information Infrastructure, NII）の具体化のために作られたタスクフォース（責任者ブルース・A・リーマン商務次官補）がまとめた、通称「ホワイトペーパー」（1995年）と呼ばれる報告書[6]と「デジタル・ミレニアム著作権法」（1998年）の成立である。前者はコンテンツ企業——ハリウッド映画に代表される——の強い要請を背景にして、デジタル時代における著作権の一層の強化を謳い、後者はその国際化を目指すWIPO著作権条約（1996年締結）のための国内立法措置による補強という側面を担ったものである。このようにして情報化時代にふさわしい政策展開が進められていく。

　このように知財戦略は、アメリカ経済の重心がモノ作りからコト作りへと急旋回することによって、その中心に座るようになったが、「IT革命」と呼ばれる通信・情報の革新とグローバル化の進展によって、その内容も次第に変化するようになった。当初は情報・通信のインフラ整備（「情報スーパーハイウェイ構想」）から始まり、やがて製造業やサービス業など全産業において基盤としてのIT化が進行し、コンピュータ——それもパソコン中心——を始めとするハード面での爆発的な普及が進行した。その上で、IT産業はハードからソフトへとその重心が移動していき、さらにその上で、インターネットの普及とともに各種の情報・

第4章　知財をめぐる米中間の攻防

通信サービスそのものが産業的に展開されていくようになり、その後には知財を金融商品化する道が続いていく。そこでは上で見たように、パテント、コピーライト、トレードマーク、トレードシークレットなどの、多く無体物の財産権に関わるものが知的財産権として一括され、その頂点に著作権が君臨する事態が出現した。つまり、著作権を持つコンテンツ企業（映画、音楽、ゲームなど）とそれらをインターネットを通じて配信・流通させるネット企業（ヤフー、グーグル、アマゾンなどに代表される）がそれぞれの代表的なものとして君臨する、本格的な情報化社会が出現した。つまり、本来的には万人に共用されて、公共性の高い性格のものが、著作権として唯一のものとして知財化され、その貸し借りを通じて使用料を稼いだり、利用は無料としつつ広告収入で稼ぐ配信（交流サイト）ビジネスが盛況になる事態、知識資本――実は「知識取り扱い資本」とすべきだと筆者は考えるが――と知識労働が新たに台頭・対峙し合い、前者の下に後者が包摂される、本格的な知識資本主義の時代が到来した。そしてその中心に座るアメリカは、21世紀世界の動向をアメリカ流の知財戦略に則って構築・先導しようとしてきた。

　さてそこで、今度はさらに突っ込んで、問題の対中国戦略の内容と序列と相互関連に焦点を合わせ、アメリカ流知財戦略の思想の精髄に肉薄してみよう。

　アメリカの知財戦略の基本は、第1に知財保護にたいする管理が手ぬるいと侵害がはびこるので、中国政府は厳重に管理すべきであるという、知財強化にある。パテントの管理を厳重にすれば、貸与による技術特許料収入（royalties and license fees, R&F）が増えることになるからである。とはいえ、パテントは有期限であり、かつ秘匿（stop）と伝播（go）の二面戦略を合わせ持っているので、状況に応じてこれらを上手に組み合わせながら、長期的かつ継続的に技術支配を続けていくことが眼目になる。たとえば優れた最新の技術は特許の秘匿によって守るが、陳腐化して時代にそぐわなくなる可能性が出てくる技術は、むしろ積極的に相手企業との技術提携によって貸与した方が得策になる。この方式の推進はライバル企業の競争力の向上によって市場シェアを奪われる危険もあるが、通常は多額の技術特許料収入が安定的かつ継続的に得られるメリットの方が大きい。また特許とすると、その内容を公開しなければならなくなるので、すべてを特許とせずに、トレードシークレットとして社内に保持しておいて、特許期間切れになった場合

には、このトレードシークレットで縛る方がよい場合も出てくる。とりわけ、相手企業との提携が解除された場合などには、このトレードシークレットが有効になったりもする。ただしこれは公表化されないことが多いので、守秘の義務付けが事実上困難になるという弱さも合わせ持っている。

　これにたいして実用新案と意匠は特許の中では一段低いものとされ、その開発にも発明ほどの厳格さが要求されず、便利で使い勝手がよいので、日本企業はこれを大いに活用してきた。しかし技術提携にあたってクロスライセンス方式が採られた場合には、相手企業に自らの企業秘密をすべて開示させられるようになることもある。だから功罪相半ばするともいいうる。中国もこの方式を使ってパテント強化による技術促進を図ってきた。特にリバースエンジニアリング（RE）を使った分解—模倣—改造—量産化の道は、外国技術を許可なく——つまり違法に——模倣してチャイニーズスタンダードを作り上げ、それを国内の部品メーカー以下を利用して完成させ、低価格での量産化を達成するという形で、競争力をつけてきた[7]。これが中国政府のナショナルチャンピオン作り——自主創新技術開発（indigenous innovation）戦略——と一体になって進められ、大きな後ろ盾になっているので、これはいわば国家ぐるみでの、半ば違法な模倣戦略の展開だともいえる。中国の低賃金コストと13億もの人口を抱える巨大市場はなるほど進出を図る欧米企業にとっては大きな魅力だが、対中進出には様々な制約が課されることに加えて、模倣——それも事実上違法な——による中国企業の成長と台頭は悩みの種で、何とかこれを阻止したいと常日頃から念願してきた。というのは、西側先進国において、REのすべてが禁止されているわけではなく、新たな創造活動を刺激するためになされるものは必要だとみられているが、手っ取り早く模倣製品を真似て作るだけのためのREは違法なものであり、禁止されている。それを中国がもっぱらとしていることへの強い懸念である。

　第2にコピーライトは映像や音楽やゲームやソフトなどにおいて、プロテクトが不十分なまま販売すると、容易に違法コピーがはびこるし、またそのままに放置しておくと、たちまちのうちに大衆化し、劣化していって、誰も買わなくなる。またソフトなどは所有よりもむしろ、その利用もしくは使用が基本なので、コピーするための製造コストは大量化すればするほど限りなく0に近付いていくという性質を持っている。そのため、頻繁なバージョンアップによって、継続的に購

入せざるを得なくしたり、あるいは基本ソフトはあえて無料化して、同じ原理・方式を使った高機能のソフトを多数用意して、そちらで稼ぐ道を考えたりする。かくして、場合によっては「無料で配って使用料で稼ぐ」といった商法（ビジネスモデル）も生まれたりする。この点ではテレビなどで、それ自体は無料で配信し、広告料で経費を回収するばかりでなく、利益も上げるといったことがすでに行われていた。そうすると、公共性・共用性の高いものは本来的にパブリックドメインとして無料化する（「クリエイティブ・コモンズ」の提唱という運動もある）というビジネスマインドが、この分野には必要だという議論も澎湃として出てくる。そこへもってきて、オリジナリティを尊重する気風が希薄で、良いもの、便利なものは無料で模倣することを当然と見なす風潮が、中国ではとりわけ蔓延している。「利用第一」の実用主義的な考えの支配である。だから、著作権を所有しているコンテンツ企業からは、取り締まりを厳重にすべしとの声が強くなる。

　とはいえ、個人のオリジナリティを絶対化してよいかとなると、そうともいえない。というのは、独創力と呼ばれているものは、先人の業績の継承と発展の上に多く作られるもので、そのすべてが禁じられると、新しい独創力豊かな成果がかえって生まれにくくなるからである。だから RE も全面的には禁止されていない。したがって、両者の妥協は、たとえばフェアユースと呼ばれる、個人的な利用に限ってはコピーを認めたり、二次創作を保証するためにパロディを許可したり、あるいは年限を区切って排他的な使用を認めるが、それを過ぎれば公開（パブリックドメイン）して、誰でも自由に利用（フリーコピー）できるようにするといった形で、現在、西側世界では落ち着いている。しかしこれは両者の一時的な妥協点であり、力関係が変われば、どちらに傾くかはわからない。そこにこの問題の難しさがあるし、中国への追及の手も、ややもすると、ためらいがちになる。

　第3に、以上述べてきた、グローバル時代におけるアメリカの国際戦略は、要約すれば、輸出―技術提携―FDI を通じる現地生産の、三段階を考えていて、この過程を順次踏んで深化・発展していくことを目指し、その主体は多国籍企業にある。製造業多国籍企業が中心に座っていた時は、親会社―海外子会社を中心軸とする企業内国際分業に基づく国際生産が隆盛であり、海外子会社は現地での生産活動の重要な支点の役割を果たしていた。それに先だったり、あるいはその延長線上に現地企業との多様な企業間国際提携が築かれるようになると、技術提携

からはR&F収入が、また生産上の提携からは部品・中間財の調達・購入が得られるようになる。それは現地化による当該国の経済発展を加速化させ、世界の平準化を生み出し、一面ではアメリカを先頭とする先進国のライバルとしてこれらの国々が台頭してくることにもなる。他面では先進国多国籍企業に絶好のビジネスチャンスを広げることにもなるので、その大波の中で、現地海外子会社は本国親会社の先兵として多様な役割を果たすようになる。そして知財中心のサービス多国籍企業が台頭するようになると、今度は生産活動ではなく、このルートを通じてR&Fを稼ぐこと自体が中心となるし、先陣としての多国籍製造企業の性格もサービス重視型へと次第に変化していくことになる。この点で、上にあげたGATSはサービス取引の国際化を考える際に、第3モードとして現地海外子会社が行うサービス取引を、わざわざ本国親会社のサービス活動の延長と規定した。これによって、サービスの国際化を奨励しようとしたのである。なお筆者はこれらのR&Fを知識資本主義時代の中心的な独占的超過利益として「グッドウィル」――それ自体の経済的な概念化はヴェブレンに始原を持つ――という概念にまとめて、その態様を詳しく分析し、またオフショアリングと呼ばれるサービス活動の国際化の意味と内容を詳述した[8]。

　かくて今度は以上の筋道に沿って世界を組織化していくことが、21世紀戦略としてのアメリカ政府の仕事になる。だが中国にたいしてはその筋道が通じないことが、ここでの最大の難問である。とりわけ中国政府からの掣肘によって現地生産が十分に展開できないこと、ジョイントベンチャーなどでは、逆にアメリカなど外国企業の先進技術の、中国側への情報提供が強く求められること、あるいは公表できないトレードシークレットを活用することができないこと、さらにとりわけ「偽ブランド」や「海賊版」の横行によって知財収入が十分に当初の見込みどおりには上げられないのは、致命的ですらある。もっともこの過程では知財を所有するコンテンツ企業に被害が集中的に現れるので、その仲介をとって流通過程でビジネスを行うネット企業にとっては取引量の拡大をもたらす面もあり、両者の間の利害は必ずしも一致しない部面も出てきたり、場合によっては利益相反することもあり得る。それが劇的に現れたのは、知財強化を望むハリウッド映画会社と現行の知財の緩和、フリーコピーを提唱するネットビジネスの間の綱引きで、「ハリウッド vs グーグル／ヤフー戦争」ともいわれた。とはいえ、知財侵

害そのものはいずれにとってもゆゆしき事態であることに変わりはないので、共同でアメリカ政府を後押しすることになる。

3. 欲望の増大と大衆消費社会の登場

　第4に大衆消費社会の登場である。トレードマークの模倣・偽造、つまりはいわゆる偽ブランドの横行だが、その背後には大衆的な消費拡大の嵐とその普及化がある。そもそも人間の欲望の増大は社会の発展とともに成長していくものであり、それも生存に不可欠な必需品（basic human needs）から始まり、生活の快適化や文化的向上のための各種生活・消費財（一般に wants と呼ばれるもので、日用品や文化財がその中に段階的に入ってくる）、さらには通常の生活品を超えた奢侈品（leisure goods）に至るまで、人間の欲望の度合いに応じて様々である。それは個人でも、性別でも、年齢層によっても、さらには所得階層や社会的なステータスによっても違いがある。こうしたことは、欲望を喚起する広告・宣伝等によって刺激され、購買意欲をかき立てられるが、その頂点に現代ではブランドと呼ばれる、知名度の高い一連の高級品がある。しかも大衆消費社会と呼ばれる段階に到達するにしたがって、ブランド品愛好の風潮は加熱していく。

　この過程とその含意に関しては、筆者は先に『国際政治経済学の新機軸』の中で少し立ち入って論じた[9]。そこでは、ブランド固有価値を中心軸において、それがまず消費者の差異化意識を利用した商品差別化戦略に基づいて、一般商品（コモディティ）からの第1次分離を通じて、実体としてのブランドアイデンティティを確立した後、連想と拡張によって関連品へと派生していき、トータル化、つまりは個別商品ではなく企業そのものがブランド化していく第2次分離が生まれ、さらにこうして確立した一連のブランド群が資産（知財）としての価値（ブランドエクイティ）を持ち、企業そのものが特別のプレミアム価値を持つようになると、そのステータスをさらに上げるための極上ともういべきプレステージブランドが立ち上げられる第3次分離の、三段階を通じて上昇・精緻化されていく様子を論じた。この最後の段階までくると、ブランドロイヤルティとしてそれ自体の使用許可からの利用料の獲得に加えて、資本化されて株価に反映されるばかりでなく、M&Aの恰好の標的になったりもする。かくて西側先進国から始まった消費化の波は、ブランドに象徴されて、今日、途上国をも巻き込んで、文

字どおりグローバルな潮流になっている。そこでは外国崇拝の拝外思想がはびこり、「文明化」の波が押し寄せている。中国では経済成長と所得上昇に伴って、近年、この消費の拡大が嵐のように押し寄せ、大衆消費社会が訪れたが、これにたいする適切な行政上の誘導や行きすぎへの牽制が十分ではなく、事実上、カオスの状態のままである。そして反転していたずらに消費や欲望の自由を強制的に制約だけすると、大衆の不満が鬱積して、社会不安が増大していくことになる。

　第5に、かくて知財を金融取引の対象とし、パテントポートフォリオと呼ばれるものに集約・昇華する過程が今や盛んになりつつある。ここでは折からのセキュリタイゼーション（証券化、金融化）の流れと一体となって、資本との合体を果たしている。そこには今日の社会の浮動的で、流動的で、確かな実体を持たない、それでいて拝金主義の蔓延する、いわば得体の知れないような姿が端的に現れている。金融商品としての知財は、ブランドに端的に表わされるように、広告宣伝と不確かな評判（レピュテーション）を配下に従えて、虚名の資産価値を極点にまで高めることになるが、それは自らの貧弱な出自――というのは、ブランドの出自は旧来の封建・貴族社会からの伝統の力を借りたエリート主義と、大衆的な消費拡大の波に乗って無名の日用品を宣伝・広告を使って故意に有名化するポップス路線との二方向がある――をひたすら隠して、あたかも無限に自己増殖することができるかのように振る舞い、資本万能の風潮をさらに高める。ここでは時間差を利用した名目上の資産価値の変化が勝負所で、絶えず流れゆく時間に身を委ね、現在価値だけを追う刹那的な生業が支配する。不確かで予想不能な将来に賭け、休まるところを得ないが、一攫千金を夢見るカジノのような舞台を見つめて、スリリングとか冒険的とか評することは容易いが、社会全体には虚飾の匂いが充満している。だがこれが仮象にすぎないことがやがて明るみに出ると、一挙に暴落して、貨幣で表現されたその資産価値は紙くず同然のものにすらなってしまう。こうした脆弱性を抱えた上での、つかの間の繁栄にしかすぎないし、その日暮らしの浮き草のようなものに賭けることは、はなはだ危ういものだといえよう。

　第6にこのような知財優位の経済活動の蔓延は、従来の産業分類――たとえば、労働集約財（labor intensive goods）、資本集約財（capital intensive goods）、技術集約財（technology intensive goods）など――とは異なる分類方法の工夫を考えさせて

いる。後段でさらに説明することになるが、このITCの報告書は「知財感応財またはサービス」(IP sensitive products and services) という新しい用語を開発し、それによって知財との結びつきが強い財や産業を特記できるようにしようとしている。これはおもしろい試みだが、まだ開発途上であり、それが首尾よく表出できるようになるかどうかは疑問である。とはいえ、これはアメリカ経済の変化と新たな重心のありどころを如実に示していて、IT化が表す「ニューサービス」中心の経済の指標化を試みるものである。以前、これまでの産業分類の中に新たに情報産業を一桁の大産業としてまとめて出したり（NAICS）、世界に先駆けて「デジタル・エコノミー」に関する総括的な統計データをまとめた報告書を公表したり（商務省）といった試みを行ってきたが、これはその延長線上にあるものだろう。

第2節　知財をめぐる両国間の確執とその実態
　　　──アンケート調査が物語るもの

1. 相互依存関係の深化

　今度は知財侵害とその実態を、上であげたITCの二つの報告書を基にして、具体的に検討していこう。
　まず第1の課題は米中間の経済的な相互依存関係の深化であり、それは貿易、技術提携、FDIの、三段階を通じて展開されていく。『第1報告』はグローバル経済下での米中間の経済的な相互依存関係が深化・拡大を遂げていることをまず強調している。アメリカは先端産業の優位性に依拠して世界経済をリードしてきたが、製造業の競争力が低下するに従い、知財中心のサービス経済化へとシフトするようになった。一方、中国は改革・開放政策の実施後、工業化に邁進していくが、そこでは政府の後援を受けて主に経済特区を中心にして、部品・中間財を輸入して、低労働コストによる組み立て・加工を施して完成させた財を輸出して外貨を稼ぎ、経済成長を遂げてきた。これを筆者はアメリカの知財化と中国のモノ作りを双頭とする「スーパーキャピタリズム」の到来とかつて名付けて、その相互補完的、位階的かつ対抗的な内容を詳しく論じた[10]。中国の工業化が沿海部の経済特区から次第に内陸地にまで浸透していくのに従い、先進国多国籍企業は中国への進出を加速させ、国際生産の一環としてのサプライチェーンの確立を目

指したが、こと志と異なり、内外市場での中国製商品の模倣・偽ブランドや、著作物の「海賊版」等による知財侵害に悩まされることになった。他方で中国はナショナルチャンピオン作りを掲げる自主創新技術の開発戦略に沿って、低労働コストを主眼においた労働集約的産業から、次第に技術力に依拠した産業の高度化を目指すようになり、進出してくる外資にたいしてはその先進技術の移転を要求するようになったし、また自国資本の海外進出に当たっても先進国の高度技術の獲得を目指すようになった。その結果、知財関連の産業をめぐる米中間の対抗と協調の両面が今度は表面に出てきた。

ところで、この知財関連もまた主に三つのルート——貿易、R&F、FDI——を通じて流れていく。そこで、ITC は上にも述べたが、「知財感応部門ならびに財」(IP-sensitive sector and products) という概念を新たに捻出した (表4-1)。その内容は、以下の三つの特質に依拠しようとしている。第1はパテントやコピーライトなど、IP（知財）の利用度が高いもの、第2は R&D 投資や労働生産性やイノベーション力が高い、技術集約的産業とほぼ同一と見なせるもの、第3はパテント、コピーライト、トレードシークレット集約部門に焦点を当てたものである[11]。だがそのいずれかに収斂させるかが見つからず、またそれらを総合させて内容を明確に確立することもできないので、後に見る『第2報告』では「知財集約的」(IP-intensive) という無難な特徴付けでまとめている。だがいずれにせよ、中国との関係でいえば、それは知財保護を特に要求される産業というのが、その真意になろう。

それとの関連で、従来からある高度技術製品（Advanced Technology Products, ATPs）の貿易がどうなっているかで見てみると、米統計局はその該当産業をバイオテクノロジー、生命科学、光学電子、情報・通信、電子、FMS、高度素材、航空宇宙、兵器、核技術の、10部門においている。それはもちろん、ここでいう知財感応財とは必ずしも一致しないところが出てくる。アメリカの対中 ATPs 輸出は 2000 年から 2009 年までに 2 倍以上に膨らみ、170 億ドルにまでなった（図4-1）。そのうち、航空宇宙（主に航空機・同部品）（31%）、電子（主に半導体）(31%)、情報・通信（21%）が多く、それらで 80% 以上を占めている。また航空機を除けば、その大部分は中国内で最終財に組み立てられる中間財・部品である。したがって、米中間ではグローバルなサプライチェーン関係が形成されていると

第4章　知財をめぐる米中間の攻防

表4-1　IP感応部門ならびに製品

航空宇宙
アパレル
醸造
コンピュータ・電子
コンピュータシステム・サービス
電機
靴・レザー
ゲーム・玩具
インターネット出版・放送・ウェブ
宝石・銀細工
機械製造
医療機器
映画・ビデオ
自動車
新聞・雑誌・書籍・ディレクトリー
化学
殺虫剤・肥料・農薬
医薬品
研究開発
半導体・電子部品
ソフトウェア
レコーディング
テレビ放送
タバコ
時計

注）NAICSの分類による。
（資料）USITCスタッフによる編集。
　　ただしUnited States International Trade Commission, *China: Intellectual Property Infringement, Indigenous Innovation Policies, and Frameworks for Measuring the Effects on the U.S. Economy*, Investigation No.332-514, USITC Publication 4199 (amended), November 2010, Table 2.1 p.2-7による。

もいえるかもしれない[12]。とはいえ、全体的には中国へのATPs輸出のシェアはこの間に年々の移動があるが、趨勢的には最大38％（2001年）から最低19％（2008年）へと減少気味である。それは、中国側がアジア諸国などへと輸入元を変えたからである。また国内生産基盤の拡大に伴って、アメリカ多国籍企業が中国に生産拠点をおくようになったことを反映しているともいえよう。その意味では、全体的には中国ではアメリカ多国籍企業が主導する彼ら本位のグローバルサプライチェーンの確立にはまだ明確には至っていないともいえよう。この点については第5章において再度、詳述する。

　一方、中国からのアメリカのATPs輸入は120億ドル（2000年）から900億ドル（2009年）へと急増した（図4-2）。しかもATPsの割合はほぼ3分の1ほどを占めるようになった。それは情報・通信に集中していて、90％ほどを占めている。

これらは問題の IP 感応財である（図 4-3）。したがって、知財違反も多い。たとえばアメリカに入ってくる知財侵害で押収された商品の 79％は中国からのもの

（単位：10 億ドル）

Source: World Trade Atlas.

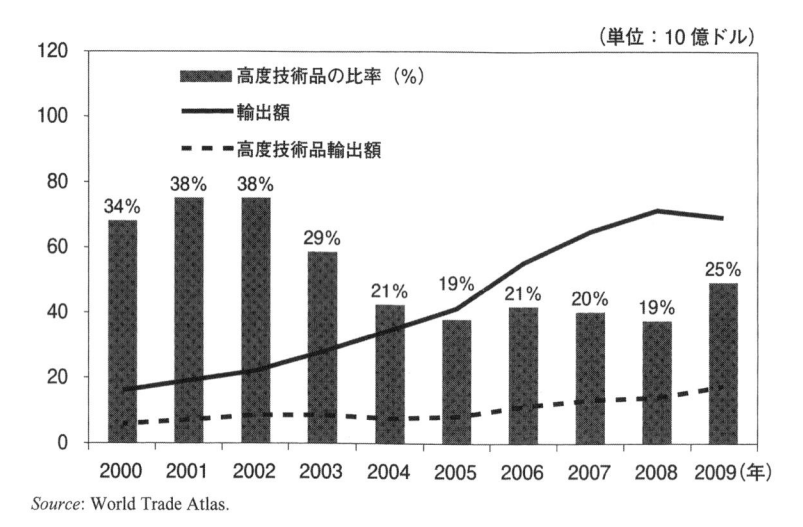

図 4-1 アメリカの中国への高度技術品（ATP）輸出：2000-2009

（資料）*ibid.*, Figure 2.2, p.2-8 による。

（単位：10 億ドル）

Source: World Trade Atlas.

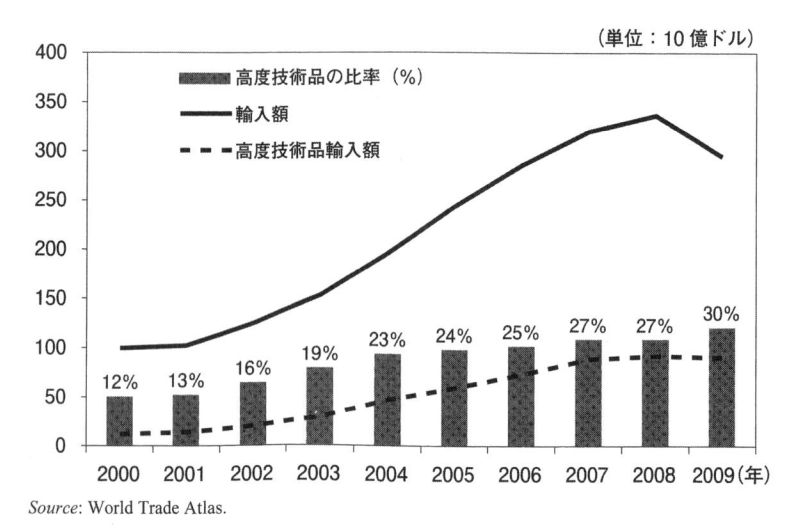

図 4-2 アメリカへの中国からの高度技術品（ATPs）輸入：2000-2009

（資料）*ibid.*, Figure 2.3., p.2-9 による。

第4章　知財をめぐる米中間の攻防

である（その内訳は**表4-2**のとおり）。それに香港からのもの10%が加わるので、ほとんどが中国からのもので、しかもそれは実際には氷山の一角にすぎず、巧妙なやり方で摘発を免れたものがさらに多いことを考えれば、中国はまさに「知財海賊」王国といえよう。

次に中国からのR&F収入は**表4-3**に見られるように、この間に大いに増加し

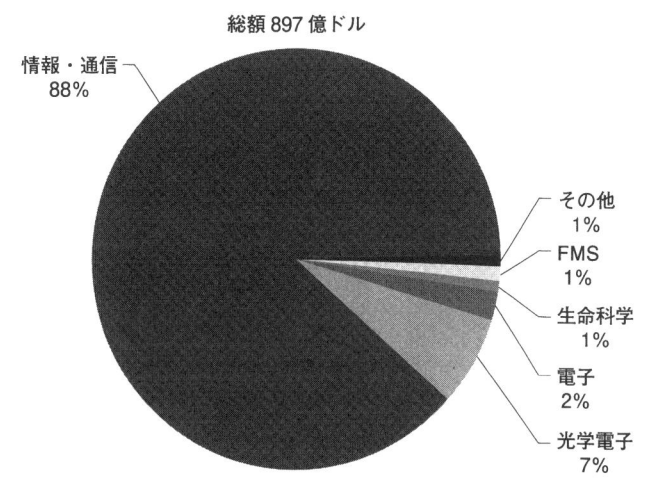

総額897億ドル

情報・通信 88%
その他 1%
FMS 1%
生命科学 1%
電子 2%
光学電子 7%

Source: World Trade Atlas.

図4-3　産業別のアメリカへの中国からの高度技術品（ATPs）輸入：2009

（資料）*ibid.*, Figure 2.2, p.2-8 による。

表4-2　中国からの知財違反品の押収：2009会計年度

商品	価額（100万ドル）	%
靴	98.0	48
ハンドバッグ・財布・バックパック	19.6	10
消費者用電子品	18.5	9
衣類	17.9	9
コンピュータハードウェア	8.8	4
宝石	7.3	4
薬品	6.7	3
メディア	5.5	3
時計	4.9	2
玩具・ゲーム	4.5	2
その他	13.1	6
合計	204.7	100

Source: U.S. Customs and Border Protection.
（資料）*ibid.*, Table 2.2, p.2-10 による。

表 4-3 カテゴリー別の中国およびそれ以外の国からのアメリカの技術特許料（R&F）受取り：2000-2008

(単位：100万ドル)

	産業工程	書籍・レコード・テープ	ライブイベント	フランチャイズ	トレードマーク	コンピュータソフト	合計
中国							
2008	1,080	2	21	204	292	727	2,326
2007	831	3	20	156	231	605	1,846
2006	663	2	7	114	202	528	1,516
2005	159	5	1	21	28	71	285
2004	185	3	1	17	48	61	315
それ以外の国							
2008	39,050	1,551	556	4,168	12,260	31,564	89,149
2007	35,960	1,497	538	3,739	11,534	28,621	81,889
2006	31,752	1,471	418	3,156	10,181	22,127	69,105
2005	6,321	684	241	672	1,422	6,184	15,524
2004	5,472	652	200	585	1,666	4,689	13,264

Source: BEA.
注）2005年までは非関連会社からのものだけだが、2006年以降は関連会社と非関連会社の双方を含む。
（資料）*ibid.*, Table 2.3, p.2-11 による。

てきている。知財違反への管理を厳しくすれば、このR&Fは増加が見込める。というのは、アメリカの世界全体の伸び率に比較して、中国からの伸び率が少ないからである。特に書籍・レコード・テープが残余の世界からのものに比べて極端に少ないことがその証左である。またその3分の2は在中子会社が稼いだものである。そして、データで見ると、企業内での取引（in-house）による知財違反の損失は、企業外からのそれ（arms-length）よりも少なくなる傾向がある[13]。これは企業内での知財管理の厳格さの表れであろう。

　最後に対中FDIであるが、ストックベースで見ると、2009年490億ドル、世界全体の3兆5千億ドルのわずか1.4％にすぎない（**図4-4**）。これにたいして、中国の対米FDIは台湾、香港、日本、シンガポールに次いで5番目である。これは知財違反と中国政府の自主創新技術開発戦略が影響していると考えられる。しかもIP感応財部門が製造業FDIの半分ほどを占めている。このFDIの中身は新規設立（グリーンフィールド）と既存企業のM&Aだが、いうまでもなく前者が多い。またその中身は57％が工場施設の新設で、次いで33％がR&Dである。具体的にはIT関連ではIntel（25億ドル）が多く、Microsoft, Oracle, AT&Tも計画中である。また製薬ではPfizerが1億5500万ドル、Eli Lillyが1億ドルをR&D施設に投資している。在中子会社によるR&D投資は15億ドルで、世界全体の370億ド

(単位：100万ドル)

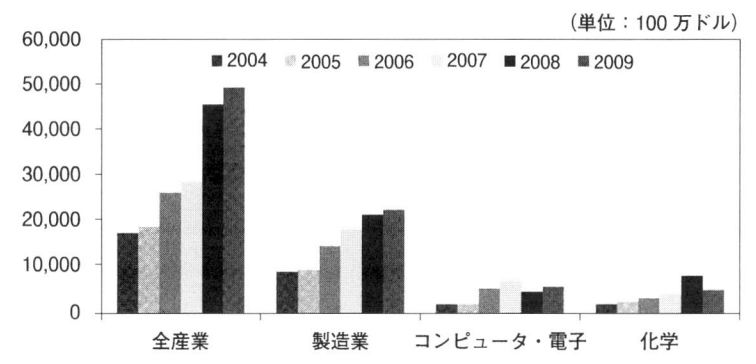

Source: BEA.

図4-4 主要産業別アメリカの対中直接投資（ストック額、ヒストリカルコストベース）：2004-2009

（資料）ibid., Figure 2.5, p.2-13 による。

表4-4 在米中国子会社による研究開発（R&D）支出：2004-2008

(単位：100万ドル)

	2004	2005	2006	2007	2008（年）
全産業	575	668	759	1,141	1,517
製造業	539	574	590	922	1,180
うちコンピュータ・電子	466	([a])	453	752	965

Source: BEA.
注）a…データの開示避ける。
（資料）ibid., Table 2.4, p.2-14 による。

ル（2008年）に比べてわずかである。この中身は**表4-4**に見られるように、製造業が大部分（なかんずくコンピュータ・電子が圧倒的に多い）で、海外子会社だけで見ると、在中国子会社のそれは7番目に多い。したがって、知財違反はあるものの、中国はきわめて重要な成長市場であり、アメリカが躊躇すると、他国に空隙をつかれる可能性が大いにある、魅力的な市場でもある。

2．知財侵害の実態

第2の課題は知財侵害である。その実態を、著作権侵害（Copyright Piracy）、商標模倣（Trademark Counterfeiting）、特許違反（Patent Infringement）、営業秘密悪用（Trade Secret Misappropriation）の四項目で見ていこう。まずアメリカの中核的な著作権産業の規模は2007年に付加価値額で8890億ドル（GDP比6.4％）、輸出額では1260億ドルと推計される。著作権の侵害を被っているのは、これらの、映画、

音楽、事業用ならびにエンターテインメント用ソフトウェア、それに出版などの産業で、EU はその 68％が中国であるとしている。それは CD、DVD、ハードドライブ、フラッシュメモリードライブなどを使って行われる。また各種のソフトが違法にコピーされている。そのやり方は違法なディスクを輸出用に作成したり、ソフトを違法にインストールしたり、書籍類を大学が違法にコピーして販売したり、利用者がお互いに P2P ネットワーク等を通じてファイルを交換し合ったりしていることなどによる。もちろん中国政府はその摘発に乗り出しているが、十分ではない。そのため、たとえば、コンピュータのオペレーティングシステム（OS）の中にあらかじめ組み込んだりしたものを販売したり（Windows 95 に始まるマイクロソフト式ビジネススタイル）、インターネット上での侵害に焦点を当てた機関を作ったり、たとえばオリンピックのような国家的な威信に関わるような行事の時期に取り締まりを強化したりといったことを試みている。一方、中国に参入する外国企業側は、価格を下げたり、ライブ（実演）活動と一括して全体の利益を計算したり、予約料をとったり、プリペイド方式にしたりなど、色々と試みている。

　次にトレードマークに関しては、上述したように、アメリカの税関が摘発した模倣品のほとんどが中国からのものである。中国内部での偽ブランドは奢侈品と薬品が多い。その範囲は広く、ここではヒアリングを中心にした調査結果をまとめた**表 4-5** を総括的に上げておこう。その手口は、たとえば中国側の契約企業が契約量以上に生産したり、契約終了後も生産を続けて密かに市場に流したり（これをゴーストという）、あるいは工場の現役もしくは元従業員がノウハウを知ってそれを他の工場に流したり（第三者シフト）する。また検査を通過できないため廃棄処分にされた製品やリサイクルされた製品を再度商標をつけ直して販売したりもされる。IC（集積回路）の場合、検査を通らなかったものをセカンドソースものとして、廉価で 2 次市場に流す場合もある。もちろん、偽物そのものを別の業者がそっくりに生産する（スーパーフェイク）場合もある。さらに手が込んで、本物の箱に偽物を詰めて出したり、薬の場合ジェネリック製品をその中に挿入したりする場合もある[14]。またその販売ルートは香港や台湾を経由したりすることもある。さらに自由市場で、表向きには正規のものを並べ、その陰で裏の倉庫などに別に偽物をおいて、顧客に応じて値引きなどを通じて売り分けたりもする。インターネットが情報交換の手段に使われるようになったので、それこそジ

第4章　知財をめぐる米中間の攻防

表 4-5　中国での知財侵害産業実例

産業	知財侵害の内容
航空宇宙	模倣部品が違法に使われる。
アパレル	低品質または未承認の染色が使われる。
全地形（ATVs）走行車・モーターサイクル	連邦安全基準に合わない。また部品類の模倣。
自動車部品	部品類の修理・保守で発生。OEMでも多いが発見できない。
書籍販売	書籍や試験がクレイムを受ける。
ブランドものレザー製品（財布・カバン・バックパック・シガレットケース・メガネホルダーを含む）	有名ブランドが非標準部品等を使われる。
ブランドものメガネ・サングラス	有名ブランドが非標準部品等を使われる。
タバコ	低品質のタバコに偽のラベルをつける。
コンピュータプリンターインクカートリッジ	OEMでの模倣
コンピュータ	品質，寿命，安全性で劣る部品等の使用
消費用電子（テレビ，カメラ，CD，DVD プレーヤー／レコーダー，MP3 プレーヤーを含む）	品質，寿命，安全性で劣る部品等の使用
ダイヤモンド	広告スローガンとブランドのコピー
直流式電力供給	発火，ショック，感電の恐れのある家電品
乾電池	低品質のものは爆発や損傷の危険ある。
食料・飲料	不承認または有害成分の使用
はきもの	標準以下の部品類の使用
接地事故回路遮断装置（GFCI）	安全性，発火，ショック，感電の恐れ
ゴルフクラブ・スポーツ用品	標準以下の部品類の使用
保健・美容（ヘアードライヤー・カールアイロン）	品質，寿命，安全性で劣る部品類の使用，発火，ショック，感電の恐れ
家庭用品（石けん，洗剤）	本物と比べて効果が薄く，有害でもある。
ITネットワークルーター・コンピュータ	米政府機関，国防関係，大学，金融機関，電力会社が購入，不正ネットワークや外部からの侵入の危険ある。
宝石・時計	標準以下の部品類の使用
医療品	体外診断装置，コンタクトレンズ，医療テストキット，外科手術器具，心臓カテーテル人工呼吸装置，温度計，コンドーム，手袋，血糖検査等々は健康に重大な危険ある。
楽器	低品質品の使用
香水・化粧品	効果のない，有害な内容物の混入
ペットフード	死に至るような内容物の混入
薬品	効果のないもの，大量の投入，外国の材料の混入，もはや効果のなくなったものの使用等
小売店・レストラン名	まぎらわしい名前の使用
センイ	オリジナルなものと同一あるいは同等のものから作られない。

Sources: *Automotive Body Repair News*, "Aftermarket Groups Address the Issue of Counterfeit Chinese Auto Parts with Congress," July 21, 2006; Europa, "Contraband and counterfeit cigarettes," News Release, July 15, 2010; Barboza, "Fake Goods and Unsafe Food Threaten Chinese Exports," May 18, 2007; CBP, "Los Angeles CBP Seizes More than $18 Million in Counterfeit Sunglasses," April 22, 2010; Chao, "Beer Drinkers Warned They May Get More than They Ordered at the Bar," July 1, 2010; Edwards, "HP Gets Tough on Ink Counterfeiters," May 28, 2009; French, "Chinese Market Awash in Fake Potter Books," Augest 1, 2007; Gow, et al., "Dangerous Fakes: Counterfeit, Defective Computer Components from China," *Bloomberg Newsweek*, October 2, 2008; ICE, "Los Angeles Shop Owners Plead Guilty," June 21, 2010; industry official, interview by USITC staff, Washington D.C, June 9, 2010; International Imaging Technology Council, written submission to the USITC, July 7, 2010; MarkMonitor Case Study, "Under Armour Reduces Gray Market Sales with Mark Monitor," n.d.; MEMA, written submission to the House of Representative Committee on Small Business, July 21, 2010; Motorcycle Industry Council, written submission to the USITC, July 9, 2010; Nash, "Counterfeit Parts: A Poor Fit for Your Shop," January 2004; Keller, "Industry and Government Prepare Counter-Attacks," April 2010; Prince, "Traffickers in Counterfeit Cisco Networking Hardware Taken Down," May 5, 2010; Reuters, "China Seizes 18,000 Fake Viagra Pills in Raid," July 25, 2007; Ricapito, "The Fight Against Faux Fragrances," January 2010.; Sangani, "The Global Trade in Counterfeit Consumer Electronics," May 10, 2010; Willber, "Family Members Charged With Selling Counterfeit Computer Chips," October 9, 2009.

（資料）*ibid.*, Table 3.2, pp.3-16〜17 による。

ャストインタイムで即座に品物が届いたりするようになった。商標の所有者はアメリカの特許商標庁（USPTO）と中国の国家産業通商管理局（SAIC）商標課にそれぞれ登録され、その後両国の税関（米CBP、中国GAC）に送られるので、双方の協力の下で取り締まりを強化はしている。

　以上、すさまじいばかりの中国の知財侵害の手口を詳述したが、これはアメリカ企業側が告発しているものであって、これをそのまま受け取ることはできない。というのは、これはブランドを確立し、それを制度的な規準（スタンダード）にまで昇華させたアメリカ企業による、アメリカ流の、知識資本主義時代のビジネスモデルだからである。そこではことこまかな素材や部品類の使用指定、生産・加工方法の特定、安全規準の遵守、標準化による制約、さらには商品名・企業名のブランド化による専一的な使用などが法律によって厳格に定められ、その周りにはコンプライアンス（法令遵守）やら、トランスペアレンシー（透明性）やら、アカウンタビリティ（説明責任）やら、オープンネス（公開制）やらの諸原則によってがんじがらめに箍がはめられている。だからそれらの諸原則に従わないものは、世界の異端児として事実上、排除されていってしまうことになる。先進国本位に作り上げられたこれらの一律の規準をすべて正当だとは、多くの後発国はけっして思わないだろう。世界はもっと多くの多様性と寛容に満ちたものであるはずだ。その意味では、知識資本主義の時代には、スタンダードが特別に重要な位置を占め、とりわけ規範（norm）を通じた事実上の良き慣行の履行義務が国際機関によって強いられているのは、製薬産業において典型的である[15]。

　今度は特許違反とトレードシークレット（営業秘密）の悪用だが、両者ともに企業が成長する上で決定的に重要な要素であり、両者は相互に補完し合う関係にある[16]。一般的に、新規の発明品には一定期間の独占的権利（生産、使用、販売）を与えるパテントで縛るのが通常である。だがそれは登録されて公表されるので、類似のものが18カ月後には他社によって開発が開始されていく可能性もあるので、極度の秘匿を維持しようとすれば、トレードシークレットが有効になる場合もある。中国への進出に当たって、特許への行政の監督が弱いから、トレードシークレットに多く頼りがちだが、そうすると、それ以外の国にたいしてもそうせざるを得なくなりがちだし、肝心の中国側のパートナーを信用できるかという問題も出てくる。また中国では実用新案（utility model）を重宝する（たとえば2008

第4章　知財をめぐる米中間の攻防

Source: SIPO.

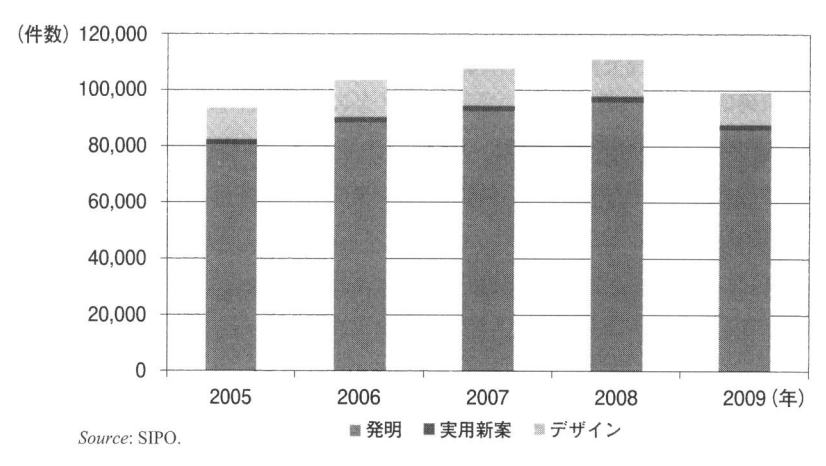

図 4-5-(A)　中国での形態別の外国からのパテント取得：2005-2009

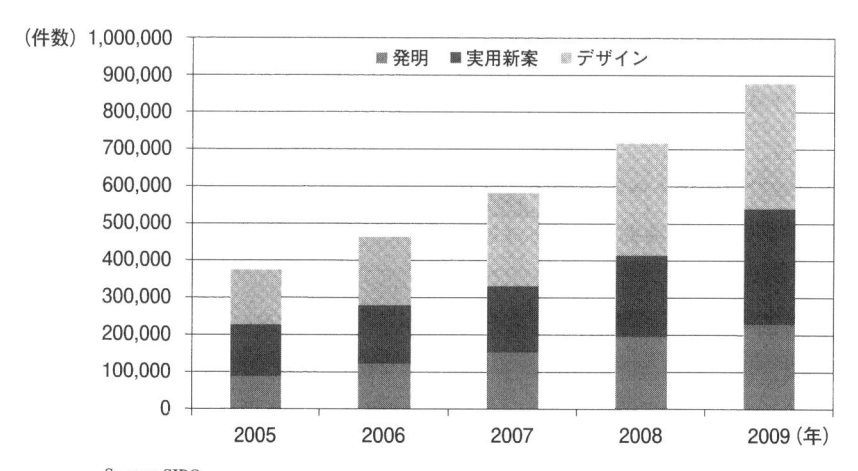

Source: SIPO.

図 4-5-(B)　中国の形態別パテント取得：2005-2009

（資料）*ibid.*, Figure 4.1, 4.2, p.4-4 による

年には発明18％、実用新案38％、デザイン14％、それぞれ増加した）が、これは上でも見たように petty patent として欧米では一段低いものと見なされているため、彼らは登録したがらない（**図 4-5**）。また特許違反の被害が多いのは、製薬、通信、電子、化学、バイオなどである。トレードシークレットの悪用は金属加工、料理のレシピ、陶磁器の技法、電子工学の技術などである。特に多国籍企業の中

137

国人従業員が企業秘密を外部に漏らす傾向が強く、それは、そうした情報が売買対象になるからである。またジョイントベンチャーの中国側パートナーを通じて流れるものや、産業スパイがコンピュータネットワークに違法に入り込むケースも後を絶たない。ひどい場合には、規制を行うべき公的な機関（役人）からの漏洩もある。

3. 中国の自主創新技術開発戦略と知財違反

第3の課題は以上の知財侵害と強く関連している、中国の自主創新技術開発戦略についてである。これは、これまで詳述した知財侵害と表裏一体となり、それを一面では促進もしていて、ある意味ではそれ以上に危険なものとして、アメリカ側が強い懸念と警戒心を持っている問題だともいえよう。なおこれに関してはすでに前章[17]において詳述したので、ここではその中心的なものだけを取り上げてみよう（概要は図 4-6）。その基本思想は、中国自前の技術を世界的な水準に高め、その力によって世界をリードしていき、経済的な強国にのし上がろうというものである。国家戦略として計画的に推進していくことになるので、それには政府調達、技術標準、競争政策、租税政策、知財保護とその実施などが必要なものとして推進される。とりわけ先端部門でのナショナルチャンピオン作りが、当面の目標におかれている。特に力を入れているのは、コンピュータならびにそのアプリケーション、通信、事務機、ソフトウェア、新エネルギーならびに同機器、それに高能率のエネルギー節約型製品の、6部門である。

アメリカが注目しているのは、この自主創新技術開発と知財違反との関連である。自主創新技術はオリジナルなイノベーション（original innovation）、現にある技術を組み合わせた統合型イノベーション（integrated innovation）、輸入された技術を基にした再イノベーション（reinnovation）もしくは融合・改良型の、三つを想定している。このうち、最後のものは技術移転の形で、自動車や航空機において展開され、外国企業にとっては重要な関心事である。さて思い出していただきたいのは、先に見た中国の特許の規定において、その根拠に新規性、創造性と並んで、実用性がおかれていることである（アメリカの場合は新規性と非自明性）。そして具体的には発明、実用新案、意匠の三つをその内容にしているが、実質的には実用新案が支配的である。となると、イノベーションに三つがあげられてい

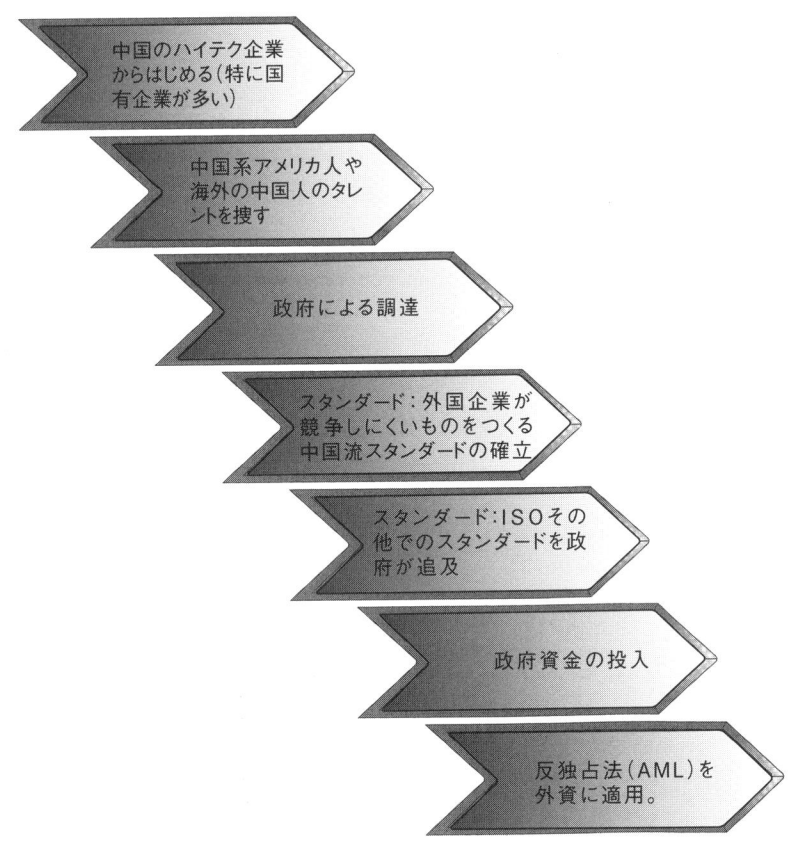

第4章　知財をめぐる米中間の攻防

```
中国のハイテク企業からはじめる（特に国有企業が多い）
　　中国系アメリカ人や海外の中国人のタレントを捜す
　　　　政府による調達
　　　　　スタンダード：外国企業が競争しにくいものをつくる中国流スタンダードの確立
　　　　　　スタンダード：ISOその他でのスタンダードを政府が追及
　　　　　　　政府資金の投入
　　　　　　　　反独占法（AML）を外資に適用。
```

Source: Industry and academic representatives.

図 4-6　自主創新技術開発によるナショナル・チャンピオンづくり

（資料）*ibid*, Figure 5.1, p.5-7 による。

るが、現状では第1の独創的なものはきわめて少なく、第2の既存のものの組み合わせや、第3の外国のものの改造・改変が主力となろう。だが第2のものは多く実用新案に属するものであって、petty patent の域を出ない。第3のものは、外国の模倣として知財違反に引っかかる可能性が高い。そうなると、自主創新技術開発は西側先進国の二番煎じか、知財違反すれすれのところを歩む、危うい境界線上のものになるだろう。そこから果たして、独創性豊かな、真に中国発のイノベーションが花開くだろうか。かつて、日本が始め、韓国などのアジア NIES 諸国が追従した、欧米先進技術の模倣からの経済開発と発展の道——日本型高度成

139

長モデル——は、知財管理が厳しい今日のグローバル社会においては、おいそれと二匹目、三匹目のドジョウは待っていない。その悩みに中国は苦悶することになろう。

4. アンケート調査からの結果

最後に『第2報告』が実施した知財侵害を被った企業へのアンケート調査について見ていこう。5051社にアンケートを送付し、16.3％から回答があった。被害総額は中央値で推計して482億ドル（2009年）、うち販売では366億ドル、そして116億ドルはロイヤルティとライセンスフィーなどで被っている[18]。なお知財関連の米企業の販売は2009年に7兆3千億ドル、うち中国へは5兆9千億ドルで、被害を報告したのはそのうちの58.1％である（**図4-7**）。中でもコピーライトの被

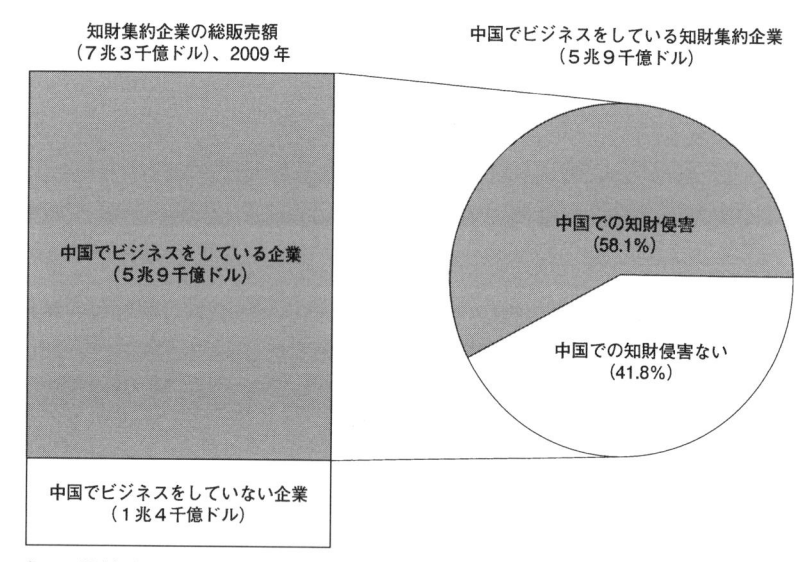

Sources: Weighted responses to the USITC questionnaire; U.S. Bureau of Economic Analysis; U.S. Census Bureau.

図4-7 中国での知財侵害を報告した米企業：アンケート調査

注：GDPの16.3%と推定しているが、それは統計局による部門別販売額と経済分析局による付加価値額にもとづき、知財に影響を受けた24部門をとりだしたものである。ただし知財は多かれ少なかれ、全ての部門において影響を受けるので、このアプローチは最少のものだといえよう。

（資料）United States International Trade Commission, *China: Effects of Intellectual Property Infringement and Indigenous Innvovation Policies on the U.S. Economy*, Investigation No.332-519, USITC Publication 4226, May 2011, Figure 1, p.xvi. による。

害は最大で、237億ドル、トレードマークは中国で活動している米企業の31.5%が被害を報告し、消費財では91.6%の企業が被害を報告している。特に大企業で被害が大きいが、中小企業の場合は額は少なくても、当該企業にとっては被害は甚大なものになる。知財保護が改善されれば、輸出額で214億ドル、在中国子会社で878億ドルの、合計1070億ドルが増加すると見られる[19]。その他に雇用面での被害も推計しているが、実損ではなく仮定の上でのことで、かつて日米貿易摩擦の際に、対日攻撃の材料としてこの手のものをアメリカ側がまことしやかに出したのと、同工異曲なので、ここでは触れないことにする。その産業別、カテゴリー別の内訳（2009年）は表4-6のとおりである。これをカテゴリー別にアメリ

表4-6 中国で知財侵害を被った米企業の損失額：2009年

(単位：10億ドル)

損失	調査結果	
	点推定値	下限と上限[a]
合計額[b]	$48.2[c]	$14.2-$90.5
部門別損失[b]		
情報サービス	$26.7	$11.8-$48.9
ハイテク・重工業	$18.5	$1.9-$37.0
化学	$2.0	$0.4-$3.6
消費財	$0.8	$0.5-$1.1
輸送機器	$144.6	$35.3-$294.7
	(100万ドル)	(100万ドル)
知財カテゴリー別[d]		
コピーライト	$23.7	$10.2-$37.3
トレードマーク	$6.1	$1.4-$12.5
パテント[e]	$1.3	$0.2-$2.8
トレードシークレット[e]	$1.1	$0.2-$2.4
分類不能[f]	$16.0	$2.2-$35.5

Source: Staff calculations from USITC questionnaire. See appendix F for method and further details.
注）特に断らない限り95%相当である。点推定値と上限から下限を示す。部門別ならびにカテゴリー別はそれぞれ別の質問項目からえられたもの。
　(a) 加重されない価値額が下限よりも大きい場合、下限として報告、上限もそれに応じて移動。
　(b) 80%有意。
　(c) 482億ドルのうち366億ドル（75.9%）は販売損失、116億ドルはR&Fその他の損失。
　(d) 2.8、4.5b、5.5b、6.6bの質問表から計算。
　(e) 90%有意。
　(f) 残差として計算。
（資料）ibid., Table 3.2, p.3-10による。

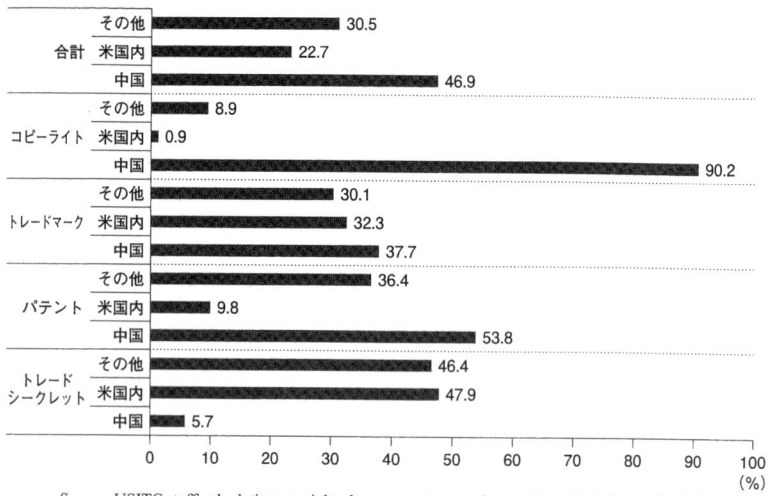

		(%)
合計	その他	30.5
	米国内	22.7
	中国	46.9
コピーライト	その他	8.9
	米国内	0.9
	中国	90.2
トレードマーク	その他	30.1
	米国内	32.3
	中国	37.7
パテント	その他	36.4
	米国内	9.8
	中国	53.8
トレードシークレット	その他	46.4
	米国内	47.9
	中国	5.7

Source: USITC staff calculations, weighted responses to questions 4.5b, 5.5b, 6.6b, and 7.5b, for firms that responded in the affirmative to question 1.14.

図 4-8 カテゴリー別知財侵害米企業：中国・その他・米国内の割合：2007-2009 年

注）4捨5入するため100%にならないこともある。
（資料）ibid., Figure 3.4, p.3-11 による。

カ企業の被害を中国、アメリカ国内、それ以外の地域に分けて見てみると、トレードシークレットを除いてはすべて中国での被害が最大である。とりわけコピーライトの被害は中国で90%にも達している（**図 4-8**）。また知財侵害を行う形態としては、報告企業は劣悪品49.6%、おとり品32.2%、複製品25.7%、品質偽造10%、価格の引き下げ27.6%をそれぞれ被ったと報告している[20]。

全体を総括してみると、**表 4-7** のようになる。このアンケート調査はきわめて貴重なものだが、同時に報告した米企業には傾向としては被害を多めに見積もる心理が働くことは、おおいにありうることである。とはいえ、その中から浮かび出てくるものは、中国の知財違反の実情であり、それをどう克服するかはアメリカ側のみならず、中国政府にとっても悩ましい問題である。しかし、同時に中国は世界最高水準の技術力に裏付けられた経済力の達成を目指して、自主創新技術開発を官民挙げて計画的、戦略的に進めている。中国の現段階での技術力を見れば、上でも見たように、後発国の常として、知財違反が半ば公然と、あるいは暗々裡に非公然に展開されることは避けられない。そうしないと、先進国の蹂躙

表 4-7 中国での知財侵害が米企業に与える影響：調査結果

(%)

	コピーライト侵害	トレードマーク模倣	パテント違反	トレードシークレット悪用
財務				
報告企業 物理的損失	[a]15.5	31.5	15.3	[a]7.2
対販売比損失	6.4	0.8	0.6	0.4
リーディングセクターとその割合	情報ならびにその他サービス 50.0	消費財 91.6	化学 43.3	化学 [b]30.9
損失を報告した企業で別のところで生じる	98.9	83.3	24.8	72.6
損失の生じたところ				
・中国	90.2	37.7	53.8	5.7
・アメリカ	0.9	32.3	[a]9.8	47.9
・その他	8.9	30.1	36.4	46.4
雇用				
知財違反の結果				
・雇用増	[a]0.1	0.0	0.0	[b]0.0
・雇用減	[c]8.9	[d]8.6	[c]7.9	[e]12.9
・変化なし	91.0	91.3	92.1	87.1
支出				
知財関連支出が生じた企業	94.0	92.1	22.5	14.4

Source: USITC questionnaire, weighted response data.

注）特に断らない限り95%相当である。したがって%を合計しても100%にならない。加えて回答者が複数回答することもある。
- (a) 90%
- (b) 85%
- (c) 70%
- (d) 80%
- (e) 75%

（資料）ibid., Table 3.5, p.3-26による。

にまかせることになりかねないからである。アメリカを先頭にして、それ以外の国々が秩序正しく、順番に経済成長を遂げていき、相互が調和された世界になっていくことを期待することは夢想にすぎないと、彼らは思っているだろう。もちろん、アメリカが中国に追い抜かれることを黙認することも、これまたないだろう。したがって、熾烈な競争と対抗と一時的な妥協が渦巻く修羅の世界が現出する。その点では、知財被害よりもアメリカは自主創新技術開発に監視の目を光ら

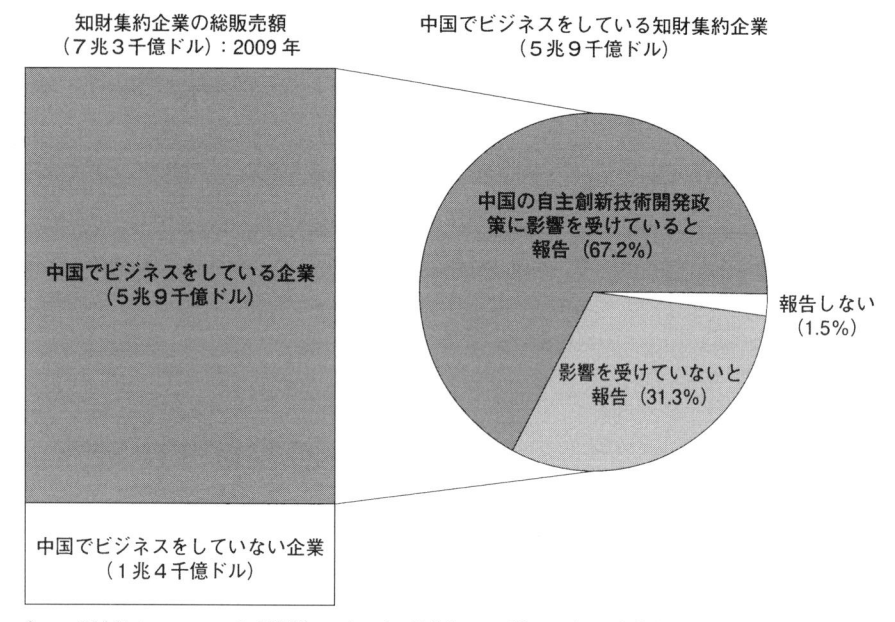

図4-9 中国の自主創新技術開発政策に影響を受けている米企業：アンケート調査

注）図4-7の（注）と同じ。
（資料）*ibid.*, Figure 5.1, p.5-7 による。

せているといっても、あながち過言ではない。

　ところで自主創新技術に関するアンケート調査の回答は、**図4-9**のとおりである。中で注目すべきは、この面でアメリカ企業が特に気にしているものだが、それは特に税、補助金、優先的な資金貸し付け、中国流スタンダードなどである（**図4-10**）。また事例として、風力発電、通信機器、ソフトウェア、自動車、民間航空機が特に取り上げられている。このうち、風力発電では政府の優先的調達、ローカルコンテンツ要件、R&Dの刺激、それに国有エネルギー企業への支援などが施されている。その結果、外国企業のシェアは劇的に減少した。通信機器では中国流のスタンダード（TD-SCDMA）の採用が外国技術と外国企業によるR&F受け取りを減少させた。加えて、中国企業への優先的な融資・投資保証は第三国での競争条件を高めた。その結果、この5年間に外国企業は劇的なマーケットシェアの減少に悩んだ。したがって、アメリカ企業は中国式スタンダードとの調和

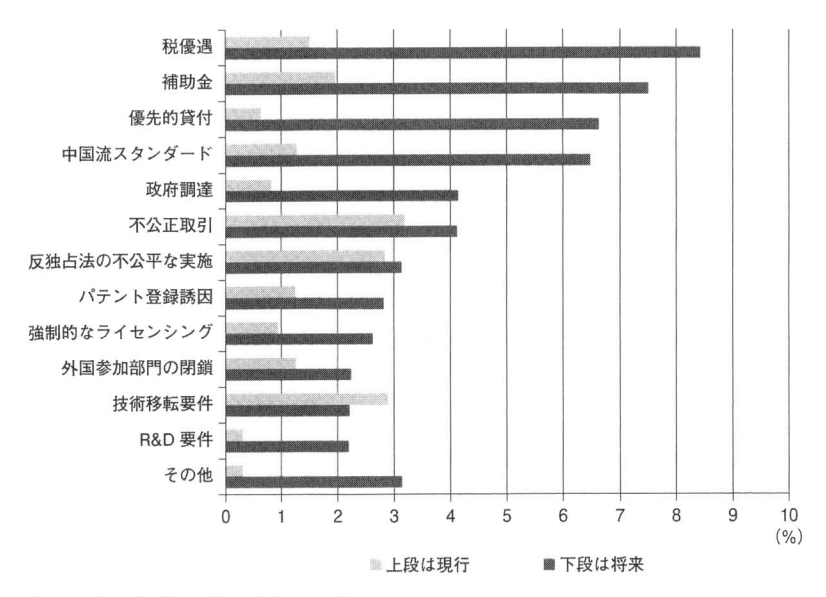

第4章　知財をめぐる米中間の攻防

Source: Compiled from Commission questionnaire responses.

図4-10　自主創新技術開発戦略の中でアメリカ企業が気にする問題

注）このパーセンテージは自主創新技術開発戦略に関心を示している企業を表わしている。
　・有意が90%は政府調達（将来）、不公正な取引（現行）、パテント登録誘因（将来）、外国参加部門の閉鎖（将来）
　・85%は優先的貸付（将来）、政府調達（現行）、不公正な取引（将来）、技術移転要件（将来）、その他（現行）
　・80%は反独占法の不公正な実施（将来）、パテント登録誘因（現行）、強制的なライセンシング（現行、将来とも）
　・75%は中国流スタンダード（将来）、反独占法の不公正な実施（現行）、外国参加部門の閉鎖（現行）、技術移転要件（現行）、R&D要件（現行、将来とも）、その他（将来）

（資料）*ibid.*, Figure 5.3, p.5-9 による。

を図る必要がある。ソフトウェアでは中国式スタンダードと政府調達がアメリカ企業の障害になっている。また暗号コードや主要な知財のディスクロージャー（開示）が求められる。自動車ではジョイントベンチャーの採用や技術移転の奨励がそれ以前からあり、国内メーカー優遇策と政府調達がとられている。そのため、外国企業は参入を大いに制限されている。民間航空機ではジョイントベンチャー、国有企業との契約、技術移転がとりわけ強く求められる。とはいえ、この分野では中国の力量がまだ弱いので、将来どう成長させるかが課題である。

第3節　帰結としての六つのパラドクス

　以上、中国の知財侵害と自主創新技術開発への警戒、懸念について、ITCの二つの報告書を中心にして詳細に分析した。最後にそこからの帰結を米中関係という狭い範囲を超えた、21世紀の世界経済全体の中に位置付けて、その思わぬ結果も含めて、六つのパラドクスの生起という形でまとめてみたい。

　第1のパラドクスは、中国における事実上の共産党一党独裁下でのグローバル化の進展は、いわば「トロイの木馬」としての西側資本主義の新自由主義のイデオロギーを使って行われ、急速な経済成長によって「世界の工場」という呼称さえつけられたが、その結果は、西側の希望的観測に反して、国家資本主義の蔓延による国営企業（SOEs）の闊歩と自主創新技術の促進となって現れた。グローバリゼーションの進展は、それを上からの一律的なアメリカ流グローバリズムの推進によるもの（アメリカングローバリズム）と、それとは対照的な多様性を重んじる下からのボトムアップ型のグローカリズムの、二方向からの展開があることを、筆者はかねがね指摘してきた[21]。ところが、この前者における上からのグローバリズムにおいて、アメリカングローバリズムではない、中国流のチャイニーズグローバリズム――国家資本主義とテクノナショナリズムを掲げる――を展開する流れが出てきた。これはアメリカの思惑を超えたものである。ここでは、いわば、ヤヌスのような二面を持った相貌が現れてきた。グローバリゼーションによって一つに結ばれた世界が到来すると考えていたアメリカならびに西側資本主義国にとっては、これは「鬼っ子」の出現であり、所詮両者は「同床異夢」の世界であることが明らかになった。中国での実態は新自由主義の実践部隊としての共産主義官僚（テクノクラート）によって工業化が強力に推進されたが、その背後では「団派」と呼ばれる共産主義青年団から出世していったエリートたち、「太子党」といわれる有力党幹部子弟の少数の閨閥、そして江沢民の周りを取り巻く「上海閥」などが支配している。共産主義は私有財産の否定は無論だが、その上で、個人の占有を認める場合でも、資本主義以上に個人主義が徹底し、私有財産を子孫に残すことは本来的には禁じられていたはずである。しかしながら、私有財産が容認され、子孫への事実上の継承が行われるようになったが、その恩

恵はまず何よりも特定の支配グループの家族に与えられている。「太子党」に代表される有力党幹部の子弟・家族による事実上の国有財産の私物化が行われ、世襲さえ試みられている。これは資本主義と変わらないというよりも、それよりももっと露骨な縁故主義の蔓延ですらある。人民による主権確立と民主化の運動が起きるのは当然である。

　第2のパラドクスは以下の事情である。アメリカの知財戦略は特許を中心にしたプロパテント政策から、著作権（コピーライト）に連なる知財中心へと、より包括的になった。そのことは、貿易（輸出）から技術提携（ライセンス契約）による技術特許料収入（R&F）への移行、そしてFDIを通じる国際生産の展開による現地海外子会社を使った利益の拡大や、あるいは国際企業間提携の促進による現地化との結合による追加利益の獲得という、グローバリゼーションの下でのアメリカ流王道が筋道立てられていた。さらにいえば、この次にはこれらの知財を資本（パテント・ポートフォリオ）として売買の対象とし、そこからの取得利益を最大化させる道が用意されていた。しかしながら、中国の知財侵害と自主創新技術開発路線はその道が頓挫するばかりでなく、計算していた潜在的利益が幻のように消えてなくなる事態が発生した。いわばアメリカのグローバル戦略と知財収入拡大戦略が蜃気楼（ミラージュ）となってしまったのである。このことは、アメリカ流グローバリズムだけが世界に行きわたる唯一の道ではなく、多様なグローカリズムが対抗力として育ちつつあることを物語っている。中国の自主創新技術開発路線は偏狭なナショナリズムに依拠しているとはいえ、こうした世界のボトムアップ型グローカリズムと合流する接点も同時に有していて、そのことが、中国流の道を世界が指弾し、壊滅させることにはならない余地を生み出している。

　第3のパラドクスは、上のことと関連するが、米中間の相互依存関係の拡大、深化は当初の、技術力に依拠するアメリカの輸出拡大から、低賃金に依拠する中国からの輸入超過へと旋回し、かつ国際生産の拡大はアメリカからの完成品輸出と中国からの部品類の輸入増となり、そこでは後者が前者を上回るばかりでなく、さらには途上国からの部品類の輸入を中国国内で完成品に仕上げてアメリカに輸出するグローバルサプライチェーンの形成までが出来上がり、その結果、アメリカの貿易収支の圧倒的な入超化を加速させた。しかもそれを補うべき、知財収入を始めとするサービス収入が上のような事態によって、伸び悩んでいる。加えて、

巨額の貿易黒字を原資とした中国の対米投資が、米財務省証券の保有から、米企業へのFPIやFDIへと重心を移してきている。その結果、情報・通信を中心としてアメリカの国家安全保障上重要な産業へ侵入しつつあり、そこでは枢要技術・機密情報の漏洩が問題になるまでに至った。これはアメリカの思惑が裏目に出たことを意味する。それへの対応にアメリカは追われているが、しかし、いたずらに監視を強め、秘密厳守を謳い、市民的自由を脅かすやり方は、世界の共感を生まない。事実、盗聴が西側諸国首脳にまで及んでいたことは、アメリカの諜報活動そのものへの指弾となって跳ね返ってきている。その意味では、アメリカが常日頃声高に叫んできた、デモクラシーと人権という外交戦略そのものの内実が問われていて、中国とある意味では同根の病巣を持っていることになる。かつてジョージ・オーウェルが警告した全体主義国家への傾斜が、情報化社会の進展とともに姿を現した。またフィリップ・ディックが好んで描いた世界——つまり偽物が本物と見まごう世界——における我々の立つべき位置はどこか。我々が見ているのは一体何か。何を信ずべきなのか。かつて筆者は、ホブズボームの顰みにならって、21世紀を相互転化の時代（A Age of Interchangeability）と名付けた。転換されねばならないのは、他ならないアメリカであり、中国である。

第4のパラドクスは、中国流のグローバル戦略である、自主創新技術開発によるナショナルチャンピオン作り、そしてそれを通じるチャイニーズスタンダードの確立と普及による嵐が、世界を席巻して吹き荒れようとしていることに関してである。それはRE（リバースエンジニアリング）を使った既存西側先進技術の分解—模倣—改造—そして低価格での販売という筋道をとって展開されている。そして国内でのチャイニーズスタンダードから、やがては世界的なグローバルスタンダードにまで昇段させようとしている。それが成功すれば、これまでの西側の自由経済システムに破壊的な影響を与えることになる。これまで販売、投資、生産、利益獲得の対象であるはずだった中国が、グローバル化の中でそれとは異なる手法による独自の道を周到に、綿密に、狡猾かつ執拗に追い求め、その結果、強力で頑迷な競争相手として登場してくることになる。それはグローバリゼーションの「鬼っ子」ばかりでなく、その西側秩序の破壊者として、得体の知れない魔物のような存在として再生することになる。だが、中国だけが繁栄すれば良いかのような偏狭なナショナリズムの鼓吹は、今日のグローバル化してきている世

界にはそぐわない。時代は今や諸国民の連帯が大事な時にはいってきている。そのことが中国への賛同と共感を躊躇させている大きな要因である。したがって、この道はいずれは頓挫していくことになろう。

　第5のパラドクスは、国家資本主義の下での国家と資本の一体化からその軋轢・矛盾・対立・対抗への萌芽が芽生えていることである。共産党の変質化は、党幹部と官僚（テクノクラート）との間の亀裂と有力派閥間の対立・抗争と腐敗・内部分裂、そして一層の寡頭支配体制へと収斂されるが、それは「秘密警察的」支配の強化、イデオロギー一元化を生み、やがては支配に耐えられないようなカタストロフィーに陥ることも十分にあり得る。というのは、思想を科学と一体化させ、その上で、そのイデオロギーによる国家形成と支配を行うという壮大な実験は、ロシア以下、ほとんどが水泡に帰してきたからである。その轍を中国は踏んでいる。しかも表向きはマルクス主義を唱えても、実態はそれとは異なる手法を用いてである。したがって、その虚実が白日の下に晒されるか否かは、ひとえに中国人民の覚醒にかかっているといえよう。

　第6のパラドクスは、グローバリゼーションの進展が国を超えた資本の共通益——その実「虚偽の兄弟」にすぎないのだが——と、資本と国家との一面での相克ならびに他面での癒着を生み出すはずが、中国では国家と一体となった資本の運動——SOEsという形態での——を生み出し、西側諸国でのようなツウレベルゲームが成立しないままである。またそもそも国際共産主義運動が提唱していた「プロレタリア民主主義」に基づく国際的な連帯精神——マルクスの「プロレタリアートに祖国はない」というスローガンに代表される——は一体どこに消えたのであろうか。国家と一体となった資本の運動が、ナショナリズムの鼓吹の下、他ならぬ社会主義の衣を被って繰り広げられている。名と実の乖離は極端にまで広がるが、それが資本主義の本元にまで影響を与え、国家資本主義に西欧流資本主義が勝てなくなったら、それはなんと皮肉なことであろうか。

おわりに

　以上、米中間の知財をめぐる対抗と協調の両面を見てきたが、この問題はこのままでは終了しない。知識資本主義そのものをその深部において捉え直し、歴史

的到達段階として位置付けなければならないからである。そこでとりあえず、二つの課題を上げておこう。

　一つはいうまでもなく、知財そのものの基本的原理とその経済的内容の解明である。知財を強化したいコンテンツ企業と、それを緩め、基本的にはフリーにした上で、広告や使用料で稼ぎたいネット企業とでは、明らかにビジネスモデルは異なる。その両者の混合によるハイブリッド化を提唱する考え[22]もあるが、私的所有と営業の自由という土台の上で、そのいずれかが基本に座る新しい資本主義の原理は、首尾良く確立されるだろうか。それは本当に資本主義システムなのだろうか。別のものへの過渡期といえないだろうか。だから知財と資本の合体が持つ経済的意味合いを解明することは、21世紀の世界経済の解明の柱石となろう。それは資本主義を極限にまで進めることになったが、その次には何が待ち構えているのだろうか。その解明のためには、近代社会が共通の基準においた人権、生命、民主主義、経済的繁栄、諸国民の共存・共栄、環境保全などの概念で語られる内容をさらに一段と精緻化するばかりでなく、新たに台頭してきた協働、連帯、共生、互恵・互酬、奉仕、相互尊重などの諸価値を人類共通のものにしていく努力と組み合わされなければ、十全とはならないだろう。

　もう一つの課題は時間と空間との関係である。IT化を中核においたグローバリゼーションの進展は、とりわけ情報通信のスピードアップをもたらしたが、そのことは空間的にも一種の圧縮作用をもたらした。このことを筆者は「時間短縮に伴う空間圧縮作用」と名付けた[23]。たとえば、東京─北京間を高速ジェット機を使えば3時間だが、その5分の1以下の距離しかない東京─舞鶴間を新幹線と在来線を乗り継いだり、あるいは高速道路を自動車で移動すれば、その倍以上の時間を実際には要することになる。さらにいえば、ロシアのスペースシャトルの発射基地から宇宙ステーションまで6時間しかかからないのに、日本人宇宙飛行士が日本からその発射基地まで行くのにはさらに多くの時間がかかるといった塩梅である。このことは、時間短縮による空間圧縮作用はすべて一律に進んでいるわけではなく、特定地域間の実際の時間だけがそうなっているだけで、グローバリゼーションの恩恵に浴する特定の場所だけがそれを享受できることになる。だからこれを現代世界の中心的な経済主体である多国籍企業に当てはめれば、一般的な空間時間に比べて、多国籍企業の持つ特殊な空間時間は極端に短く、またこ

第4章　知財をめぐる米中間の攻防

の空間時間も貨幣、物流、ヒト、情報（通信）によって違いがあることになる。多国籍企業が国際企業間提携に基礎をおいて、バーチャル企業化することの意味は、まさに時空を超越した存在を志向することであり、その資本の正体を完全に隠蔽してしまうことである。それは、資本と営業の自由という資本主義の初発以来の公準に加えて、資本支配の万能性をも生み出し、あたかもモロク神のごとく絶対的な存在にまで上り詰めようとしているかに見える。その解明には難渋を極めることが予想される。

●注

1）Intellectual Property Rights の日本語表記に関して、法律の専門家の説明によると、「所有権」は一般に有体物にたいして使われる表現なのにたいして、無体物には「財産権」とするのがより適切であり、また「無体財産権」（Intangible Property）という言葉も使われたが、今日では「産業財産権」（Industry Property、工業所有権）と無体財産権を合わせた総称として「知的財産権」という言葉が当てられるようになったということである。ヘンリー・幸田『なぜ、日本の知財は儲からない――パテント強国アメリカ　秘密の知財戦略』レクシスネクシス・ジャパン株式会社、2013年、22-23頁。日本では短縮して「知財」という言葉も頻繁に使われているので、以下ではこの表現を使いたい。また我が国の著作権法の泰斗である中山信弘氏によれば、property の訳語を「所有権」としたのは、上にもある industrial property を「工業所有権」と訳した明治時代の我が国の先達の先例に倣って、一貫性を貫くために intellectual property にもそれを当てはめたからだということである。なお今日では「工業所有権」というなじみの訳語ではなく、上にもあるように、「産業財産権」としてその訳語の正確さを示そうとする試みもある。詳しくは中山信弘『マルチメディアと著作権』岩波新書、1996年、参照。

2）オリジナルなものは、関下稔「米中政治経済関係の新局面――対米投資促進と国家安全保障強化の間のアメリカのジレンマ――」『季刊　経済理論』第50巻第2号、2013年7月、ならびに同「貿易から投資への中国の重心移動と自主「創新技術」開発・獲得へのアメリカの危惧――米中政治経済関係の新局面［Ⅱ］――」『立命館国際研究』27巻1号、2014年6月。

3）United States International Trade Commission, *China: Effects of Intellectual Property Infringement and Indigenous Innovation Policies on the U.S. Economy*, Invetigation No.332-519, USITC Publication 4226, May 2011, p.1-10. なお以下の知財と知財違反に関する定義上の説明に当たっては、中華人民共和国国家知識産権局条法司『中国

特許法詳解』中島敏訳、発明協会、2007 年、ならびにアーサー・ミラー／マイケル・H・デービス『アメリカ知的財産権法』藤野仁三訳、八朔社、2008 年を適宜、参照した。

4）詳しくは福井健策『著作権の世紀——変わる「情報の独占制度」——』集英社新書、2010 年、第 1 章、参照。

5）『日本経済新聞』2014 年 2 月 16 日は、企業秘密の海外漏洩を避けるために、日本政府は罰則を厳しくするための新法の検討に入ったことを伝えている。

6）*Intellectual Property and the National Information Infrastructure: The Report of The Working Group on Intellectual Property Rights*, Information Infrastructure Task Force, September 1995.

7）その点で現在最も代表的なものは、携帯電話機の生産であろう。「山寨」（copycat）として大隆盛を極めているが、それを紹介した本によれば、「後発企業は必然的に先行者の模倣をするが、これは世界共通である。模倣、剽窃からさらには盗版、権利侵害は程度の問題であり、度を越さなければだめだとはいえない」と嘯いている。この感覚は中国の企業家や国民、さらには政府中枢に至るまでの偽らざる実感だろう。阿甘『中国モノマネ工場』徐航明、永井麻生子訳、日経 BP 社、2011 年、25 頁。

8）関下稔『現代多国籍企業のグローバル構造——国際直接投資・企業内貿易・子会社利益の再投資——』文眞堂、2002 年、同『多国籍企業の海外子会社と企業間提携——スーパーキャピタリズムの経済的両輪——』文眞堂、2006 年、同『21 世紀の多国籍企業——アメリカ企業の変容とグローバリゼーションの深化』文眞堂、2012 年、の三部作において詳しく分析・展開したので、参照されたい。

8）関下稔『国際政治経済学の新機軸——スーパーキャピタリズムの世界——』晃洋書房、2009 年、ならびに関下稔、板木雅彦、中川涼司編『サービス多国籍企業とアジア経済—— 21 世紀の推進軸——』ナカニシヤ出版、第 12 章、2006 年、参照。

10）関下稔『国際政治経済学の新機軸——スーパーキャピタリズムの世界——』同上。

11）United States International Trade Commission, *China: Intellectual Property Infringement, Indigenous Innovation Policies, and Frameworks for Measuring the Effects on the U.S. Economy*, Investigation No.332-514, USITC Publication 4199（amended）, November 2010, p.2-6.

12）*ibid.*, p.2-7.

13）*ibid.*, p.2-12.

14）*ibid.*, p.3-21.

15）製薬産業については、関下稔「多国籍製薬産業とグローバルスタンダード——アメリカにおけるブロックバスターモデルの確立と知財支配——」『立命館国際地域研究』第 39 号、2014 年 3 月、参照。

16) United States International Trade Commission, *China: Intellectual Property Infringement, Indigenous Innovation Policies, and Frameworks for Measuring the Effects on the U.S. Economy*, *op.cit.*, p.4-1.
17) オリジナルなものは関下稔「貿易から投資への中国の重心移動と自主「創新技術」開発・獲得へのアメリカの危惧――米中政治経済関係の新局面Ⅱ――」前掲。
18) United States International Trade Commission, *China: Effects of Intellectual Property Infringement and Indigenous Innovation Policies on the U.S. Economy*, Investigation No.332-519, USITC Publication 4226, May 2011, p.xv.
19) *ibid.*, p.xix.
20) *ibid.*, p.3-23.
21) たとえば、関下稔『国際政治経済学の新機軸――スーパーキャピタリズムの世界――』前掲、同『国際政治経済学要論――学際知の挑戦――』晃洋書房、2010年、など。
22) たとえばローレンス・レッシグ『REMIX――ハイブリッド化で栄える文化と商業のあり方――』山形浩生訳、翔泳社、2010年。
23) 関下稔『多国籍企業の海外子会社と企業間提携――スーパーキャピタリズムの経済的両輪――』前掲。

第5章　人民元をめぐる米中間の攻防

――アメリカの人民元高要求と中国の人民元国際通貨化戦略との角逐と妥協――

はじめに

　これまでの諸章において米中間の政治経済関係について、いくつかの側面から検討してきたが[1]、本章では人民元に焦点を当てて、米中間の攻防について考えてみたい。オバマのアジアシフトと中国の対外活動――とりわけアジア周辺への――の活発化によって、米中関係は対抗と協調、競合と相互依存の入り交じる複雑な様相を示してきている。同時にそれはアジアの近隣諸国を巻き込んで、さらに広域的で多国間に跨がる利害対立や関与を生み、それは同盟関係にも波及していて、今やアジア太平洋地域をめぐる問題はグローバル時代における世界の焦点の一つになってきている。そこでは中国の対米輸出超過が顕著だが、それによって積み上げられてきた外貨準備を米財務省証券（国債）の購入に当てるばかりでなく、近年は対外投融資活動へとその中心を移動させてきていて、さらには自らが主導する国際的な開発融資機関の設立までも射程に入れて、世界に飛翔しようとしている。一方アメリカは財政赤字の深刻さに加えて、貿易収支の入超の増大は国内製造業の不振と雇用の減少に跳ね返り、その結果、国際収支の赤字を累増させて、「双子の赤字」を加速化させてきている。中国の台頭とは対照的な、国民経済的な意味合いでのこうした弱体化は、アメリカ経済全体の屋台骨を揺るがしかねず、それはアメリカの覇権の後退やその変更をも話題にするようになってきた。しかも民主党と共和党の対立が深まり、国論は二分されたままである。とはいえ、議会では中国による対米輸出攻勢は、意図的に操作された人民元の過小評価にあるとして、グローバルインバランスの是正を図る立場から、その抜本的な改善を求める声が超党派的に強まっている。そして目下、人民元をめぐる米中

間の熾烈な攻防が展開されている。

　そこで以下ではこの人民元をめぐる問題に焦点を当てて、詳しく検討していきたい。展開の順序をあらかじめ示せば、まず前半では、最初にドルの地位と役割とその変化について、戦後の国際通貨・金融システムにおけるアメリカの主導権の確立とその変貌を回顧しながら一瞥して、今日の人民元をめぐる米中間の攻防の背景を探ってみたい。次に中国の国内経済開発における金融面での役割を中国国家開発銀行（以下開銀と略称する）の役割を中心において考察し、合わせて朱鎔基国務院総理の下で強力に推進された金融改革についても関説する。さらにそれらを基に、近年、積極的に対外的な投融資活動を活発化させ、人民元の国際化を目指して着々と進めていることの内容とその意味合いについて検討してみたい。後半では主にアメリカ議会調査局（CRS）が適宜提出している調査レポートを俎上に載せて、客観的なデータに基づいて米中間の経済関係の実態とその含意について確認していく。そして最後にそれらの上に立って、米中間の通貨・金融をめぐる問題の全体像に評価を加え、合わせて将来を展望してみたい。

第1節　人民元をめぐる問題の基本的性格とその背景
　　　──グローバル原蓄、開発金融、人民元の国際化

1.　覇権国アメリカの通貨・金融支配

　これまで繰り返し論じてきたように、ソ連・東欧での社会主義体制の崩壊に始まる冷戦体制の解体後、「覇権国」アメリカが主導するグローバリゼーションが急速に進展して、ヒト、モノ、マネー、情報が国境を越えて頻繁に移動していき、世界が事実上一つに統合される状況が出現した。そこでは「知財王国」アメリカと「世界の工場」（＝モノ作りの拠点）中国とがそれぞれの頂点に、いわば双頭として屹立し、かつ両者の間には一方での熾烈な角逐・対抗と同時に、他方での相互補完・相互依存とがそれぞれに絡み合う複合的な関係が、しかも階層状に作り上げられるようになった。これを筆者は「スーパーキャピタリズム」の世界と名付けた[2]。その内容は、多国籍企業──とりわけ製造業──の海外進出による国内の「空洞化」に悩まされ、知財を中心とするサービス経済化に大きく傾斜したアメリカと、資本と技術を西側先進国に依拠して、政府の強力な指導下で、も

第5章　人民元をめぐる米中間の攻防

っぱら低賃金を活用した組立加工活動による製造業品の輸出を通じて工業化を図る中国——この路線を当初は「社会主義市場経済化」と称した——とが、それぞれの階層上で交差し合う状況が生まれたことにある。その結果、サービス収支の黒字はあるものの、それを遙かに上回る物的財貨の入超によって、アメリカの対中貿易収支全体は大幅な入超に陥り、しかもその額が年々急増してきている。しかもこうした国際収支の赤字が財政赤字に上乗せされて、「双子の赤字」としてアメリカ経済全体を圧迫するようになる。他方で中国は大幅な輸出超過による外貨獲得をアメリカの財務省証券の購入に当てて、外貨準備を大幅に積み上げてきていて、いわばアメリカの国際収支の赤字を補塡する役割を果たしている。

　このことだけを見れば、国民経済的にはアメリカの対中経済関係の劣位化（債務国化）と中国の優位化（債権国化）を示しているようにも見える。だが安価な製造品の輸入によるアメリカ国内経済の「空洞化」の穴埋め効果は措くとして、またアメリカの国際収支の赤字補塡もなるほどそのとおりだが、それにもかかわらず、グローバル経済の進展の波に乗って、アメリカからの対中投資——FDI（海外直接投資）ならびにFPI（海外証券投資）——の展開による、海外子会社を支点とする現地生産の拡大や中国地場企業との企業間提携による参加型の営利活動を通じての経済進出によって、それらに結びついた利潤獲得や利子取得や流通マージンの確保はもちろんのこと、それに加えて技術特許料収入（R&F）や情報サービスからの、広く「知財収入」と呼ばれるものの増加によって、アメリカ資本の営利活動からの果実は着実に増大してきている。したがってグローバル経済の面で見れば、中国経済はアメリカ資本の利益獲得の格好の草刈り場となり、それによってアメリカ国内からのシフト・代替の役割をも果たしている。だから全体をトータルに見渡せば、両者の相互依存と代位・補完の関係はかえって深化してきているといえよう。その際に覇権国アメリカのドルとその金融力能はとりわけ大きな武器になっている。

　かつてIMF体制下で、1960年代に度重なる「ドル危機」に見舞われ、その結果、金1オンス35ドルでの交換とドルを基軸とする各国通貨の固定相場での維持という基本的な枠組みが大きく動揺し、ついに金＝ドル交換停止によって両者の公的な結びつきが切断され、そして固定相場制が崩壊した。それは、トリフィンがいみじくも指摘したように、国民通貨ドルを基軸通貨とすることによって、一方

157

ではドルを流出させなければ世界は流動性不足に陥り、他方でそのことはドル過剰による信認低下とドル下落の危険を招来させるという、ぬきさしならないジレンマ——これを巷間ではトリフィンの「流動性ジレンマ」説と呼んだ——に立たされることになる。これは大いなる矛盾であった。したがって、アメリカが大量の金準備を持ち、強力な生産力に支えられ——それとてアメリカが一方的な出超国であり続けると、相手国は入超をファイナンスできなくなるので、結果的には世界貿易は縮小に向かわざるを得なくなるため、対外援助を通じるドル供与の道が別途用意されたのだが——、かつ強大な債権国であり続けられるならともかく、事態の推移の中で、次第に日本や西欧などの競争力が向上して、対抗力となって対峙するようになって、アメリカの競争力が相対的に弱化し、さらにその後には途上国の中から NIES などの新興工業国が続く状況が生まれた。しかも多国籍企業や多国籍銀行の活動が対外的に活発化していき、結果的にはアメリカ国民経済の弱体化を促進する効果を果たすようになると、とうてい持ちこたえられるものではなかった。しかも産油国が低廉な原油価格に留めおかれていることにしびれを切らし、ドルよりも金を選好する素振りをみせ、そのため原油価格の値上げをちらつかせるようになって、さらに事態は加速化されて、ついに固定相場制の崩壊に至った。にもかかわらず、グローバル化の流れを止めることはできないので、米系多国籍企業や多国籍銀行は国際化に一路驀進し、海外でのドルの獲得と利用——特に「ユーロダラー」と呼ばれたオフショア市場を活用した——をさらに進めた。

　かくして変動相場制になっても事態の主導権を引き続き握り得たアメリカは、途上国通貨の多くが依然としてドルにペッグされていたこともあって、国際通貨ドルの役割をむしろ強めていった。すなわち実際の取引（取引通貨）や為替決済（決済通貨）、そして公的な準備通貨としてばかりでなく、第三国取引における為替媒介通貨においてもドルは世界中で広く選好され、しかも金とドルとの結びつきが切断されたので、従来にも増して基軸通貨国としての節度ある行動をとらずに、自由気ままに振る舞うことができるという都合の良さも得た。とはいえ、ドルの価値下落は世界の通貨・金融秩序の崩壊に繋がるので、それを食い止めるのは、ひとえに覇権国としてのアメリカの政治力や威信、信用力にかかっていて、それができないと世界は大混乱に陥ることになると、アメリカはまことしやかに

世界を得心させようとした。したがって覇権の強化がより一層大事になり、軍事、金融、さらには知識サービス面での強国化に従来にも増して邁進するようになった。そしてこの国際通貨ドルの力に依拠し、ドル高、高金利政策を推進して、原油や工業製品での貿易赤字によって生み出された対外的なドルの流出を自国内に還流させ、それを様々な金融商品に組成し直して海外投資——特に中心としての多国籍銀行——を行い、さらにはそこからの経済的果実を生み出して、金融立国としての繁栄を導いた。

　ここでは1970年代は産油国の膨大なオイルサープラス（余剰資金）を米銀が主幹事行になってカントリーローンに組成して途上国に貸し付けたり、アメリカ国内への証券投資を巧みに誘導したりした。そして1970年代末からは代わって日本の大幅な貿易黒字が突出してくると、財務省証券の保有に当てさせ、また対米投資を奨励した。しかしアメリカの対日貿易赤字が巨額化し、深刻になってくると、マクロ経済調整の名の下に、今度は反転して円高＝ドル安が演出されるようになった。これを推進したのが「前川レポート」に始まる日本の構造改革——実は内需拡大の名の下でのアメリカ製品の購入増加と金融の自由化と規制緩和が中心——の実施であり、その国際的な強制となったプラザ合意（1985年）である。その結果、1990年代に入ると、日本は構造不況と呼ばれる長期の低迷に沈潜するようになった。一方アメリカは「IT革命」と呼ばれる、情報・通信の革新によって未曾有の好景気に恵まれるという、対照的な状況が生まれた。その基礎上で一大株式ブームから不動産投資の活発化、さらに進んでは住宅のサブプライムローンに代表される魅力的な金融派生商品（デリバティブ）を目指して外国からの投資——今度はヘッジファンドに主役が交代——が殺到して、金融のグローバル化の先陣を切って、一大隆盛を極めるようになった。しかしその過熱と短期資本の気まぐれな跳梁・跋扈は、金との公的な結びつきを離れたドル中心という不安定な基盤もあって、アジア通貨危機（1997年）と、さらにはサブプライムローンの破綻によって大手証券会社の倒産などの一大金融危機を招いて、世界は大混乱に陥った。

　以上のことが示すものは、米巨大企業の多国籍化と国内競争力の低下に起因する国際収支の赤字化とドル流出によって、趨勢的にはドル安に推移しがちな傾向を、アメリカが主導する国際通貨協力のメカニズムを駆使し、かつ国内金融手段

を総動員して、ドル高へと誘導していくことであった。それによってアメリカへの長短期含めた投資を呼び込み、さらにはそれを原資にして今度はアメリカからの海外投融資を展開して、莫大な利益を獲得することで、結果的にはこの企図は見事に成功を収めた。ただしそれが行き過ぎて貿易赤字が巨額になると、アメリカの経済の基礎条件（ファンダメンタルス）の悪さを見越してドル売りが殺到し、一挙にドル暴落に陥る危険が出てくるので、今度は反転してドル安を容認して、輸出を増加させようと企てることになる。つまりドル高とドル安の繰り返しによる巧妙な操作であり、そのための主武器は国際通貨ドルの力と国際通貨・金融秩序の枠組みと自国本位の金融政策の発動である。これは覇権国アメリカにのみ可能な──いわば「国際通貨特権」とでもいうべき──手法であり、とりわけ変動相場制になってからは、変動つねなき市場──それも先物市場の予測──動向を勘案しながら、機敏かつ柔軟に対処してきた。そこでは先物を中心にしたヘッジ操作によるリスク管理が大事になる。いずれにせよ、貿易、投資、貯蓄のグローバルインバランスを是正するという名目の下に、とりわけドルを基軸にして各国通貨の高低を誘導する基本的な決定権をアメリカが握り続けることが肝要になり、そのための金融術策と政治的交渉力がアメリカにおいて精密化、巧妙化、強力化されていくことになる。この仕組みは、アメリカが戦後築いた世界──パクスアメリカーナ──の核心を構成してきた。そして事態の変化に応じて、一定の修正を施して変容を遂げていき、より精緻化されて機能してきた。

　だがこれは、原構造としてはOPECの中心に位置するサウジアラビアにおける堅固な親米路線の維持によって、産油国へのアメリカのコントロールがうまくいくことが前提条件で、事実、戦後長きにわたって原油の低廉かつ安定的な供給が維持され、アメリカのみならず、広く先進諸国の高度成長をエネルギー面で支えた。後に二度にわたるオイルショックによって、原油価格の高騰が進んだ際には、上記のように、オイルサープラスの余剰を率先して米銀と米企業が受け皿になってドルの還流に成功を収めることができた。それは他方での、最大の産金国である南アフリカからの1オンス35ドルでの公的な金の購入──それによって実質的なドルの価値下落が自由金市場での金価格の暴騰となって噴出した──と並んで、パクスアメリカーナの枢要部分を構成してきた。また「日米安保体制」によって政治的・軍事的・経済的対米従属が深部にまで到達している「体制的従属

国」日本が対米貿易黒字の中心になった時代においては、西ドイツ、そして伝統的な同盟国イギリスと並んで、日本が体制間対抗と途上国への集団的な懐柔と鎮撫と支配を目指す西側先進国体制でもあるパクスアメリカーナの強固な外郭を構成しているため、そこに多少の衝突や不調和が生じても、いわば同心円的な世界の中での利害調整の範囲内で処理され得た。だが同じことを社会主義体制が崩壊し、途上国の中からNIESや、その後はBRICSなどの新興の工業国が台頭し、かつ西欧ではEUという国家連合体が現れて、一大競争関係がグローバルに展開される今日の時代において、異質な国——同床異夢の世界——である中国に対して行おうとしても、これまで同様の手法によっては成功を収めうるとは限らない。そこに問題の難しさがある。

2. アメリカの人民元高要求と中国の人民元国際通貨化戦略との角逐

　さてアメリカは通貨・金融における主導権を行使しようとして、これまでの、中国の輸出振興のためのドル高＝人民元安から、近年は中国の巨額の貿易黒字堆積への対処のために、人民元高＝ドル安への誘導を企図してきている。そこでアメリカは中国政府の人民元政策にたいする批判とその改善——特に人民元高要請——を強く要望することになる。それは人民元の不正な操作（意図的な過小評価、つまり人民元安の維持）を指摘して、不公正な競争政策に基づく輸出攻勢を図り、それによってアメリカ産業の不振と雇用減少が生じていることを声高に主張し、為替政策の変更とIMF八条国に基づく資本自由化への道のりを示すことなどを要望して、圧力をかけてきている。議会では「1988年包括通商・競争力強化法」の5305条に基づいて、財務省が各国の為替政策について半年に一度報告書を提出することになっていて、1989年以来、忠実に履行しているが[3]、21世紀に入ってからは最大のターゲットを中国に絞って、その動向を克明にチェックしてきている。人民元は1994年から2005年まではドルペッグをとっていたが、2005年7月21日にドル、円、ユーロなど主要通貨の通貨バスケット方式に切り替え、さらに2005年11月28日からは管理フロート制に移行した。この間に中国の貿易黒字が堆積されていくことになるが、アメリカはそれをもっぱら財務省証券の購入に誘導することに当初は向かっていた。しかし中国の巨額の貿易黒字と米財務省証券の購入は、中国の人民大学国際通貨研究所の研究報告によれば、「ドルの

罠」と呼ばれるやっかいな問題を生み出すことになるという。すなわちドル売りは人民元の上昇をもたらして中国側の輸出減を招き、その結果、準備資産の減少を招来させるが、その反対に財務省証券を購入してドル資産が増えれば、様々な要因からドル安が生じると、今度は中国側は保有損に陥ることになりかねないからである。したがって、ドル価値の維持——それによって輸出超過が続けられる——と、それを財務省証券の購入にあてて、アメリカの赤字補填に供することを続けることになる。これはジレンマだが、現状では受け入れざるを得ないと考えていた[4]。これは、正確にはアメリカのドル高政策に寄生して、中国の輸出を増やすが、それには米財務省証券の購入という代償——というのは、いつドル安に転じて、資産価値の減少に陥るともわからない危ういもので、なおかつ低利子率でもある——を伴うものだ、という意味合いである。

　これは不本意ながら覇権国アメリカへの協力の片棒を担がされることになって、下手をすれば一蓮托生の世界に引き込まれることにもなりかねない。それを避けるためには、もちろんアメリカが「財政の崖」と財政危機からの脱却を図り、競争力を上げて、貿易収支の逆調を改善することがなによりだが、国内での民主党と共和党の主張の違いもあって、国論を統一して的確な政策を打ち出せずにいる。というよりも、覇権国の常で、相手の非をなじり、その対応策を強要して、その犠牲によって事態を乗り切ることにもっぱら向かいがちで、自らの改善には消極的な、寄生的で横暴・横着な姿勢が生業になっているからである。そうした姿勢を見透かしたこともあり、しかも日本のような体制的従属国でもないので、中国は自らの意志で財務省証券の購入中心から、次第に対外投資（FPIとFDI）へと重心を移すようになってきた。その際も対米投資だけが目的ではなく、世界的な分散化投資を行い、中国独自の目的を従来にも増して追求しようとしている。すなわち「自主創新」技術獲得のために優良な海外先端企業を狙い撃ちし、途上国、特にアフリカ、中東、LAでの資源獲得を目指し、さらには中国よりも低賃金国での下請的工業化を促進し、そしてそれらを通じた中国経済圏の形成などを目論んでいる。これらの推進によって中国の国益を実現して、強国化を図り、さらにその先には世界的な飛翔を図って、その頂点に君臨するという野望までもが構想されている。こうした将来構想に沿った分散投資を基礎にして、保有する米財務省証券の目減りが起きないように、当面はドル価値の安定化、つまりはドル高を

第5章　人民元をめぐる米中間の攻防

要求していて、アメリカの要求する人民元高への政策誘導には応えていない。

　しかもこれは短期的な為替相場に関わる対処の問題であって、長期的な中国の通貨・金融の国際化戦略はアメリカの望む方向とは別の道を志向している。上にも触れた人民大学国際通貨研究所の研究報告によれば、中国は人民元の国際化の道を以下の三つの段階で考えている。まず貿易活動の活発化による人民元建ての取引を拡大することである（取引通貨）。次いで巨額の外貨準備をこれまでのアメリカ財務省証券の購入から、広く中国企業の海外進出のための資本にシフトさせ、「投資対象通貨」──やや異色な表現だが──としての人民元の役割を拡大することである。そして三番目に、以上の貿易ならびに投資のネットワークを世界中に張り巡らして、準備通貨として人民元が各国に蓄積されていくことを目指すことになる[5]。こうしてドルに代わる人民元の独自の世界が実現できるとしている。明らかにこれは、アメリカ中心のこれまでの国際金融秩序──ドルの世界──を大きく塗り替えて、中国が新しく世界の頂点に立つこと──人民元の世界──を目指しているものである。

　ところでその実態だが、2009年8月以降、人民元建ての貿易決済が進められてきているが、2010年には輸入で92％、輸出で8％、翌2011年には輸入で78％、輸出で22％である[6]（図5-1）。これはもちろん初期段階のことで、当然にドル、ユーロ、円に比べれば取引通貨機能としての国際化は低く、とりわけ輸出において著しい。一般に自由市場の下で、その競争力の優位を反映した輸出における自国通貨建て取引の拡大を図ることが、国際通貨化への王道であった。それが中国の場合は、輸入における人民元取引が先行している。これは中国における政府の強力な規制策の反映であり、国家の力に依拠して段階的に国際通貨化を図っていく戦術をとっていることによる。次に海外投資については、2011年には、132カ国に600.7億ドル、そのうち人民元のものは201.5億元で、当該年の為替レート（1ドル＝6.309元）で換算すると、その比率は約5％を占めていることになる[7]（図5-2）。対中投資にあたって、外資にはQFII（適格海外投資家制度）に基づく規制がかかっており、審査による認可が必要になる。2011年末現在で、累計110社が認可され、中国への対内証券投資枠216億ドルにたいして、流入資金は205億ドル、流出資金は44億ドルで、差し引き161億ドルの純流入となっている[8]。一方中国居住者による海外金融資産への認可はQDII（適格国内機関投資家）に

163

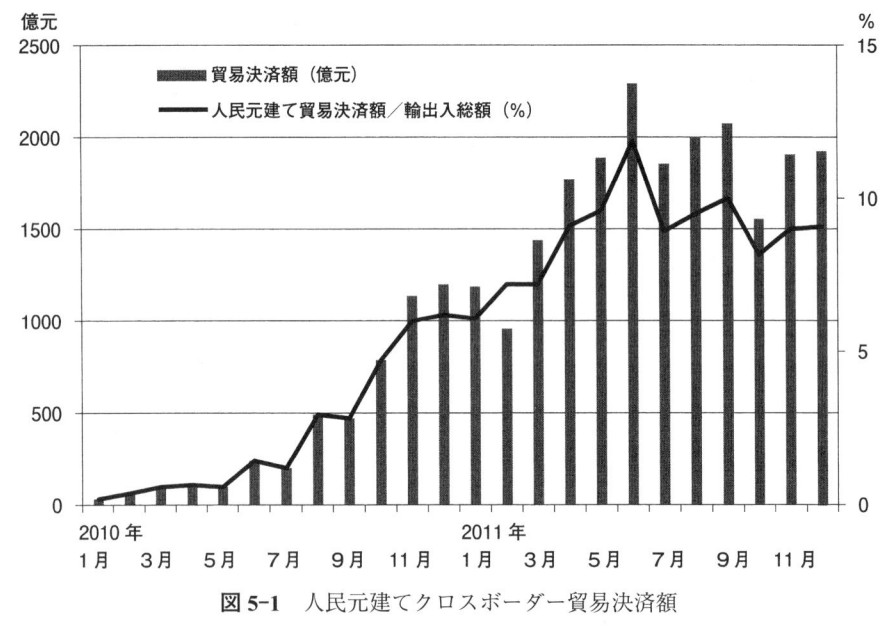

図 5-1　人民元建てクロスボーダー貿易決済額

（データ出典）中国人民銀行、中国商務省
（資料）中国人民大学国際通貨研究所『人民元国際化への挑戦』岩谷貴久子、古川智子訳、石橋春男、橋口宏行監修、科学出版社東京株式会社、2013 年、38 頁による。

よって規制されているが、同じく 2011 年末で、認可 96 社、許可投資枠 749 億ドル、流出資金は累計で 915 億ドル、流入金額 624 億ドルで、差し引き 290 億ドル余の純流出である[9]。

　そして世界における人民元での外貨準備だが、IMF は単独では人民元建て債券の集計を発表していない。通貨別配分のわかっている外貨準備高（Allocated Reserves, AR）は 5 兆 6500 億ドル（全体の 55.37％）、通貨別配分不明の外貨準備高（Unallocated Reserves, UR）は 4 兆 5500 億ドル（同、44.63％）である。この後者のうちのどの程度が人民元かはわからない[10]。とはいえ、AR の中のドル（62.12％）、ユーロ（25.04％）、ポンド（3.88％）、円（3.71％）の主要通貨に比較して、人民元がまだ少ないことは否めない。中国は、資本自由化については IMF が規定している 40 項目のうち、完全禁止が 4 項目、規制の多い取引が 10 項目、規制の少ない取引は 26 項目というところで、4 段階評価方式で計算すると、50.45％という状況にある[11]。そして準備通貨化への道は、2011 年末現在で 14 カ国・地域と

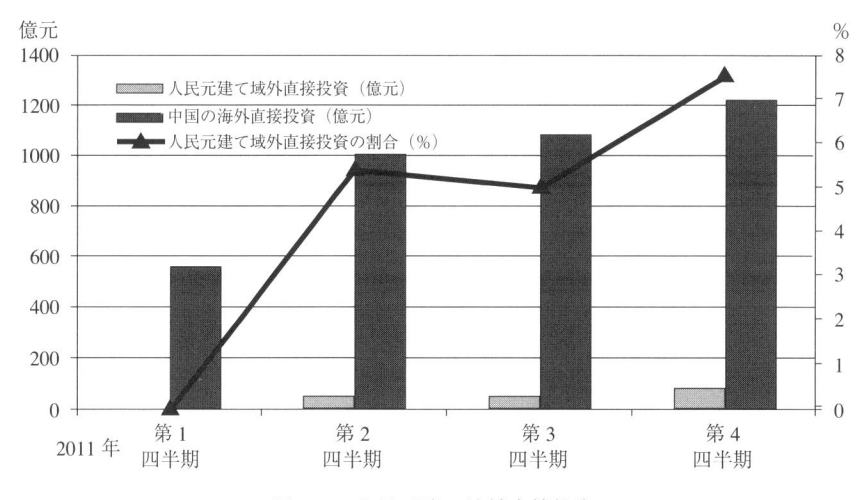

第5章　人民元をめぐる米中間の攻防

図 5-2　人民元建て域外直接投資

注）レート換算には人民元の対ドルレート（四半期平均）を採用（IFS）。
（データ出典）中国商務省、中国人民銀行『中国通貨政策執行報告』2011年第2～4四半期、国際通貨基金（IMF）IFSデータベース
（資料）図5-1に同じ、61頁による。

締結している2国間のスワップ協定網（**図 5-3**）を拡大してくことを手掛かりとしている[12]。もう一つの鍵はオフショアセンターとしての香港の活用にある。2003年12月に中国人民銀行と香港金融管理局が中国銀行（香港）有限公司（中銀香港）に権利譲渡し、同行を個人向け人民元業務の決済銀行（クリアランス）とした。その後、中国人民銀行深圳市中心支店と中銀香港とで「香港特区の人民元決済協定」を締結して、中国インターバンク市場、コール市場のメンバーに加えて、インターバンク市場を香港まで延伸した。そして2004年2月25日から、個人向け人民元業務を取り扱う香港系40行に対し、預金、両替及び送金のクリアランスサービスを開始した[13]。その後の状況は**表 5-1**のとおりである。そして現在では香港市場は世界最大の人民元のオフショア金融センターに成長している（**図 5-4**）。

かくして人民元の国際化を進めて、ドルが持っているような国際通貨特権（シニョリッジ）を獲得して、上記の「ドルの罠」から脱却して、世界を主導していくことがその最終的な目的になる[14]。この人民元の国際化のメリットとしては、同研究報告は以下の8点を上げている。第1にシニョリッジの獲得、第2にドル

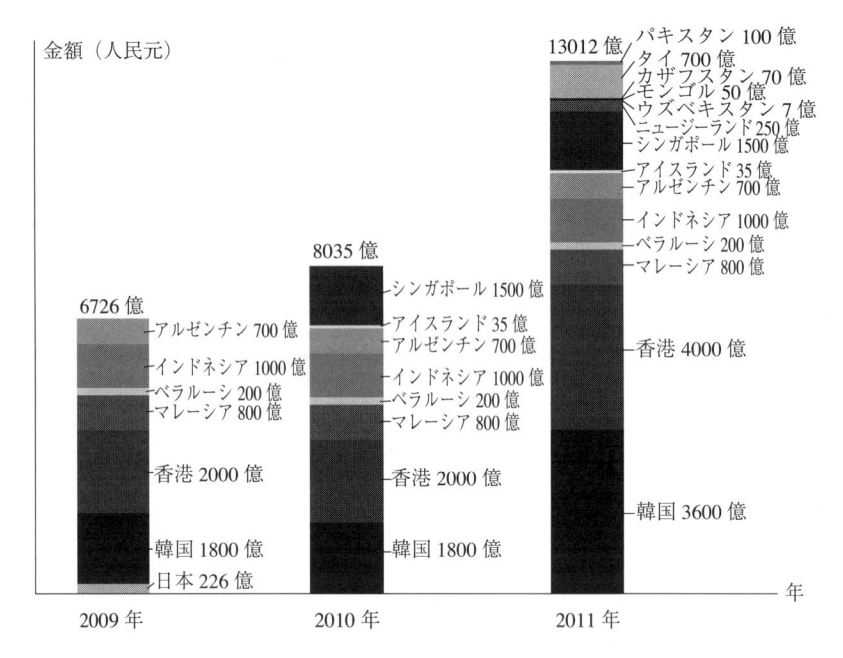

図 5-3 中国が締結した 2 国間通貨スワップ協定額

（データ出典）中国人民銀行
（資料）図 5-1 に同じ、97 頁による。

依存を軽減して、ドルの罠から脱出すること、第 3 に金融の高度化による金融システムの効率化、第 4 に為替リスクを下げて貿易を促進すること、第 5 に金融機関の国際競争力の向上、第 6 に政治的影響力の増強、第 7 に世界経済の安定化、第 8 に東アジア経済の一体化、である。反面ではマクロ経済政策の有効性の低下——つまりは自主的な通貨・金融政策実施の制約——の可能性や金融リスク管理の必要性が高まり、国際的な責任も増大するし、さらに輸出商品の競争力を弱めることになったり、人民元を準備通貨として大量に保有する国に制約される可能性も出てくる。こうした代償を伴うものでもあることにも留意しなければならない[15]と、同研究報告は結んでいる。なお『日本経済新聞』の 2014 年 7 月 19 日の記事によると、対中取引（香港を含む）における人民元決済は 5 月時点で 12％に上昇して、アメリカに次ぐ位置にあり、また世界全体の決済に占める人民元のシェアは 1.47％（第 7 位）で、ドル（41.63％）、ユーロ（32.35％）とは差があるものの、円（第 4 位）の 2.21％との差は詰まってきていると、報じている[16]。ま

第 5 章　人民元をめぐる米中間の攻防

表 5-1　香港人民元業務の発展

番号	年・月	主な内容
1	2004 年 1 月	個人向け人民元業務（人民元建て預金，両替，送金業務の受入）開始
2	2005 年	小売，飲食，運輸業を含む 7 業種に対し，人民元建て預金口座の開設を解禁
3	2006 年	香港居住者に対し，人民元建て当座口座の開設を解禁
4	2007 年 6 月	第 1 回人民元建て債券発行
5	2009 年 7 月	人民元建てクロスボーダー貿易決済を試験的に実施
6	2009 年 9 月	中国財政省，香港特区で最初の人民元建て国債発行
7	2010 年 2 月	香港金融管理局（HKMA）より通達．人民元建てクロスボーダー貿易決済の操作手続きの簡略化，人民元業務に関する複数項目の規制緩和
8	2010 年 6 月	人民元建てクロスボーダー貿易決済の試行地域拡大
9	2010 年 7 月	「人民元業務の決済協定」の改正
10	2010 年 8 月	域外の人民元決済参加銀行に対する，域内インターバンク債券市場への投資を解禁（試験的実施）
11	2010 年 11 月	証券保管決済機関（CMU）を通じて人民元建て国債を発行
12	2011 年 1 月	中国本土企業による人民元建て域外直接投資解禁。こうした投資活動により，人民元資金の提供が可能に
13	2011 年 8 月	中国政府が香港特区を「人民元オフショア市場の金融センター」と位置づけることを明確に表明。具体的な支援政策を発表

（データ出典）筆者整理
（資料）図 5-1 に同じ、104 頁による。

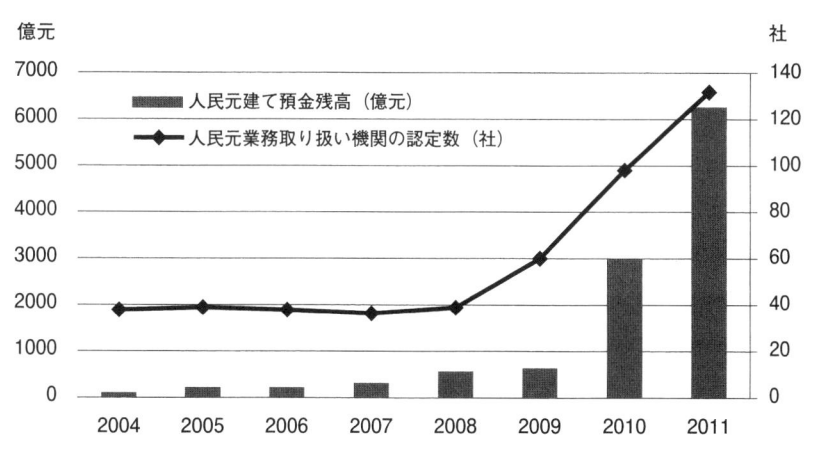

図 5-4　香港特区の人民元建て預金残高と人民元業務取り扱い機関の認定数

（データ出典）香港金融管理局
（資料）図 5-1 に同じ、107 頁による。

た最近の報道によれば、人民元の国際取引の自由化を上海に設けた「中国（上海）自由貿易試験区」から全国に拡大することを決定したということである[17]。

これによって、外資系を含めて中国内の企業が貿易外の取引でも国境を越えてグループ企業との間で人民元を使うことができるようになる。さらに 2014 年 11 月 17 日に上海証券取引所と香港取引所は株式の相互取引を開始した。香港を経由することで、外国人が人民元建ての上海株を自由に買えるようになった[18]。これによって、QDII の資格を持たずとも誰でもが投資可能になったわけである。

中国がこうした段階的な人民元国際化の道筋を追求している背景には、IMF の現状への大いなる不満があるからだ。これまでは IMF 改革を目指して出資比率の引き上げを実現して、中枢での G5 から G8（ロシアが抜けたので現在では G7 に戻ったが）への拡充とともに、その外郭に G20 を構築し、その中での発言権を拡大してきたが、これには限界がある。たとえば、重要な制度改革には 85％以上の賛成が必要だが、アメリカは依然として 15％以上の出資額を占めていて、それが一種の拒否権の役割を果たしているし、専務理事は米、英、仏、独、日の意を体したヨーロッパから選ばれる慣例を墨守している。さらに本来はアドバイザリーグループにすぎない G5（今日では G7）が、助言の域を超えた実質的な決定になるものの基本を提示して、大筋での誘導を図ったりしている。長い間、「先進国クラブ」としてのこうしたレジームが IMF には定着している。その結果、途上国側の要求は容易には聞き入れられないできた。そこで中国はこれら途上国の不満の受け皿として IMF 体制の外側に BRICS 開発銀行を新設し、また年内には AIIB（アジアインフラ投資銀行）の発足準備に漕ぎ着けたいなどと構想している。そこではかつてアメリカがドル中心の世界を築いてきた過程を踏襲しつつも、それに加えて中国風の味付けを施した、中国本位の国際金融システムの構築が目指されている。BRICS 開発銀行は中国、インド、ロシア、ブラジル、南アフリカが各自 20 億ドル出資し、100 億ドルで、資源開発とその安定供給に寄与し、また低廉な労働集約財の獲得のための開発資金の供与を目指している。また AIIB には現在 21 カ国（2015 年 4 月に 57 カ国での発足を表明した）が賛同を表明し、ユーラシアに跨がる道路網の建設などの超大型インフラ整備事業を企画している。それらには海外融資残高 1900 億ドルの国家開発銀行と融資残高 2400 億ドルの中国輸出入銀行がその支援に回ることを予定している。

そこでの中国の手法は、たとえば人民元での援助供与（あるいは融資）の対価として、資源による現物での返済（バーター取引）——その典型は oil for loans

と呼ばれる石油獲得を目指した融資など——を義務付けている。あるいは中国側が求める資源が相手国にない場合は、中国から部品類を輸出し、現地のきわめて低廉な賃金で作業させて完成品に仕立てあげ、それを中国へ再び戻すという分業関係を通じて、現地の工業化（製造業）を促すという筋道も用意されている。ここでは中国側が安価な工業製品を購入できる、中国本位の国際分業体制の構築が目指されている。さらに進んでは、海外での農業の開発・経営のために土地の取得や使用権の確保を目指した資本投入は無論のこと、それに加えて、現地での農業経営に従事する農民・労働者もセットになって出ていく——植民型の移動——という、いわば労使一体的な移動も展開されている。これらは中国流グローバリズム——つまりは中国流スタンダードの採用、中国の自主創新技術の利用、中国人経営者による生産の指揮・監督、中国人労働者・農民の現地での生産活動への従事、製品の中国への輸出の義務化、人民元決済、という一連の過程——の普及であり、21世紀における、アメリカに代わる「チャイニーズシステム」の構築であり、パクスアメリカーナの「再版」を夢想するものである。これは、いわばもう一つのアメリカ（＝アナザーアメリカ）確立路線の展開である。したがって事態を、巷間いわれているような、米中の相互依存関係の深化（＝運命共同体）、あるいは「チャイメリカ」（米中共同支配）の形成とのみは解釈できない。その中身が問題で、それを考えると、同床異夢の世界が形成されつつあるとみる方が正解だろう。だからアメリカに取って代わることが中国の究極の目的であり、その基礎にあるのは、中国中心主義——いわばナショナリスティックなショービニズム——と共産党一党支配——党営資本主義と党軍体制——による一元的な推進である。だから上で述べた「スーパーキャピタリズム」の形成は、同調と反発の同時進行の世界であり、その向こうには覇権の交代までもが想定されていることに留意すべきである。

3. 中国の都市開発と地方融資平台——グローバル原蓄

ところで、こうした中国の人民元国際化戦略の根底には、中国国内での工業化とその海外進出が深く関連している。改革・開放政策の実施以降、とりわけ江沢民体制の下において、急激な工業化と未曾有の経済成長が遂げられた。その過程で中国国内においてはグローバル時代の資本の本源的蓄積——これを筆者は「グ

ローバル原蓄」と名付けた[19]——が急速に進行していった。近代化は資本支配の下での工業化（industrialization）と都市化（urbanization）を生み、多数の人々を都市に吸収していくことになるが、中国でも例外ではない。改革・開放政策の実施によって輸出指向型の工業化が進められ、そのための工業労働者が大量に出現することになる。とりわけ輸出基地として「経済特区」と呼ばれる、沿岸部でのごく限定された即製の都市が急伸長していくが、そこでは伝統的な農民層の分解ばかりでなく、「農民工」と呼ばれる出稼ぎ労働者が主力になった。さらに郷鎮企業による地方都市での工業化も大々的に進められていく。かくして中国全土で広範かつ大量に工業労働者が生み出されていくことになった。なんとも皮肉なことに、建国時の近代的なプロレタリアートが未成熟で少数な段階で「プロレタリアート独裁」が叫ばれ、逆に今日のグローバルな資本主義の進展の中で共産党の指令下でグローバル原蓄が強力かつ強引に進められ、「先富論」による所得格差——実は農民の土地からの強引な切り離しと労働者の新たな貧困化の発生——が容認されるのである。他方では近代文明の象徴としての都市への憧れがかき立てられ、これまで押さえられていた欲望の解き放しによる消費の拡大に伴って、一大消費都市としての巨大都市群が次々と誕生することになる。中国は13億人もの人口を要する世界最大の国であるが、今日では、人口の過半が都市に生活するところにまで急伸張してきている。そこで都市開発が陸続として進められるが、電気、ガス、水道、下水、通信施設とその回線、道路、橋梁、港湾施設、交通手段、住宅、オフィスビル、ホテル、商業・飲食店舗、娯楽施設、公園、学校、公共施設などの、整備、拡充、新設がどっと押し寄せることになった。

　そこで、都市開発のための資金を地方政府は「地方融資平台」（local government financing vehicles, LGFV）という外郭組織（「特別目的会社」）を使って工面していき、さらにはそれを通じて巨額の利益をあげていくことになる。そのメカニズムを詳細に分析した、二人の敏腕かつ慧眼のジャーナリスト、ヘンリー・サンダースンとマイケル・フォーサイスによる『チャイナズ・スーパーバンク』[20]は、鋭敏な洞察力と適切な示唆に富む——もちろん疑問点も多くあるが——、興味深い内容を我々に紹介している。我々が日頃あまり知らないこの分野に深く切り込んだものなので、その内容をフォローする形で、詳しく見ていこう。そのメカニズムはこうである。インフラプロジェクトは長期資金を必要とするが、開銀（正式

第5章　人民元をめぐる米中間の攻防

には中国国家開発銀行）はそれに応じるために土地の使用権の売却代金を融資の担保にする。しかも土地の値段は上昇傾向（2007年から2010年までに3倍になった）を示している。開銀は金融債の発行によって資金調達をしているが、その買い手は商業銀行である。しかも債券市場での金利が政府によって低くコントロールされ、そのうえ償還期間も通常10年あるいはそれ以上なので、開銀は他の銀行よりも魅力的なファイナンスを、とりわけ長期にわたるインフラプロジェクトに提供できることになる。そして商銀は中国の高い貯蓄性向によって生まれた家計貯金を基にして、保有預金を開銀発行の債券への投資に当てることができる。そして開銀はこのようにして得た資金を融資平台に融資する。融資平台はこれによって事業を展開することになるが、その際の中核は農民から安く買い上げた土地使用権——中国は土地国有化の下にあるので、農民が手放せるのは使用権ということになる——である。しかもこのモデルのポイントは、地方政府がインフラ整備プロジェクトの必要資金を地方政府予算ではなく、市場に求めたことである。「地方政府自らは規制で借金ができないから、中国開銀のアドバイスとシーズマネーを受けて独立した企業である融資平台を設立して、これに市場での資金の調達をさせる」[21]ことになる。そうすると、市場の信頼が求められ、そのためには地方政府への信頼と規律が必要になるが、地方政府は実際にはその規律を守らずに、自由気ままに活動している。

　このモデルは公共の便益と資本市場での資金調達がセットになっていて、公共投資に市場原理が持ち込まれている点が画期的なところである。とはいえ、その行き過ぎの結果、資本の致富運動と営利第一主義が蔓延して、歯止めがきかなくなるという致命的な弱点を晒すことにもなる。加えて、地方政府の歳入から投資されるのは、シーズマネーとしての株式だけで、不足する資金は市場で調達されることになる。一方銀行側にすれば、都市化が進めば土地の値段は高騰していくので、損にはならないと踏んだわけである。また国有地の使用権譲渡権限は地方政府にあり、監査もなかった。しかも農民から買い上げた土地の使用権が担保になっている。こんな旨味のあるものはない。かくして開銀はインフラ分野への融資に傾斜していくことになる（2009年末で1兆元、全融資額の28％を占める）。

　その代表例は「蕪湖モデル」（安徽省）と呼ばれるもので、そこには中国有数の自動車メーカー奇瑞汽車の本社がある。1998年に蕪湖市では土地使用権の販

売とインフラ建設資金の資金調達のために、蕪湖市建設投資（以下蕪湖投資）という融資平台が使われた（**図 5-5**）。開銀はこの蕪湖投資を巨大企業に育てあげ、その資産は3億1900万元から、今では214億元に飛躍的に増加して、地元企業21社の株式を保有するようになり、奇瑞汽車もその傘下にある。今日では同汽車は国内に止まらず、アフリカからラテンアメリカまで手広く事業活動を拡大している[22]。これが嚆矢となって、さらに大規模に、より洗練されて天津、重慶などで次々と展開されるようになった。なお10年後の返済期日までに土地の使用権が売れなかった場合には、市が歳入の中から返済していくことを開銀に保証するという念の入れ方である。しかしこれは杞憂にすぎず、実際には都市化の進行に伴って住宅の値段が上がり、当然に土地価格も上がっていくことになった。その結果、地方政府の歳入が増えることになり、歳出も増やすことができるようになるという、筋書きどおりの展開がなされた。地方政府は債券発行に当たっては目論見書を提出しなければならないが、その際、開銀から融資を受けたとか、引

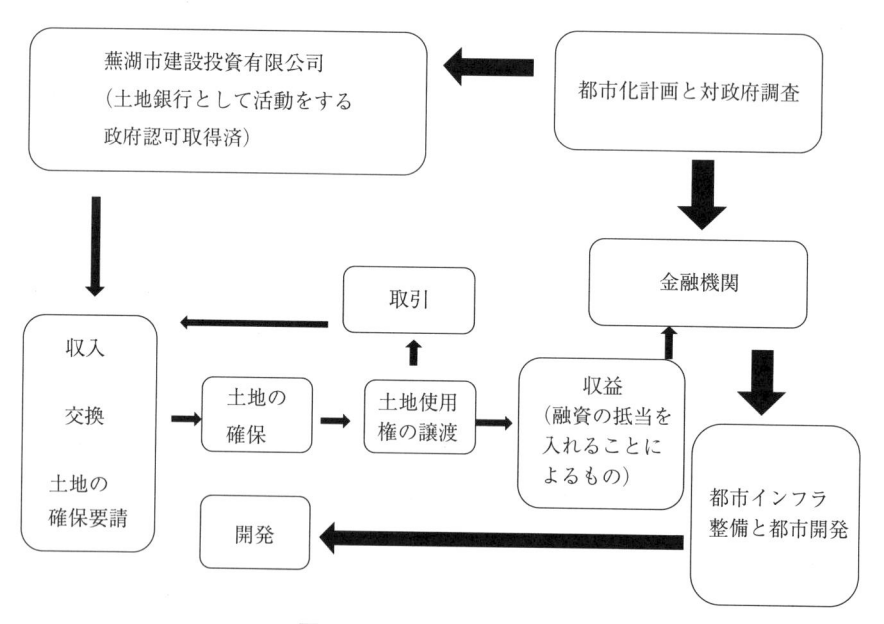

図 5-5　蕪湖モデルの仕組み

（出所）2008年6月20日の中国開銀作成の蕪湖モデルに関するスライド（中国語より翻訳）
（資料）ヘンリー・サンダースン、マイケル・フォーサイス『チャイナズ・スーパーバンク：中国を動かす謎の巨大銀行』築地正登訳、原書房、2014年、32頁による。

第 5 章　人民元をめぐる米中間の攻防

受銀行になっているとか、債券の償還には開銀が保証するとかいう文言を入れて、これがパスしやすいように工夫した。2009 年から 2011 年の 3 年間に 341 社の融資平台が債券発行のために 422 の目論見書を提出したが、そのうち 147 社のものには上記の記載があり、その総額は 9286 億元になる[23]。そして 2006 年から 2010 年の間の地方政府の土地使用権の売却による収入は 7 兆元に上っている[24]。今日、開銀融資先の上位に位置する代表的な融資平台は**表 5-2** のとおりである。

かくして地方政府は、開発業者を使って農民から買い上げた土地の使用権を抵当にして、資金を調達することになるが、彼らが発行する社債は開発銀行によってその融資と引き換えに引き受けられ、商業銀行によって購入される。そして都市のインフラ整備、企業誘致、労働者・住民の移住が図られ、そこから莫大な利益が生み出されることになる。こうした地域開発によって中国国内は未曾有の経済活況に湧くことになった。もちろんその過熱化は金融秩序を壊し、バブルになる危険は重々あり、そこで、後段で触れるが、朱鎔基による中央集権化と共産党支配の強化が「金融改革」の名の下に強力に推進されることになる。

ところで、こうした都市開発は日本などの先進諸国がかつて経験し、またその後 NIES 諸国などの新興国も踏襲した、お馴染みのものであり、それによって経済活況がもたらされ、経済のテイクオフ（離陸）が始まり、その後、急速な経済

表 5-2　中国開銀融資先上位の融資平台*

融資平台	融資および融資枠（単位：10 億元）
福建省公路建設	81.5
湖南省公路建設	73.1
北京市国有資産	58
天津濱海新区建設投資	50
四川高速公路建設開発	49
武漢市城市建設投資	45.9
上海市城市建設投資	43
江西通信	41.5
重慶市高速公路集団	39.4
天津城市基礎設施	37.1
重慶市交通運輸	30.6

＊地方政府の銀行に対するエクスポージャ
（出所）債券の目論見書より（2009～2011 年）
（資料）図 5-5 に同じ、74 頁による。

成長が遂げられていくという常道をとっていったものである。グローバリゼーションの進展はこれを世界的に展開・普及させることになった。だが世界最大の人口を誇る中国でこれが起こると、プラス効果ばかりでなく、バブルの危険はもちろんのこと、社会全体には大気汚染や環境破壊、交通渋滞やインフラ未整備、それにスラム街化した都心部からの住民の立ち退きや区画整理、さらに犯罪多発などのマイナス面での諸問題がすさまじい規模で一挙に押し寄せることにもなる。そして拝金主義が蔓延することになる。そればかりでなく、不動産で潤った中国の「土地成金」は、これに味を占めて今や先進国での不動産の獲得にも狂奔し出している。

4. 中国の国際開発戦略

　その上で、中国は今やその国際版を目指している。中国の工業化に伴って、まず何よりも資源の必要性が高まる。中国は地下資源に恵まれた広大な国土を持つ国とはいえ、とてもそのすべてを自国内で賄えるものではない。そこで開銀が開発金融の中核として、海外での資源確保の支援を行うことになる。資源の確保の中でも石油はその中心である。とりわけ最大の相手はベネズエラである。開銀はベネズエラに巨額の融資——対外融資総額の3分の1に当たる、400億ドルをベネズエラに貸し込み、それに中国企業のベネズエラとの取引を加えると、実に960億ドルにものぼる——を行っている。その際の方式は oil for loans（融資と資源の交換）[25]——スタンダード・チャータード銀行などが過去に先駆的に行ったやり方の模倣——と呼ばれているように、融資の見返りに原油の確保を条件とするものである。そしてベネズエラ側はその融資を原資にして、国内の社会福祉関係の充実を図りたいので、それに関連した事業を中国の企業——開銀ときわめて関係の深い、たとえばZTE中興からは電話網、中国中信からは鉄道と集合住宅、中国水電からは発電所などや、あるいは中国石油（CNPC）と中国石化（CINOPEC）からは製油所とパイプラインなど——に請け負わせたり、中国から製品を買い付けたりする。したがって、中国はこの融資を通じて、石油の確保と事業の発注、さらには製品の販売やサービスの提供をも同時に実現できるという、一石二鳥も三鳥もの効果を持った波及的・累乗的な成果をあげることになる。

　これは、アメリカや日本がODAにおいてとってきたやり方と同工異曲のもの

第5章　人民元をめぐる米中間の攻防

だが、西側のODAの場合は政府資金（税金）を使い、資金はドルなり円なりの形で、アメリカや日本国内の銀行口座に振り込まれ、被援助国にはその使途も目的も限定されている。中国の場合は開銀融資という形をとっているところに違いがある。しかもベネズエラ側は唯一の武器である石油を融資の見返りに活用でき、それで得た資金を国内で緊急に必要な事業に割り当てる自由が与えられている。それを中国企業が請け負うという形で二次的効果を生む。これは受け入れ側に自由がきかず、提供側に強制されがちな、とかく評判の悪い——紐付き援助とかつてはいわれた——ODAの弱点を払拭してくれるので、受け入れ側の国には好評だろう。そればかりではなく、それを超えて、アメリカや西側先進国の経済封鎖に悩まされているベネズエラにしてみれば、原油の精製と石油の販売の一部までも中国が引き受けてくれることになるので、いわば一石三鳥、さらにいえば、反米を貫き、親中という政治姿勢をも得られることでは、政治的効果をも持つことになる。これがベネズエラ側の対中国原油輸出量と中国側の原油輸入量の統計数字が合わないことの内実の意味合いであろう。その点ではサンダースン／フォーサイスがあたかも両国が不正を働いたり、ごまかしをしているかのように主張している[26]のは、けだし的外れというべきだろう。またこれを含めて、中国が海外において産油国との間で、自国が権益を持っている油田には「持ち分原油」（equity oil）方式を使って、それをより中国に近接した油田と交換して中国に輸入できる「原油スワップ」として利用するという工夫もしている。すなわち、ベネズエラから中国まで遠路はるばる時間をかけて原油を運ばずとも、ヒューストンの製油所に持っていって同量の石油と交換すればよいだけである。以上述べたことを人民元との関係をも考慮に入れて整理すると、図5-6のような関連図が描ける。同様のことは石油に関して、エクアドル、ロシアなどでも踏襲されている。

　もう一つの代表的事例はアフリカへの進出である。中国はかねてよりアフリカを重視し、そこでの展開を図ってきた。ここでは、そのうちの一つであるエチオピアにおける皮革産業を取り上げてみよう。開銀が運営する中国最大の投資ファンドである「中国・アフリカ開発基金」が収益を求めてアフリカに進出しているが、資源には恵まれないが、アフリカ第2の人口を擁するエチオピアは、その低賃金が魅力である。開銀は皮革産業に的を絞り、製造業の活性化とインフラ建設とのパッケージ融資としてこれを企画し、製造活動を行う中国企業とエチオピア

175

貿易決済
人民元建て資金調達の主な動機

ベネズエラ・モデル

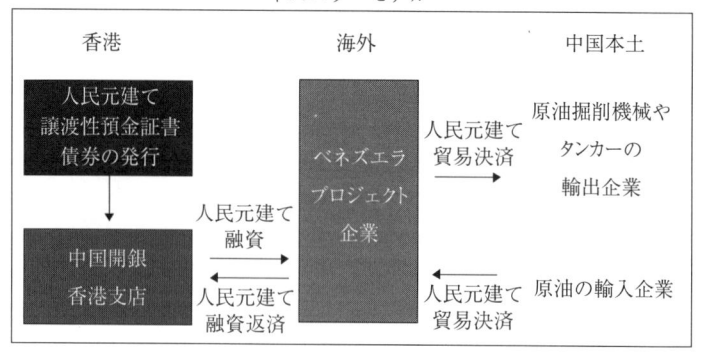

香港	海外	中国本土
人民元建て譲渡性預金証書債券の発行		原油掘削機械やタンカーの輸出企業
↓	人民元建て貿易決済 →	
中国開銀香港支店	ベネズエラプロジェクト企業	
← 人民元建て融資 / 人民元建て融資返済 →	← 人民元建て貿易決済	原油の輸入企業

図 5-6　中国開銀による人民元の国際化

（出所）HKMA オンライン・プレゼンテーション
（資料）図 5-5 に同じ、147 頁による。

政府との接着剤の役割を果たしている。機械はすべて中国から輸入され、出来上がった皮革製品は中国へ輸出される。そのようにして販路も保証されている。世銀のレポートによれば、エチオピアの皮革製造コストはベトナムよりも 12％低く、中国よりも 37％低い[27]という。また従業員は主に近隣の農家の女性たちで、賃金は中国の 5 分の 1（中国では皮なめし工場の賃金は月額 2000 元から 3000 元で、エチオピア通貨ビルで換算すると、6000 から 9000 ビル、しかしエチオピアでは1200 ビル払えば十分）、またベトナムの半分である[28]。そしてシープスキンの原価は 8〜42 ビル（2.35 ドル）（2011 年）だったが、翌 2012 年には 100 ビルに上昇した。それでも中国よりは幾分は安い。エチオピアの皮革工場は開銀の子会社であるアフリカ基金と新郷黒田明亮製革との合弁会社によって作られたオフショア企業である。そのやり方は、アフリカ基金は投資をすべてオフショア——ケイマン諸島が多い——で合弁会社を設立して、それを通して資本参加する形をとっている。つまりアフリカ基金は資本参加し、開銀は融資を行うという役割分担であり、投資＋融資が基本形となっている。開銀のアフリカ向け融資は中国国内でそうであったように、中国企業のための新しい市場を作り出すことを目的にしている。たとえば、通信機器の華為技術、自動車の奇瑞汽車、石油関連の中国石化、

ダム建設の中国水利水電建設集団といった企業群である。特に中国はナイジェリア、モーリシャス、エジプト、アルジェリア、ザンビア、エチオピアに経済特区を設置し、そこを橋頭堡として経済活動を展開している。アフリカ基金はナイジェリアのレッキ自由貿易区に投資し、モーリシャスのジンフェイ特区とエジプトの特区には、天津経済技術開発区（TEDA）とともに参加している。

さてその経済効果だが、エチオピアの研究者ゲディオン・ガモラの言として、「熟練工には雇用機会を広げてくれたが、管理者については下位管理者のみで、上級管理者は全て中国人です。……これでは技術移転が限定的なものとなり、せいぜい技能移転に止まると思う」[29]という評価を紹介している。つまり中国側が基本方針を立て、重要な決定を下して、経営しているということであって、エチオピアの現地経済の定着化にはあまり役に立っていないということになる。つまり、あくまでも中国経済と中国企業、中国金融機関の海外展開に中心がおかれている、対外膨張的な性格が濃厚なものである。これは西側先進諸国が途上国に工業団地や経済特区を建設して、そこに進出している場合に多く見られることで、これを払拭するには、受け入れ側の途上国が受動的で遠慮がちな姿勢――たとえば、労働条件改善要求の自粛や、現地販売ではなく、本国や第三国での販売中心の許容やドルによる本国送金の自由容認や技術の現地での漏出効果の遠慮、さらには工場の海外移転自由などといった――を改め、これを主体的、能動的に活用していく、積極的で野心的な気概を持つことが大事である。場所貸し的な「貸席経済」（rental economy）を改めることである。そうしないと、進出企業の切り取り勝手になってしまい、かえってその国の国民経済にとってはマイナスになりかねない。

ところで、上で見た国内における融資平台という特別目的会社を経由した都市開発の推進は、地方政府の懐を肥やすことになるが、それが過熱すればバブルになる危険は大きい。そこでその加熱を押さえ、銀行の不良債権を整理し、金融秩序を取り戻すために、朱鎔基国務院総理の下で一連の「金融改革」が強力に推進された。先に上げた分税制（1992年）はそれによって、中央への税収の傾斜配分による集中化と地方交付税の形をとった地方への配分低下（1993年の78％から、2002年には45％に）が生まれ、そのため、資金難の地方政府は「融資平台」による都市開発路線をとって、財政を潤沢にしようとしたわけだが、今度はその行

き過ぎを正そうというわけである。朱鎔基の金融改革は中央集権化を進め、銀行の資本システム全体の資本再構成を図り、金利も中央銀行ではなく、国務院が決めるようにした。それによって、確かに銀行のバランスシートはきれいになったが、同時にすべての銀行に共産党の党委員会を設置し、この党委員会のルートを通じて機密情報を逐一党中央に流すことができるようになった。また不良債権を会計帳簿からはずし、将来の付けに回すことによって、見かけ上は負債を低レベルに押さえることができたし、表面上は健全に見せかけることもできた。だがこれを機に共産党によるすべての銀行にたいする監視が強化されることになったわけである。そして銀行の不良債権を不良債権管理会社に売却して一掃した。この会社は債権の取り立て──回収──に努め、十年債を発行して、償還期間がきたら、借り換えして先延ばしするというやり方をとった。そして資産管理会社として存続することになる。これは実際には焦げ付き負債の先延ばしであり、その結果、矛盾をさらに堆積していくことになり、いつかさらに大きなものになって爆発する危険を孕むことになる。

第2節　岐路に立つドル体制下での中国の経済成長
──「世界の工場」の内実と人民元

1. 米中貿易と外国多国籍企業の役割

　今度はCRS（Congressional Research Service）の最新のデータ[30]（2014年7月10日）によって、米中間の経済関係のこの間の推移を確認してみよう。これまでの諸章で、適宜、米中間の貿易、投資、知財に関するデータでの分析を行ってきたので、多少重複する部分も出てくるが、それらの総括を兼ね、一望にして概観するために、ここで再度論ずることにしよう。なお、数字が厳密に一致しないところも出てくるが、それは主に集計主体の違いを反映しているものである。米中間の貿易協定が結ばれたのは、改革・開放政策が始まった1979年で、翌年には最恵国待遇（MFN）が与えられて、西側先進諸国が主導する国際的な通貨・通商システムへの参加が実現した。その年にはアメリカ側の27億ドルの貿易出超だった。それが10年後の1990年にはアメリカが100億ドル余の入超に転じている。そして前節でも指摘したが、1994年にはドルペッグ制を採用した。さらにその

10年後には赤字は840億ドルにまで増大し、後は加速度的に年々増加していって、2014年には推定で3290億ドルにまで達すると予想されている（**表5-3**）。こう見ると、この傾向は現在では不可逆的なものになっているとさえいえよう。ではその中味としてアメリカの対中輸出が少ないのかといえば、けっしてそんなことはなく、2013年においては隣国であるカナダ、メキシコに次いで第3位であり、日本よりも多く、しかもこの10年間の伸び率は実に348％余にも上っていて、他のどの国よりも高い（**表5-4**）。となると、この貿易不均衡を生み出しているのは、なんといっても中国側の圧倒的な対米輸出攻勢の結果である。この傾向は21世紀になって急上昇してきていて、到底止まりそうにもない。この点はこの後で少し立ち入って考察してみよう。さてアメリカの対中輸出の品目別内訳だが、**表5-5**のように、油種・穀物が最も多く、次いで航空宇宙、くず・スクラップ類、そして自動車が上位に並び、次いで航行・計測・電子医療ならびに制御機器と半導体・電子部品、それに基礎化学がくる。ただし2012年から2013年にかけて伸びたのは、航空宇宙と自動車である。ここに見られる傾向は、アメリカの比較優位部門といわれてきた高度製造業部門が、対中輸出に当たっては十分に力を発揮

表5-3 米中間の商品貿易：1980-2013年、2014年は推定

（単位：10億ドル）

年	アメリカ輸出	アメリカ輸入	アメリカ貿易収支
1980	3.8	1.1	2.7
1990	4.8	15.2	-10.4
2000	16.3	100.1	-83.8
2005	41.8	243.5	-201.6
2006	55.2	287.8	-232.5
2007	65.2	321.5	-256.3
2008	71.5	337.8	-266.3
2009	69.6	296.4	-226.8
2010	91.9	364.9	-273.1
2011	103.9	393.3	-295.5
2012	110.6	425.6	-315.0
2013	121.7	440.4	-318.4
2014（推定）	131.2	460.2	-329.0

Source: U.S. International Trade Commission Data Web.
注）2014年は1月～5月のデータから類推。
（資料）Wayne M. Morrison, *China-U.S. Trade Issues*, Congressional Research Service, July 10, 2014, Table 1, p.3 より作成。

表 5-4　相手国別米輸出

(単位：10億ドル，%)

国名	2004	2012	2013	2012-2013の変化	2004-2013の変化
輸出（総額）	817	1,546	1,579	2.1%	193.3%
カナダ	188	292	300	2.9%	159.6%
メキシコ	111	216	226	4.5%	203.6%
中国	35	111	122	10.3%	348.6%
日本	54	70	65	-7.0%	120.4%
ドイツ	31	49	47	-2.8%	151.6%
イギリス	36	55	47	-13.6%	130.6%
ブラジル	14	44	44	0.9%	314.3%
オランダ	24	41	43	4.9%	179.2%
香港	16	37	42	13.3%	262.5%
韓国	26	42	42	-1.8%	161.5%
フランス	21	31	32	3.7%	152.4%
ベルギー	17	29	32	7.9%	188.2%
シンガポール	20	31	31	0.5%	155.0%
スイス	9	26	27	3.1%	300.0%
オーストラリア	14	31	26	-16.5%	185.7%

Source: U.S. International Trade Commission Data Web.
注）国名の順序は2013年の実績による。
（資料）表5-3に同じ、Table 3, p.6 より作成。

し得ていない印象が強いことである。

　一方、上で指摘した、すさまじいばかりの中国からの輸入だが、最大はコンピュータで、次いで通信機器、3位がその他製造品で、4位はアパレルがきている（**表5-6**）。それ以外では半導体・電子部品とはき物が続いている。こう見ると、IT関係が多いが、これらを含めた高度技術製品（Advanced Technology Products, ATP）だけの輸入が2013年に1459億ドルあり、それは全体の33.1％を占めている。これが10年前には293億ドル、19.2％だったところを見ると、この10年間に大いに増大してきたことがわかる（比較のためアメリカからの同製品の輸出は29億1000万ドル足らず、比率で23.9％にしかすぎず、しかも両者を突き合わせてみると、中国の対米輸出超過額に比較して50倍もの圧倒的な入超額になる）。中でもアメリカのコンピュータの輸入に占める中国の割合は、**図5-7**のように2013年には64％にまで達していて、圧倒的な提供国になっている。これは奇妙に思えるが、その中身は中国にある台湾企業が実際には行っているもので、実に90

第5章　人民元をめぐる米中間の攻防

表5-5　主要品目別中国への米輸出：2009-2013年

(単位：100万ドル，％)

NAIC 商品分類	2009	2010	2011	2012	2013	2012-2013の変化（％）
総額	69,576	91,911	104,122	110,516	121,736	10.2%
油種・穀類	9,376	11,251	11,556	16,451	15,725	-4.4%
航空宇宙	5,344	5,764	6,398	8,364	12,591	50.5%
くず・スクラップ	7,142	8,598	11,551	9,519	8,757	-8.0%
自動車	1,134	3,523	5,371	5,821	8,643	48.5%
航行・計測・電子医療・制御機器	2,917	3,780	4,301	5,154	5,737	11.3%
半導体・その他電子部品	6,041	7,534	5,692	4,860	5,723	17.8%
基礎化学	3,433	4,182	4,684	4,717	5,123	8.6%
樹脂・合成ゴム・人工及び合成繊維	4,036	4,332	4,483	4,287	4,234	-1.2%

Source: U.S. Bureau of Economic Analysis, U.S. International Services.
(資料) 表5-3に同じ、Table 2, p.5 より作成。

表5-6　主要品目別中国からの米輸入：2009-2013年

(単位：100万ドル，％)

NAIC 商品分類	2009	2010	2011	2012	2013	2012-2013の変化（％）
中国からの総輸入	296,402	364,944	399,335	425,644	440,434	3.5%
コンピュータ機器	44,818	59,762	68,281	68,823	68,120	-1.0%
通信機器	26,362	33,462	39,807	51,830	58,837	13.5%
その他製造品	30,668	34,169	32,673	32,647	32,443	-0.6%
アパレル	22,669	26,602	27,561	26,923	27,411	1.8%
半導体・その他電子部品	12,363	18,262	19,836	19,018	19,362	1.8%
はきもの	13,119	15,672	16,480	16,871	16,768	-0.6%
音響機器	18,253	19,509	15,857	15,923	13,827	-13.2%
家具・台所キャビネット	9,128	11,123	11,399	12,236	13,228	8.1%
家庭用機器及びその他機械	7,724	9,088	9,572	10,298	11,674	13.4%
自動車部品	4,710	6,966	8,278	9,439	10,453	10.7%

Source: U.S. International Trade Commission Data Web.
注) NAIC（North American Industry Classification）の4ケタ分類にもとづく。
(資料) 表5-3に同じ、Table 4, pp.8-9 より作成。

％以上も占めていて、事実上ほとんどだといってよいだろう。つまり世界中から部品類を集めて、台湾メーカーが中国の地場企業に委託する（企業間国際提携）か、あるいは中国にある自社の子会社で直接に（企業内国際分業）か、いずれかもしくは両方の形態を使ってコンピュータに組み立てて、完成品をアメリカに輸出しているもので、ここではグローバルサプライチェーンが形成されている。こ

(単位：%)

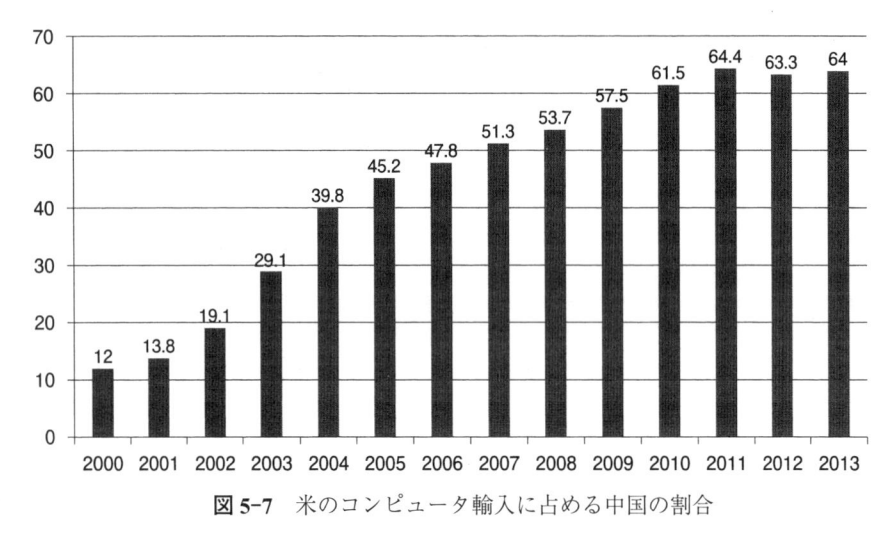

図 5-7　米のコンピュータ輸入に占める中国の割合

Source: U.S. International Trade Commission Data Web.
（資料）表 5-3 に同じ、Figure 4, p.11 より作成。

れは環太平洋諸国[31]から中国へと生産拠点がこの間に移動した（2013 年には 55.9％）からである（**図 5-8**）。こう見てくると、米中貿易の動向は多国籍企業の国際生産とそのグローバルチェーンに大いに影響されていることが判明する。

　そこで、この点を少し敷衍してみよう。上記のレポートの執筆者のウエイン・M・モリソンは CRS における米中の貿易、投資、通貨に関するスペシャリストで、これまでも度々レポートを書いている——多くはマーク・ラボンテと一緒に——が、中国に進出している外国多国籍企業の中国の輸出に占める役割についても言及している。2008 年 1 月に最新版に改訂された「中国通貨：経済問題とアメリカ通商政策の選択」[32]において、興味ある分析を行っている。まずモリソンが注目したのは、アメリカ側のデータと中国側のデータとが不一致であることだ。**表 5-7** は 2002 年から 2006 年までの米中間の貿易を表したものだが、たとえば 2006 年にアメリカ側のデータによると、2322 億ドルの対米出超を記録していることになる。しかし中国側のデータでは世界全体での中国の出超が 1778 億ドルにすぎず、そうすると、この数字を引くと、アメリカを除くその他の国とでは 546 億ドルもの赤字を出している計算になる。何とも不思議なことである。実はこうし

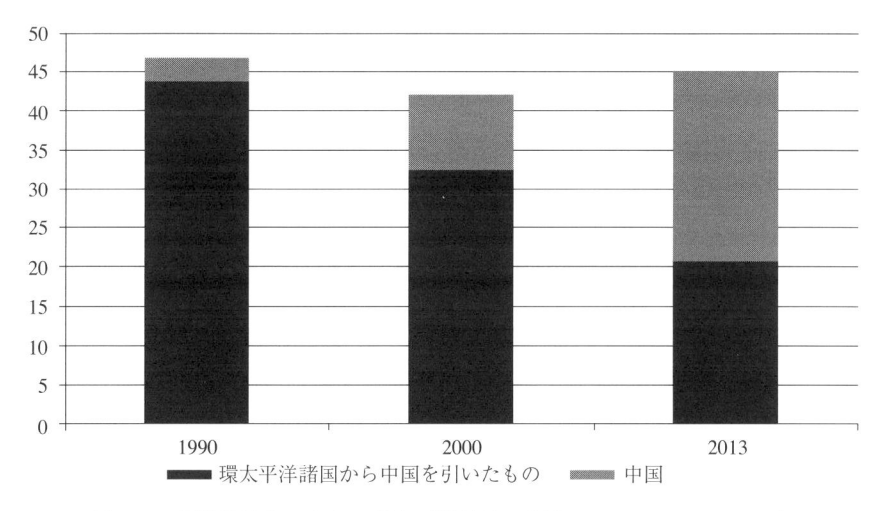

第 5 章　人民元をめぐる米中間の攻防

図 5-8　米製品輸入に占める環太平洋地域の割合：1990、2000、2013 年

■ 環太平洋諸国から中国を引いたもの　■ 中国

Source: U.S. International Trade Commission Data Web.
注）SITC（Standard International Trade Classification）分類による。
（資料）表 5-3 に同じ、Figure 3, p.10 より作成。

表 5-7　米と中国の貿易統計の違い：2002-2006 年

（単位：10 億ドル）

	2002	2003	2004	2005	2006
中国商品貿易（中国側データ）	30.4	25.6	32.0	101.9	177.6
中国商品貿易（アメリカ側データ）	103.1	124.0	162.0	201.6	232.2
中国の残余国貿易（アメリカならびに中国データ）	-72.7	-98.4	-130.0	-99.7	-54.6

Source: Global Trade Atlas.
注）残余国貿易は中国の全世界貿易から、中国からの対米輸入を引いたもの。
（資料）Wayne M. Morrison and Mare Labonte, *China's Currency: Economic Issues and Options for U.S. Trade Policy*, CRS Report for Congress, Updated January 9, 2008, Table 3, p.23 より作成。

た不一致は、香港経由のものを入れるかどうかに大いにかかっている。すなわち、中国側は一旦香港に輸出した後、香港からアメリカへ再輸出されたものの大部分を中国から香港への輸出としてカウントしていて、対米輸出とは見ていない。その結果、中国側の統計では対米出超は 1443 億ドルにすぎなくなる。一方アメリカは中国始発の香港経由の輸入を中国からの輸入としてカウントしている。その反面、アメリカから香港経由で中国に輸出されたものを中国への輸出だとたいていはしないでいる。これらの結果、両者の貿易の不均衡の額が一致しなくなって

しまう[33]。つまり中国は対米輸出をその実態よりは少なく見積もり、アメリカは対中輸出をこれまたその実態よりは少なく評価していることになる。その結果、米中間の貿易不均衡の統計上の齟齬が生まれたということになる。その真偽については別途検討しなければならないが、筆者にはむしろ、以下の諸点と関連して、多国籍企業の部品輸出や組立加工との関係の方が大事なような気がする。

第2にアメリカの対中貿易赤字が急増した時期に、アメリカの対中輸出もまた急増していることである。**表5-8**で見ると、2001年から2006年にかけて、アメリカの輸出相手国としては中国が最も急増している。つまりアメリカからの輸出が増えると、中国からの輸入も増えることになり、両者の関連性が窺われるからである。つまりこれは多国籍企業がらみの部品輸出と完成品輸入との関係を想起させることになる。

そして第3に**表5-9**では中国貿易に占める外国多国籍企業の割合を推計している。これで見ると、中国の輸出にたいする貢献度は21世紀に入って50％を超えるようになってきていて、次第に60％に達する勢いを示している。ただし2007年以後のものがここでは不明だが、上の諸表から見て、多分超えていると見てよいだろう。一方、中国の輸入に占める貢献度も優に50％を超えていて、こちらは確実にその後60％を突破していることだろう。そして両者をつきあわせると、

表5-8　主要相手国別米の輸出：2001年と2006年

(単位：10億ドル)

	2001	2006	2005-2006の変化	2001-2006の変化
カナダ	163.7	230.3	8.9	40.7
メキシコ	101.5	134.2	11.8	32.2
日本	57.6	59.6	7.7	3.5
中国	**19.2**	**55.2**	**32.0**	**187.5**
イギリス	40.8	45.4	17.5	11.3
ドイツ	30.1	41.3	21.0	37.2
韓国	22.2	32.5	32.5	46.4
オランダ	19.5	31.1	17.4	59.5
シンガポール	17.7	24.7	19.6	39.5
フランス	19.9	24.2	8.1	21.6
世界計	731.0	1,037.3	14.7	41.9

Source: USITC Data Web.
注）ランキングは2006年の実績による。
（資料）表5-7に同じ、Table 4, p.24より作成。

表 5-9　中国貿易に占める外資系企業の比率：1986-2006 年

(単位：10 億ドル，%)

年	対中 FDI	外資系企業による輸出 ①額	中国の輸出に占める比率	外資系企業による輸入 ②額	中国の輸入に占める比率	米の対中貿易	外資系企業の中国での輸出入③(①-②)
1986	1.9	0.6	1.9%	2.4	5.6%	-1.7	-1.8
1990	3.5	7.8	12.6	12.3	23.1	-10.4	-4.5
1995	37.5	46.9	31.5	62.9	47.7	-33.8	-16.0
2000	40.7	119.4	47.9	117.2	52.1	-83.8	2.2
2001	46.9	133.2	50.0	125.8	51.6	-83.1	7.4
2002	52.7	169.9	52.2	160.3	54.3	-103.1	9.6
2003	53.5	240.3	54.8	231.9	56.0	-124.0	8.4
2004	60.6	338.2	57.0	305.6	58.0	-162.0	32.6
2005	60.3	444.2	58.3	387.5	57.7	-201.6	56.7
2006	63.0	563.8	58.2	472.6	59.7	-232.2	91.2

Source: China's Customas Statistics and U.S. International Trade Commission Dataweb.
(資料) 表 5-7 に同じ、Table 5, p.25 より作成。

21 世紀に入ってから出超に転じ、しかも 2004 年以降は急増大してきていることがわかる。つまり外国多国籍企業の輸出促進効果——つまりは中国にとっての貿易依存度——はきわめて高くなっている。ちなみに中国全体の貿易収支額と比較してみると、その貢献度は 21 世紀に入って、2004 年以後は過半を超えている（2004 年は貿易収支全体の黒字額を上回るという異常さで、その含意が不明でもあるが）。このことは、上で述べたが、中国からアメリカへのコンピュータの輸出の 90％以上を台湾多国籍企業が担っているということとも符合することになる。さらに中国は対米貿易は極端に黒字だが、それを除いた残りの国々との貿易ではその逆に入超を記録することになる。これも上で指摘したが、両国の統計上の扱いの違いに大いに起因していることであろう。これらのことを総合して考えると、中国の貿易黒字は、主体としての在中国の外国多国籍企業の役割、ならびにアメリカ向け輸出によってもっぱら果たされているということになる。そしてモリソンは、中国の対米輸出の急増の原因は、中国のアンフェアな貿易政策と為替政策の結果であるよりも、むしろ外国多国籍企業の中国での低賃金活用による組立加工活動の結果であると、結論付けている。まっとうな主張である。なお留意点として、中国での加工が輸出品に占める割合——つまり付加価値額——は 20％足らずでそれほど多くはなく、残りの 80％は外国から輸入する部品類の低

い価値額（輸入原価）にあるとして、中国での低付加価値にのみ起因するものではないという、中国研究者の証言も合わせて紹介している[34]。

　以上のモリソンの所説をどう解釈したらよいだろうか。この興味ある見解を彼はその後も発展させるべきであったと筆者には思われる。しかし残念ながら、モリソンはその後もスペシャリストとして、米中貿易について、CRSのレポートを適宜、継続的に発表しているにもかかわらず、そのこと自体を発展させてはいない（というよりは、正確には寡聞にして、筆者は知らないというべきだが）。むしろ、外国から中国への低価格での部品類の輸入と、それの中国国内での低コストでの組立加工の合成力が、全体としての低価格でのアメリカへの完成品の輸出になっているといいたげである。つまり多国籍企業によるグローバルなサプライチェーンの形成が主因だという主張である。すなわち多国籍企業元凶論から一歩後退して、経済のグローバル化の必然的帰結だという、中和された主張になっている。とはいえ、上記の主張を信憑性のないものだとは断定できない。むしろ筆者はこれを正当で、魅力的な卓見だと評価したい。為替の意図的な操作以上に、外国多国籍企業、とりわけ中心をなすコンピュータにおける台湾企業の役割こそが、その中枢にあるからである[35]。台湾企業なくして、中国の対米輸出の大幅黒字は語れない。要約すれば、台湾企業が橋渡しをして、先端分野——高度技術製品（ATP）——における米中の貿易関係の緊密化が生み出されている。その点では、台湾企業が従来のEMS（受託生産）から進んで、自らが多国籍企業に昇段している姿がその基礎にある。これが、グローバリゼーションの進展が中国を巻き込んで展開されていることの本質的な意味合いである。この点に関して、筆者にはかつてメキシコがアメリカ多国籍企業の低コストでの組立加工を担った、国境での「ツウィンプラント」と、そこでの「付加価値関税制度」に基づく関税品目表の807.00と806.30の活用を想起させる（その後それはメキシコ全域に拡大していってマキラドーラとなって、さらに大々的になった）。これについては筆者は詳細に分析、検討を加えたことがある[36]。こうした輸出加工区（EPZ）の、特殊な一形態として中国は「経済特区」を設定して、西側への門戸を開き、その後はこの成功を基にして、グローバルサプライチェーンとして大々的に中国国内での外国多国籍企業の組立加工活動を行うようになったと見ることができよう。

　とはいえ、事態は変化していくものであり、中国が外国多国籍企業の蹂躙に任

第5章　人民元をめぐる米中間の攻防

せて、無策なままでいるわけではない。自らの自主創新技術を確立しようと躍起になっていて、そのための戦略的な展開を一貫して行ってきている。それに加えて、中国国内における消費拡大も同時に進んでいる。これに着目して、アジア通貨危機（1997年）後の変化を分析したアジア開発銀行（ADB）の「対中貿易はアジアの成長のエンジンとなりうるか」[37]（2009年10月）と題する論文は、第1ルートとしての、中国に部品を輸出して、中国はこれに組立加工を施して完成品としたものを、今度はアメリカを中心とする第三国に輸出する、いわば「世界の工場」（world factory）の道と、第2ルートとして中国への完成品輸出が中国国内での消費に回されていく内需拡大の道の双方を比較して、前者の比率が1996年以降傾向的に低下しているのにたいして、後者は逆に増大していると述べている。これを報道した『日本経済新聞』2009年10月5日の記事では前者が1996年の44

表5-10　アジア諸国の対中貿易：資材、部品、完成品の内訳

(単位：10億ドル)

	合計 1996	合計 2007	基礎製品 1996	基礎製品 2007	建設資材 1996	建設資材 2007	部品類 1996	部品類 2007	最終財 1996	最終財 2007
東および東南アジア	7.41	31.25	2.30	-5.93	0.86	2.67	-7.57	-14.11	11.82	48.60
・高所得地域	8.09	58.20	5.76	9.35	0.52	1.92	-7.99	-16.08	9.80	63.02
ホンコン	25.92	171.46	5.14	8.59	0.26	0.50	4.62	32.23	15.90	130.14
シンガポール	0.25	12.16	-0.91	0.46	0.08	0.22	0.08	-0.19	1.00	11.67
韓国	-4.79	-47.92	1.44	0.39	0.18	1.05	-4.69	-18.06	-1.72	-31.29
台湾	-13.29	-77.51	0.09	-0.09	0.00	0.15	-8.00	-30.06	-5.38	-47.50
・その他	-0.68	-26.94	3.46	-15.28	0.34	0.75	0.42	1.97	2.02	-14.42
ブルネイ	0.04	-0.13	0.00	-0.23	0.02	0.01	0.00	0.03	0.02	0.07
カンボジア	0.06	0.83	0.00	0.11	0.01	0.03	0.01	0.53	0.05	0.15
インドネシア	-0.84	0.23	-1.41	-5.45	0.05	0.12	0.04	2.12	0.48	3.44
ラオス	0.02	0.09	0.00	-0.06	0.00	0.00	0.00	0.01	0.02	0.14
マレーシア	-0.81	-11.04	-0.99	-4.40	0.07	0.15	-0.15	-2.48	0.25	-4.31
モンゴル	-0.06	-0.64	-0.07	-1.20	0.00	0.03	0.00	0.11	0.01	0.42
ミャンマー	0.35	1.32	-0.03	-0.08	0.02	0.03	0.07	0.53	0.28	0.80
フィリピン	0.64	-15.62	-0.01	-0.24	0.07	0.10	0.15	-1.34	0.44	-14.14
タイ	-0.64	-10.67	-0.82	-3.60	0.02	0.15	0.04	-1.44	0.12	-5.78
ベトナム	0.56	8.69	-0.13	-0.13	0.08	0.13	0.26	3.90	0.35	4.79
・東および東南アジア以外	0.82	25.81	-0.60	-11.74	0.15	0.59	0.41	7.06	0.60	29.21

Source: Staff estimates based on data from Trade Data International Pty, Ltd.
（資料）Donghyun Park and Kwanho Shin, *Can Trade with the People's Republic of China be an Engine of Growth for Developing Asia?*, ADB Economies Working Paper Series No172, October 2009, Table, p.24 より作成。

％から 2008 年には 34％に低下したのにたいし、後者は同じ年で 44％から 55％に増加したという数字を挙げている[38]。原文にはその数字の指摘はないので、ここでは**表 5-10** をあげておこう。これで見れば、台湾、韓国、マレーシア、フィリピン、タイからの部品輸入による入超と、完成品輸入でのこれまた台湾、韓国、マレーシア、フィリピン、タイからの入超の、両側面が際立っている。だから中国への輸入は第 1 ルートと第 2 ルートの両方だと見ることができよう。一方、中国からの出超は香港、それにシンガポールが際立っている。この点は上述のモリソンの主張と、彼が依拠したフィーンストラの論拠を裏付けることにもなる。そして ADB のこの論文の筆者たちはこれを「アジア域内貿易」の拡大と表現しているが、その内実からすれば、多国籍企業のグローバルサプライチェーン（部品類の移動）がアジア域内で確立されているということになろう。そして香港とシンガポール——かつては台湾、韓国を含めてアジア NIES と呼ばれた——はそのための特殊な地位を占めていることになる。

2. 中国の米財務省証券購入と米中間の直接投資

今度は海外投資に目を転じてみよう。まず中国による米財務省証券の保有であるが、**表 5-11** に見られるように、最新の 2014 年 4 月で 12 兆 6320 億ドル、世界全体での保有に占める比率にして 21.2％に及んでいる。ただし、2010 年以降はそれほど大幅には増えておらず、戦略的な思考に基づいていることが窺われる。次に直接投資（Foreign Direct Investment, FDI）はフローベースでは**表 5-12** に見られるような状況で、当然のことながら、年ごとに変化していて、とりわけアメリカの対中投資はプラス（投資）とマイナス（引き上げ）の波が大きい。それは投資先としての中国が安定性——特に外資政策において——に欠けるからであろう。ただし累積額で見た場合、ともかくもアメリカは中国に 513 億 6300 万ドルも投資してきている。一方中国は、アメリカへの投資が 51 億 5400 万ドルとその 10 分の 1 ほどにすぎないが、第三国経由を含めた最終所有者（UBO）で見ると、その倍の 104 億 6500 万ドルと、倍の数字になる。この UBO での推移は**図 5-9** のとおりである。もっともこれも不正確だという意見もあり、民間のコンサルティング会社ローディアムグループの推計によると、**図 5-10** のような数字を上げている。これによれば、2013 年末で 365 億ドルとしていて、上の**表 5-12** での 105 億

第 5 章　人民元をめぐる米中間の攻防

表 5-11　中国の米財務省証券保有推移：2002 年-2014 年 4 月

(単位：10 億ドル，%)

	2002	2004	2006	2008	2010	2011	2012	2013	2014 年 4 月
中国保有分	118.0	222.9	396.9	727.4	1,160.1	1,151.9	1,202.8	1,270	1,263.2
中国の割合	9.6%	12.1%	18.9%	23.6%	26.1%	23.0%	21.7%	21.9%	21.2%

Source: U.S. Treasury Department.
注）2002-2013 年は年末の数字。
(資料) 表 5-3 に同じ、Table 5, p.14 より作成。

表 5-12　米中間の直接投資 (FDI) 推移：2005-2012 年

(単位：100 万ドル)

	2005	2006	2007	2008	2009	2010	2011	2012	2012 年末での累計値
中国の対米直接投資	146	315	8	500	500	1,037	520	1,370	5,154 (10,465)*
アメリカの対中直接投資	1,955	4,226	5,243	15,971	-7,512	5,240	-1,087	-3,482	51,363

Source: U.S. Bureau of Economic Analysis.
注）累計値はヒストリカルベース。※カッコ内は中国が直接ならびに第三国経由 (UBO として) で投資したものを BEA が推計したもの。
(資料) 表 5-3 に同じ、Table 6, p.16 より作成。

(単位：10 億ドル)

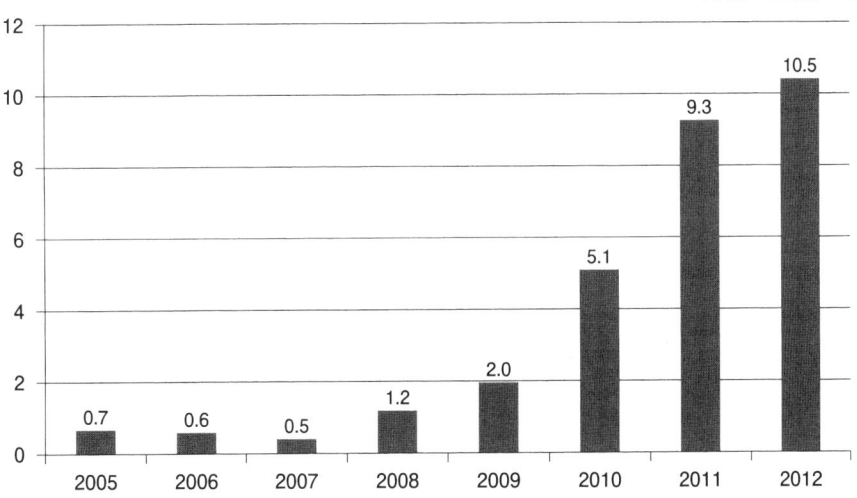

年	金額
2005	0.7
2006	0.6
2007	0.5
2008	1.2
2009	2.0
2010	5.1
2011	9.3
2012	10.5

図 5-9　UBO ベースでの中国の対米直接投資額推移：2005-2012 年

Source: U.S. Bureau of Economic Analysis.
注）データはヒストリカルベース。UBO は在アメリカ子会社を所有または支配している主体の起源国を推定したもの。
(資料) 表 5-3 に同じ、Figure 6, p.16 より作成。

ドルの、ほぼ三倍ほどになっている。こうなると、米中間の投資額はそれほど一方的でなく、相互投資に近付いていることになる。その秘密は香港の存在が主で、それにシンガポールなどの、海外における華人社会の存在、あるいはタックスヘイブンの存在がその抜け道を作っていると考えられる。この面でアメリカが懸念しているのは、潜在的にはかなりになる対米投資（FDI ならびに FPI）を通じるアメリカの重要技術の取得であり、それを中国の自主創新技術達成のための有力な手段として活用しようとしていることにある。加えて中国企業が多く国有企業であり、また民間企業であってもその背後に共産党が盤踞していて、いずれにせよ、その強力なコントロール下にある。したがってこのことへの警戒心が一貫してアメリカ議会にはある。

そこで、中国によるアメリカ証券の保有に関して、CRS の別のレポート[39] を基にして、さらに詳細に見ていこう。中国の外貨準備は**表 5-13** に見られるように、2001 年以降、加速度的に増大していて、2012 年には 3 兆 3410 億ドル、GDP 比で 40％を超えていて、輸入額の 2 倍近いという巨額のものである。この額は

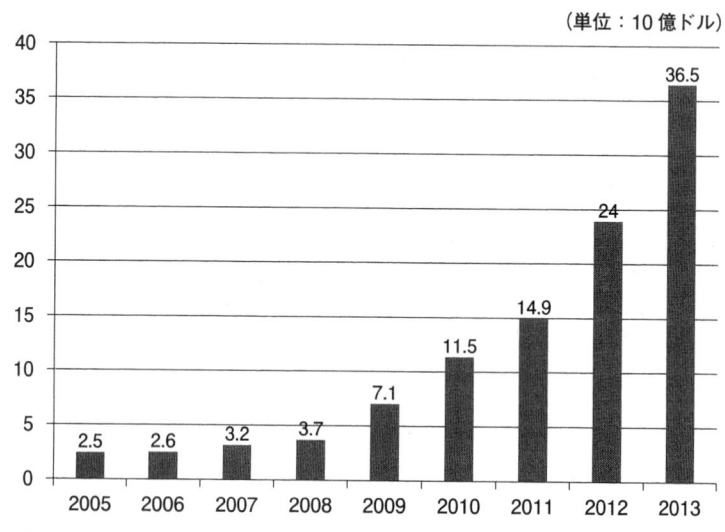

図 5-10 ローディアムグループによる中国の対米直接投資推計：2005-2013 年

Source: Rhodium Group, China Inverstment Monitor.
注）データは UBO ベースで、様々なデータベースから導いたもの。
（資料）表 5-3 に同じ、Figure 7, p.17 より作成。

第5章 人民元をめぐる米中間の攻防

図 5-11 にあるように、世界で圧倒的である（日本の 1 兆 2270 億ドルの 2.7 倍にも達する）。もっとも GDP 比では 2010 年の 48.4％から比べると、比率的には低下してきている。次にこれをアメリカでの政府、民間合わせた証券保有を比較してみると、図 5-12 のように推移していて、証券の保有は 2011 年をピークにして、2012 年には減少した。この証券保有の内訳は、図 5-13 に見られるように、2012 年 6 月現在では、長期財務省証券（国債）が最も多く、72％、次いで、株式の 14％、長期の政府機関証券ならびに政府保証証券が 13％である。その中味を各国との間で比較してみると、証券保有総額は日本（1 兆 8350 億ドル）に次いで多く、そのうち長期の財務省証券保有は、2008 年に日本を追い抜いて、今や世界最大である（表 5-14）。つまり中国は長期の財務省証券の保有を圧倒的に選好していることになる。なお、タックスヘイブンのケイマン諸島の保有も多く、この中にも隠れた中国保有（UBO として）があることは上記で見たとおりである。米国の資産が中国にとって投資対象とされている理由は、いくつかある。アメリカ側はそれを以下の理由からだと、多少手前味噌的に推測している。第 1 にドルの為替相場の維持によって、ドル建て証券への投資ができやすいからである。第 2 に米国が世界最大の経済国であり、資本市場だからでもある（2011 年で 33 兆 7

表 5-13　中国の外貨準備推移：2001-2012 年

（単位：10 億ドル，％）

年	額（ドル）	中国の GDP 比（％）	商品輸入比（％）
2001	212.2	16.3	86.9
2002	286.4	20.0	96.9
2003	403.3	24.6	97.6
2004	609.9	31.6	108.7
2005	818.9	36.5	124.1
2006	1,068.5	40.2	135.0
2007	1,528.2	45.2	160.0
2008	1,946.0	45.0	171.9
2009	2,399.2	48.1	238.9
2010	2,847.3	48.4	204.2
2011	3,181.1	44.1	182.7
2012	3,341.0	40.6	183.9

Source: Global Insight, Economist Intelligence Unit, and the Chinese State Administration of Foreign Exchange.

（資料）Wayne M. Morrison and Marc Labonte, *China's Holdings of U.S. Securities: Implications for the U.S. Economy*, Congressional Research Service, August 19, 2013, Table 1, p.4 より作成。

(単位：10億ドル)

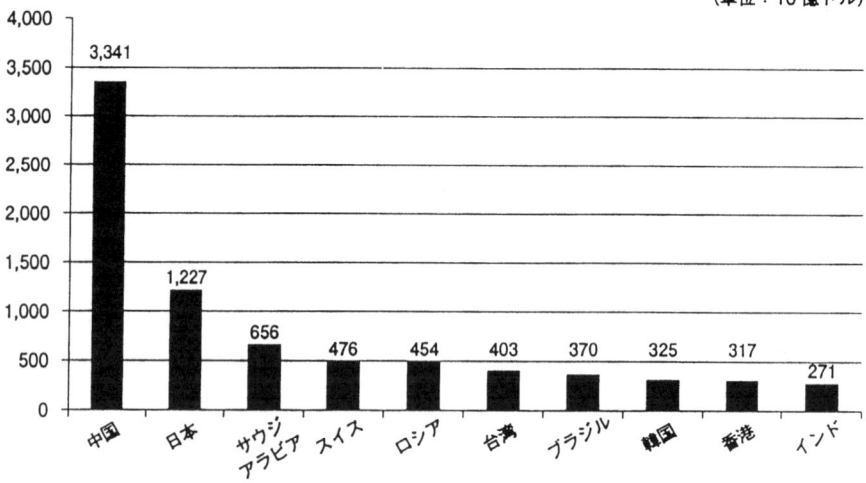

図 5-11 外貨準備主要国比較：2012 年末

Source: Economist Intelligence Unit.
(資料) 表 5-13 に同じ、Figure 1, p.4 より作成。

(単位：10億ドル)

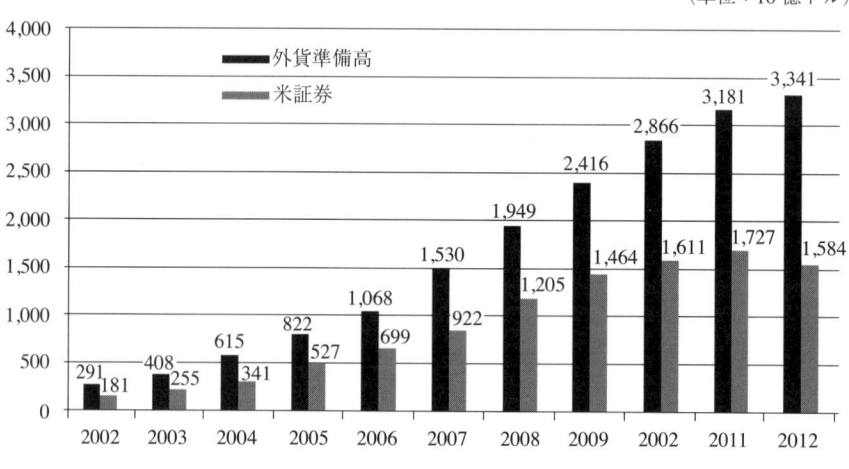

図 5-12 中国の外貨準備と米証券保有推移：2002-2012 年

Source: U.S. Treasury Depatment, *Report on Foreign Portfolio Holdings of U.S. Securities as of June 30, 2012*, April 2013.
注) 外貨準備は年度末の価値額。米証券は 6 月末のもの。
(資料) 表 5-13 に同じ、Figure 2, p.6 より作成。

第 5 章　人民元をめぐる米中間の攻防

(単位：%)

- 長期民間ならびに短期債務 2%
- 株式 14%
- 長期政府機関証券ならびに政府保証証券 13%
- 長期財務省証券 72%

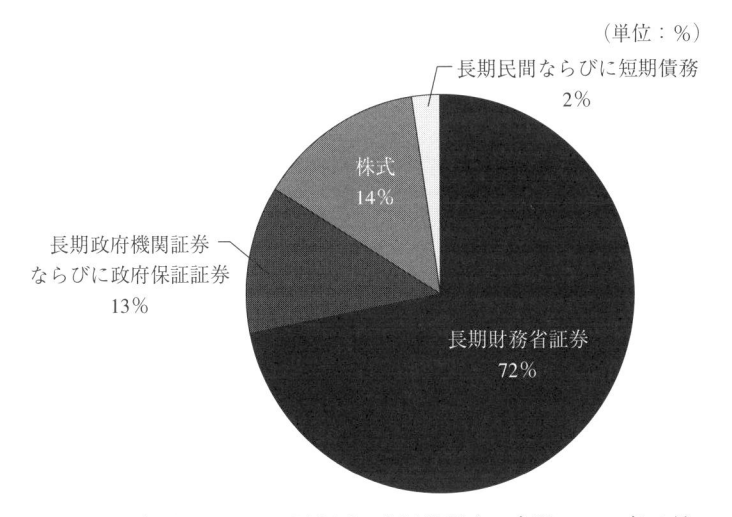

図 5-13　主要カテゴリー別中国の米証券保有の内訳：2012 年 6 月

Source: U.S. Department of the Treasury, *Report on Foreign Portfolio Holdings of U.S. Securites as of June 30, 2012*, April 2013.
(資料) 表 5-13 に同じ、Figure 3, p.8 より作成。

表 5-14　米財務省証券保有上位 5 カ国と中国のシェア：2012 年 6 月

(単位：10 億ドル)

	合計	長期財務省証券	長期政府機関並びに政府保証証券	長期民間証券	株式	短期債務
日本	1,835	1,048	249	162	314	63
中国	1,592	1,138	202	22	221	9
ケイマン諸島	1,031	57	36	338	516	83
イギリス	1,008	111	12	368	495	22
ルクセンブルク	837	97	26	351	292	72
外国合計	13,261	4,673	991	2,549	4,247	811
中国比率(2012年6月時点)	12.0%	24.4%	20.4%	0.9%	5.2%	1.1%

Source: U.S. Department of the Treasury, *Report on Foreign Portfolio Holdings of U.S. Securites as of June 30, 2012*, April 2013.
注) 長期証券には株式のように満期のないものと 1 年以上の満期のものがある。短期証券は一年未満の満期のものである。中国には香港とマカオははいらない。
(資料) 表 5-13 に同じ、Table 2, p.7 より作成。

千億ドルで、日本の15兆4千億ドル、ドイツの5兆3千億ドルよりも数段大きく、世界全体の34.2％を占めている）[40]。また安全かつ流動的——つまり売却可能——だと考えられている。第3に米財務省証券は政府のお墨付きであり、信頼できるからである。とりわけヨーロッパの金融危機によってこの傾向は一層強まってきていると見ている。なるほど中国の国家外貨管理局（SAFE）は、安全性、流動性、価値増額を外貨管理の基本に据えている。とはいえ、全体的には次第に海外直接投資にシフトしてきていて、世界全体で2006年の265億ドルから2012年には842億ドルにその額が増加している。こう見てくると、アメリカの中国への依存——しかも低利での財務省証券の保有という効率性も含めて——が大いに進んでいることがわかる。そして中国のアメリカへの信頼がその基礎にあったが、アメリカの財政赤字が膨らんで、スタンダード＆プアーズの格付けがAAAからAA＋に格下げされたことが懸念材料になっている。アメリカは景気刺激のため、量的緩和（QE）と呼ばれる、連銀が財務省証券を2009年3月以来2兆ドル以上購入したが、期待したインフレは生ぜず、株価だけが上がった。そのため、その効果に関しては疑問が多い。したがって、中国はこれ以上ドルの評価が下がれば、財務省証券の購入をやめ、またその保有比率を引き下げていくことを表明している。

　以上を要約してみると、アメリカの公的債務は2012年末で16兆4千億ドルだが、そのうち40％は米政府が保有し、残りの60％を民間が保有している。この民間保有9兆9千億ドルのうち、外国保有が56％、5兆7千億ドルで、そのうち中国は財務省証券を1兆2千億ドル保有している。これは外国保有の中の21.9％、米財務省証券の民間保有の中の12.3％、民間と政府間を合わせたものの7.4％を占めている勘定になる。アメリカが中国に払っている利子は正確にはわからないが、おおざっぱには外国への利子支払総額930億ドルのうち、上記の中国の比率から計算すると、1億1340万ドルと推計される。またこの債務はアメリカ人一人あたりにつき3887ドルになるが、中国人一人あたりだと918ドルになり、未だかつて中国のような貧しい国がアメリカのような国をかくも支えた前例はない[41]。その意味ではアメリカにとって、中国は低利でも支えてくれる最大のスポンサーであると同時に、いったんこじれてこれが引き揚げられると、一大パニックに陥る可能性を秘めた危険な相手でもある。

第5章　人民元をめぐる米中間の攻防

　こうした統計数字に現れているように、中国の輸出攻勢にたいする議会内での懸念と反発は強く、その主要因を中国が意図的に人民元を過小評価させていると考え、それを是正させる攻勢を強めるべきだという声が高まっている。そのためには立法化も辞さないという強硬派もあるが、そうすると中国側に対抗措置をとられたりして、決定打にはなり得ないので、当面はオバマ政権がもっと強硬に要求すべきだというところに落ち着いている。そこで使われる資料は名目上の為替相場ではなく、輸出を加重させた為替相場――それを実質為替相場とする――で、それによって、中国の意図的な為替操作を暴こうとしている（**図 5-14**）。しかしながら、為替相場の妥当性については合理的かつ整合的に説明できる理論を見つけることは容易ではない。常に反論できる要素が出てくるからである。とはいえ、中国の輸出攻勢とそこから生まれた外貨準備で米国債を購入する戦略は、確かにアメリカの国際収支赤字を補填している点では評価できるとしても、所詮一時的なものであり、はなはだ不安定な基盤にたったものであることを免れえない。そこでより根本的な要求として、中国の通貨政策そのものにたいする様々な注文がつけられることになる。すなわち輸出主導的な経済運営を改め、内需拡大によって輸入を増やし、為替相場を市場の動向に委ねるべきであるといった要求である。

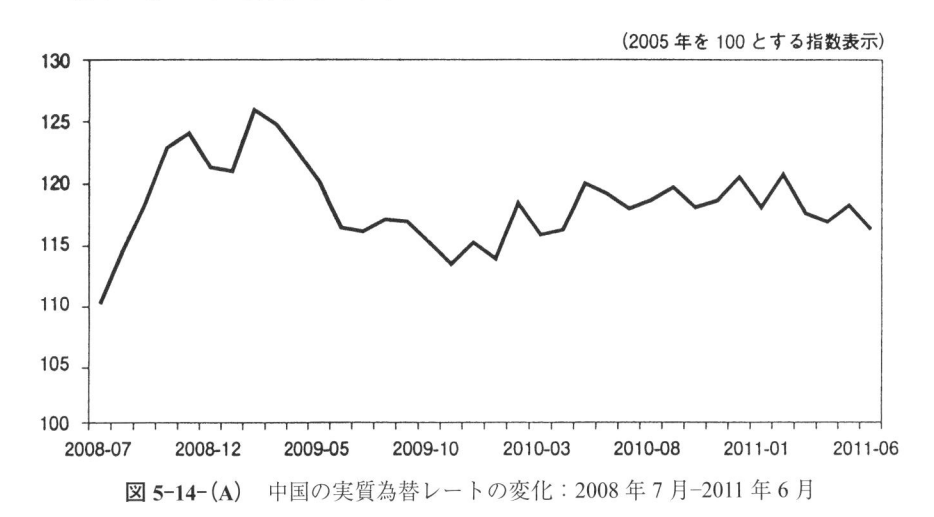

図 5-14-(A)　中国の実質為替レートの変化：2008 年 7 月-2011 年 6 月

Source: Bank of International Settlements.
注）インフレ率は消費者物価指数にもとづいて計算している。
（資料）Wayne M. Morrison and Marc Labonte, *China's Currency: An Analysis of the Economic Issues*, Congressional Research Service, August 3, 2011, Figure 3, p.5 より作成。

（2010年を100とする指数表示）

図5-14-(B) 中国の実質為替レートの変化：2010年6月-2013年5月

Source: Bank of International Settlements.
（資料）Wayne M. Morrison and Marc Labonte, *China's Currency: An Analysis of the Economic Issues*, Congressional Research Service, July 22, 2013, Figure 4, p.7 より作成。

その根拠にしているのは、世界的に景気が停滞傾向にあり、貯蓄、投資、貿易などのグローバルインバランスが広がっているので、アメリカが主導して、これを是正することに焦点をあてるべきである、という考えである[42]。アメリカが中心となって運営してきた国際経済秩序を維持し続けるための、中国への注文である。

おわりに

以上、米中関係を人民元の問題に焦点を当てて考察してきた。中国は国内ではグローバル原蓄を進め、資本主義的な発展の条件を整え、さらにその基礎に立って海外への進出も果たしてきている。そこでは戦後アメリカが行った筋道に沿って、それを今日の条件に合わせて中国風に味付けし直して、中国流のグローバリズムを展開しようとしている。それは「再版パクスアメリカーナ」とでもいうべきものだが、果たして首尾よく成功を収めうるであろうか。それとも単なるエピゴーネンのはかない夢想に終わってしまうのだろうか。第2次大戦後、アメリカ

の構築した先進国本位のメカニズム、つまりはパクスアメリカーナの下で、長い間、途上国は呻吟してきた。アメリカの地位の後退と途上国、新興国の浮上は、新たな力関係の確立を俎上に載せているかに見える。まさに中国にとっては、その旗頭になり得る絶好のチャンスが訪れたわけである。それに呼応して、中国に左袒しようとする国は確かに出てくるだろう。しかし中国の意図は、これまで縷々述べてきたように、対等平等な立場の遵守と、互恵的な精神の発揚と、そして画期的な新原理に基づく革新的な秩序作りにあるわけではない。表面的にはそれと見まごう形をとっているが、本質的には自己利益の専取と自国本位の秩序の構築であって、いわばアメリカに取って代わる「もう一つのアメリカ」を作り上げることが、その真の狙いである。それはかつてアメリカがイギリスに取って代わったことの再現を意図したものである。しかもこの計画を立案・企画し、強力に推進しているのは、共産党一党独裁の下での、きわめて強力かつ専決的な中央ならびに地方政府機構であり、その下で巨額の利益を上げている有力企業群である。またそれを支える党軍体制である。これは国家資本主義の域を超えた「党営資本主義」とでもいうべき姿である。その点ではイギリス—アメリカの単なる踏襲路線ではない。

　西側の世界では公共性の高いものは政府が担い、そこでは税金を使用するので、国民の監視の目もあって、私的利益を追求するのには制約があった。また議会制民主主義に基づく政党政治においては、政党間の政策の違いがチェック機能の役割も果たしていた。それはもどかしさにも繋がるものだが、中国では共産党の一党支配のもとで、一元的に遂行されるために、スムーズではあっても、この共産党が偏向して、私利私欲に陥ると、暴走する可能性は高い。そして事態の推移に伴って、ますますその傾向が強まってきている。そのため、資本の致富運動と営利主義が極端にまで蔓延し、爆走していて、歯止めが効かなくなってさえいる。あちこちでその綻びが腐敗、汚職の蔓延や綱紀の紊乱となって現れてきている。それを払拭するために、腐敗防止を呼びかけ、汚職摘発を進めていて、その矛先は共産党と軍と国家の最高幹部の一部にまで及んでいる。だがそれによってクリーンになるよりは、有力幹部間の権力抗争が激化し、その結果、主導権を握った側による一元的な命令と強制がますます貫徹していく方向に向かい、そうした腐敗や汚職を産む土壌そのものの一掃はできないで、温存されていく。こうした内

実から窺われるのは、かつてのイギリスの世界（パクスブリタニカ）からアメリカの世界（パクスアメリカーナ）への、同質の世界内での転換とは根本的に異なる、異質な世界への移動——だからといって本格的な体制変革にはならない——が進行していくことである。それは21世紀世界の異端児の登場である。世界の成長がアジアの、この異端児に委ねられるという、はなはだ危うい基盤の上に立たざるを得ない苦渋を西側世界の支配者たちは今、痛切に味わされていることだろう。

●注
1）オリジナルなものは、関下稔「米中政治経済関係の新局面——対米投資促進と国家安全保障の間のアメリカのジレンマ——」『季刊　経済理論』第50巻2号、2013年7月、同「貿易から投資への中国の重心移動と自主「創新技術」開発・獲得へのアメリカの危惧——米中政治経済関係の新局面Ⅱ——」『立命館国際研究』27巻1号、2014年6月、同「知財をめぐる米中間の攻防——アメリカの対中進出と六つのパラドクスの生起——」『立命館国際研究』27巻2号、2014年10月、同「オバマ政権のアジアシフトと米中間の軍事・安全保障問題の尖鋭化」『立命館国際研究』27巻3号、2015年2月。
2）関下稔『国際政治経済学の新機軸——スーパーキャピタルズムの世界——』晃洋書房、2009年。
3）U.S. Department of the Treasury, Office of International Affairs, *Report to Congress on International Economic and Exchange Rate Policies*.
4）中国人民大学国際通貨研究所『人民元国際化の挑戦』、岩谷喜久子、古川智子訳、科学出版東京株式会社、2013年、142頁。
5）同上、36頁。
6）同上、38-39頁。
7）同上、60頁。
8）同上、62頁。
9）同上、63頁。
10）同上、65頁。
11）同上、76頁。
12）同上、97-98頁。
13）同上、104-105頁。
14）同上、220-222頁。

第 5 章　人民元をめぐる米中間の攻防

15) 同上、220-231 頁。
16) 『日本経済新聞』2014 年 7 月 19 日。
17) 『日本経済新聞』2014 年 11 月 7 日。
18) 『日本経済新聞』2014 年 11 月 18 日。
19) 関下稔『国際政治経済学の新機軸』前掲。
20) ヘンリー・サンダースン、マイケル・フォーサイス『チャイナズ・スーパーバンク』築地正登訳、原書房、2014 年。
21) 同上、28 頁。
22) 同上、33-34 頁。
23) 同上、43 頁。
24) 同上、51 頁。
25) 同上、9 頁。
26) 同上、226 頁。
27) 同上、152 頁。ただし彼らが引用している世銀の原資料は World Bank, "Light Manufacturing in Africa," *http://go.worldbank.org/3XIDRTFJAO* である。
28) 同上、153 頁。
29) 同上、163 頁。
30) Wayne M. Morrison, *China- U.S. Trade Issues*, Congressional Research Service, July 10, 2014.
31) これに含まれるのは、オーストラリア、ブルネイ、カンボジア、中国、香港、インドネシア、日本、韓国、ラオス、マカオ、マレーシア、ニュージーランド、北朝鮮、パプアニューギニア、フィリピン、シンガポール、台湾、タイ、ベトナム、それに小島嶼諸国である。*ibid.*, p.9.
32) Wayne M. Morrison, *China's Currency: Economic Issues and Options for U.S. Trade Policy*, Congressional Research Service, Updated January 9, 2008. 筆者がこのレポートに着目するようになったのは、藤木剛康『人民元の政治経済学』『和歌山大学経済学会　経済論集』第 372 号、2013 年 6 月によってである。同氏のアドバイスも受けて、このレポートを入手、検討をし、合わせてモリソンのその他のレポートにも目を通した。
33) モリソンはこの典拠を Robert Feenstra et al., "The U.S.-China Bilateral Trade Balance: Its Size and Determinants," NBER Working Paper 6598（June 1998）．に求めている。*ibid.*, p.23. 著者はこの論文を入手できなかったが、フィーンストラはこの問題に関して多くの論文で展開していて、Robert C. Feenstra and Gordon H. Hanson, *Intermediaries in Entrepot Trade: Hong Kong Re-Exports of Chinese Goods*, August 2002. を参照して、その主張を確認した。
34) *ibid.*, p.25.

35）この点については慧眼ある論者によって夙に指摘さているが、なかでも川上桃子『圧縮された産業発展：台湾ノートパソコン企業の成長メカニズム』名古屋大学出版会、2012 年は出色であり、最近、立命館大学経済学会での「エレクトロニクス産業の国際価値連鎖と東アジア企業の興隆」と題する研究報告（2014 年 6 月 17 日）においても、これをさらに発展させて展開している。

36）関下稔『現代アメリカ貿易分析——パクス・アメリカーナの生成・展開・再編——』第 9 章、有斐閣、1984 年。

37）Donghyun Park and Kwanho Shin, *Can trade with the People's Republic of China be an Engine of Growth for Developing Asia?*, ADB Economics Working Paper Series, No.172, October 2009.

38）『日本経済新聞』2009 年 10 月 5 日。

39）Wayne M. Morrison and Marc Labonte, *China's Holdings of U.S. Securities: Implications for the U.S. Economy*, Cogressional Research Service, August 19, 2013.

40）*ibid.*, p.5.

41）*ibid.*, p.13.

42）Wayne M. Morrison and Marc Labonte, *China's Currency: An Analysis of the Economic Issues*, Congressional Research Service, August 3, 2011. *do*, July 22, 2013.

第6章　オバマ政権のアジアシフトと
　　　　米中間の軍事・安全保障問題の尖鋭化

第1節　アメリカの覇権国からの後退と地域紛争の激化

　2014年、世界の軍事的・政治的緊張がにわかに高まり、従来にも増して局地的な軍事衝突が頻発している。クリミア半島のロシアへの強引な帰属から始まり、ウクライナ東部における親ロシア派とウクライナ政府との間の小競り合いが事実上の軍事衝突にまで至り、7月17日にはついにその上空を飛んだマレーシア航空の民間旅客機が誤爆・撃墜され、300人近くが犠牲になるという大惨事まで発生した。その背後にはロシアの拡張主義とウクライナのEUへの接近があり、その結果、両者の利害衝突が不幸な結果をもたらすことになった。またイスラエルとパレスチナの軍事衝突はイスラエル軍のガザ地区への地上軍の侵攻にまで発展し、幼児を含む1000名を超える一般市民が犠牲になっている。これも現状凍結を認めない双方の思惑が軍事挑発に終わらずに、ついにイスラエルが相手（ハマス）を徹底的にたたきのめすところにまで軍事行動をエスカレートさせた結果である。しかしながら、こうした「憎悪の連鎖」によっては共存の基盤は到底作り出されそうにない。しかもその影ではアメリカがこうしたイスラエルの暴挙を阻止できずに、手を拱いて傍観していた節さえ窺われる。さらにイラクでの国内諸勢力の対立激化やシリアでの内戦は混沌とした状態に陥ったままである。その中で両国に跨がる一帯にスンニ派武装勢力による「イスラム国」といった治外法権地帯が新たに形成されるようになり、さらにイラクにおけるクルド人の大統領の下で、クルド人の事実上の自治組織や権益の拡大などが生み出され、マリク現政権との間に齟齬が拡大して、国が分裂し、事態はより一層複雑になっている。これらは、アメリカの覇権国からの後退とアジアへの重心移動（rebalancing）がこ

れらの地域内での利害衝突の爆発に拍車を駆け、尖鋭化させて、力による解決を恃む気風を生み出しているともいえよう。

　一方アジアでも、直接の軍事衝突にまではいかないまでも、軍部の介入や軍事的・政治的な緊張関係が高まっている。タイにおけるインラック首相支持（タクソン）派と反対派のこの十年近くにわたる攻防が、首相解任動議や報復的な議会解散命令をめぐって膠着状態に陥る中、軍部のクーデタによる政権奪取が敢行され、戒厳令が敷かれて議会が停止されて、行政が著しく遅滞して、経済活動などに多大の影響が出ている。さらに東アジアにおいても、中国の拡張主義がその周辺のベトナム、フィリピン、日本との間の島嶼の領有権とその周辺の海底を含む排他的経済水域をめぐる問題にまで発展して、既成事実化を目論む占拠や妨害活動などと相まって政治的緊張度を高めている。加えてオバマのアジアシフトに伴う反作用が中国のアジアでの権益拡大の動きの加速化とも絡まり、米中間の政治的・軍事的緊張も次第に高まってきている。また朝鮮半島をめぐる南北間の軍事的緊張も依然として続いていて、国際関係における虚々実々の駆け引きが熾烈になり、その中で体制間対抗の時代には友邦国間の関係として比較的良好と見られていた日韓ならびに中朝の間に不協和音が目立つようになってきた。それらの結果、アメリカのこの地域への関与（engagement）をさらに強めることになり、日―中―韓―北朝鮮をめぐる事態は一筋縄ではいかない複雑な様相を呈するようになった。

　これらの一連の事態が示すものは、ポスト冷戦時代における諸国家間の複雑な利害関係が表面に表出するようになったことである。しかも世界経済の成長の軸としてのアジアの存在は、アメリカのアジアへの重心移動によってかえって強烈な反作用を生み出している。したがって、資本支配の下でのグローバリゼーションの進展が世界を一つにし、かつ共存・共栄の輪を広げることにはならず、一つの原理によって無理矢理統合しようとするあまり、現状ではかえって国内外での利害対立の激化や貧富の格差拡大、さらには少数民族問題や宗教対立などが幾重にも重なって社会不安を生み、それらが治安悪化に跳ね返り、さらに軍事・安全保障上の問題にまで収斂されていき、より複雑な政治関係が現出している。つまり旧社会主義国や新たに国家形成を図ろうとするイスラム世界なども含めたグローバルな範囲での資本の一元的な支配の蔓延は、国内は無論のこと、諸国間、諸

第6章　オバマ政権のアジアシフトと米中間の軍事・安全保障問題の尖鋭化

民族間の利害対立と軋轢の増大を情け容赦なく強め、かつ広げていて、世界は以前にも増して不安定で力が露骨に支配する時代に戻ってしまったかのようである。

　ところで、アメリカは中国の膨張主義をA2/AD（Anti-Access/ Area Denial）（接近阻止・領域拒否）能力の現れとして位置付け、その増強に対する対応として「エアシーバトル」（Air-Sea Battle）構想を具体化させている。そこでは、アジア太平洋における浮島的な発進基地（Sea Basing）としての空母を中核にした海軍力の強化ならびに、それと連動した空軍を中心においた再配置計画を立て、着々とその実現を図ってきた。これはアメリカ軍の再編（transformation）として、すでにそれ以前からポスト冷戦時代におけるアメリカの基本的な軍事戦略を構成していて、その実践舞台としての湾岸戦争での大勝利以来、強力に推進されてきた。その基礎には、RMA（Revolution in Military Affairs）と呼ばれる軍事における革新が、IT技術を中心にして、それを軍事に取り入れる形で進行していて、その結果、これまでの軍事編成原理や戦力構成やその配置を抜本的に変える事態が進行しつつある。加えてアメリカの財政赤字が累積的に増大している中で、それへの対処としての効率的な軍事力の再編だという理由付けがなされてきたが、その実、アメリカの軍事費はいっこうに減らず、かえって膨張し続けている。かくして最新鋭技術によって高度化された兵器体系を持ち、コンピュータネットワークシステムによって有機的に結ばれた、いつでもどこでも素早く戦争を行える、機動的で強力な米軍の再配置が実現された。またその後方支援などの役割を同盟諸国が人的にも財政的にも担うメカニズムが広範に出来上がりつつある。したがって米軍の再編は同盟国軍の再配置と役割強化、そして米軍との一体化——一般に兵器の相互運用性（interoperability）の促進を通じて米軍の指揮・統制下での統合軍化——をこれまで以上に進めてきている。これは我が国の「集団的自衛権」をめぐる政府による強引な憲法解釈の変更や日本本土を含む沖縄の米軍基地の再編・再配置の中に端的に表れている。逆にいえば、アメリカ軍の再編成と戦争遂行能力の強化・拡大は、実はこうした同盟諸国の協力・支援なくしては到底存続し得ない脆弱性を持ったものでもある。

　加えて近年「テロとの戦い」——サイバーテロも含む——という、ポスト冷戦時代における新たな脅威が出現したと、アメリカ政府が声高に主張——なお「テロ戦争」というのは、アメリカのブッシュ政権の命名であって、ヨーロッパ諸国

はこれらを犯罪とは見ていても、戦争とは考えていなかった——し、この新たな事態への対処が情報戦の遂行として、それに上乗せされた形で、この再編計画の中に組み込まれるようになった。アメリカ全土、とりわけワシントンDC周辺はこの新たな情報戦への対応として大々的に「サイバー武装」化されてきている。そしてその背後には、それを強力に後押ししている情報関連産業の、軍事部門への参入がある。だからそれはかつての「軍産複合体」どころか、それの一段と進んだ「軍産インテリジェンス複合体」[1]だという命名さえ出てきている。その結果、皮肉なことに、アメリカの軍事費はこれらの情報・諜報部門の増強によってますます膨張し、その軍事力は時代の先をいく圧倒的なものになり、残余の国々に優越し、世界をことごとく睥睨している。本章ではこうしたアメリカ軍の再編と、その結果としての新たな軍事態勢（military posture）がもたらすインパクトを、米中間の政治的・軍事的な関係に焦点を合わせながら検討することが課題になる。それは21世紀の世界の安全保障の行方を左右するきわめて重要な要素である。

そこで展開の順序だが、まず最初に米軍の再編戦略とその態勢について考察してみよう。そして次に、問題が軍事・安全保障に関わることなので、中国の権力基盤とその戦略について概観してみる。これはきわめて重要な課題でありながら、正鵠を射た論説がなかなかできないでいるものの一つである。そこで勇を鼓してこの困難な課題にあえて踏み込んでみたい。そして何故にグローバル経済の成立・深化が米中間の軍事・安全保障上の緊張関係をかえって高めざるを得なくなるのかの根拠を明らかにしたい。ここでは現在の中国を「党営資本主義」（Party Capitalism）——奇妙な命名に聞こえるかもしれないが——ならびに共産党の軍隊＝「党軍」と規定することになる。最後に、全体的な米中間の軍事・安全保障問題の現局面について評価を加え、その将来を展望してみたい。ここで大事なことは、中国の軍事力を正確に把握し、その志向性をきちんと評価することである。というのは、一方ではともすれば過大に評価し、必要以上に敵視する傾向が暗黙に流布しているように思えてならないからであり、他方ではその反対に中国の表向きの理屈立てに媚びる風潮も散見されるからである。

なおこうした手順を踏んだのは、オバマのアジアシフトだけが一人歩きしていては、アメリカ全体を包むポスト冷戦時代の大戦略構想（grand design）が見えてこないからである。だがこの大戦略構想こそはポスト冷戦時代においてアメリカ

第6章　オバマ政権のアジアシフトと米中間の軍事・安全保障問題の尖鋭化

が進めようとしているものの大道（メインストリーム）であり、現在のオバマ政権の下でもアメリカの行動を最終的に規定しているものである。だからオバマもまた、具体的にはあれこれの偏向や逸脱がその都度起こり、閣内での不協和音も生じるにせよ、大局的にはそれに従わざるを得ないでいるものでもある。それほどにオバマ政権の内部においてこの大戦略を陰に陽に推進しようとする勢力の影響力は強い。そして具体的政治行動の背後にある、こうした大局的なグランドデザインとその下での軍事戦略を作り上げている、深部における支配層と軍部と軍需産業（旧来型の航空機や艦艇や兵器生産業者に加えて、情報産業も含めた）の合成力の志向性を見ることが、21世紀のアメリカの行方を考える際に決定的に重要になると考えられる。それは湾岸戦争によって実証され、次いで9.11への反作用としてのアフガニスタンとイラクへの報復行動となってさらに検証されることになったが、その結果はアメリカの思惑どおりには必ずしも進まなかった。そしてそこからの反転がオバマという、ある意味での異端者を生み出すことになった。にもかかわらず、オバマ政権は医療改革や雇用創出や金融改革や戦争の終了と平和促進——とりわけ核廃絶——などのアメリカ国民の切実な願いにきわめて不十分にしか応えられずにいる。したがってこのアメリカのグランドデザインは、オバマの出現によって一定の修正を施され、かつ事態の推移の中でその都度軌道修正を繰り返しながらも、基本線として依然として貫徹されていると見るのが正解だろう。そしてオバマ政権はこの大戦略との格闘とその修正に日夜明け暮れしているが、見通しは芳しくない。八方塞がりの末に、次第にグランドデザインの中に吸収されようとしている。

　他方で、中国では鄧小平が切り開いた改革・開放政策に沿って、それを踏襲し、かつさらに推し進める形で江沢民、胡錦濤、そして現在の習近平へと「最高指導者」は交代してきたが、党営資本主義の進行は、むしろ現在ではその負の側面の方が堆積していって、それが表面に露呈するようになってきている。というのは、偏狭なナショナリズムに依拠して、共産党の主導下で、独得のイデオロギー的粉飾をこらして独善的に事を進めるので、権力グループへの「大政翼賛」と、反面での弱肉強食の「ジャングルの法則」が支配していき、国内はもとより、アジア周辺の国々との間の激しい摩擦や軋轢や緊張関係を高めざるを得なくなるからである。そして軌道修正を図ろうとしても、肝心の共産党の最高幹部以下、ことご

とく資本主義的営利——それもナショナルな枠組みに固執する——の罠と軍事主導的な権力志向にどっぷり浸かってしまって、その泥沼から容易には抜け出せないようになっている。そして国内外での社会不安が強まれば、依拠するのは対外的には人民解放軍であり、国内的には公安などの治安・警察機構であり、それを補完する宣伝工作・イデオロギー操作部隊である。そして人民解放軍は共産党の絶対的な支配下で、その走狗——つまり党軍——となるばかりでなく、自らも党営資本主義の一翼を担い、営利と致富に狂奔している。その結果、あちこちで権力濫用はもとより、道徳的腐敗や公金横領、不正蓄財などが広まっている。

　ところでこの人民解放軍の本当の実力のほどはどうであろうか。我々は中国の軍事力とその志向性を、ややもするとアメリカ流「偏光レンズ」によって見ていて、そこにはおおいに潤色がなされていて、その攻撃性をしきりに強調したり、過大視したりする傾向がむしろ強い。その方がアメリカのアジアへの関与がしやすいし、軍事予算も取りやすいし、米軍の再編を進め、同盟諸国の同意を得るのにも都合がよいからである。だがそれとは別に、本当のところをアメリカの軍事関係者は冷静に見ていると思われる。そうしなければ、アメリカのアジア戦略は立てられないし、中国との虚々実々の駆け引きもできない。それを探るのが本章の課題でもある。とはいえ、オバマ政権はこのアジアシフトによって米中間の軍事・安全保障問題に集中できるはずだったものが、上記のウクライナ問題の発生や中東での問題の深刻化によって、内外からの猛烈な批判に晒され、その結果、8月8日についにイラクへの空爆に踏み切った。その結果、オバマの外交は統一性も一貫性も欠いた、場当たり的なものになりつつある。それでは今秋の中間選挙もうまく乗り切れなくなくなる（事実大敗を喫した）。以下の展開ではこれらについても必要な目配りを払いつつ、米中間の軍事・安全保障問題に焦点を当てて事態の真相を冷静に探ってみよう。

第 2 節　ポスト冷戦時代におけるアメリカの軍事・安全保障戦略の展開と中国軍事力の透視図
――米軍再編の基本構想と中国軍事力の近代化

1．米軍再編の基本構想

　ソ連・東欧での社会主義体制の崩壊と移行経済国と呼ばれる資本主義制度への転換、そして中国における改革・開放政策の実施による共産党支配下での資本主義経済の進行――これを党営資本主義（Party Capitalism）と名付ける――は、アメリカに自由主義体制の勝利を宣言させた。そして来たるべき新たな世界の枠組みにふさわしい軍事・安全保障体制の構築を加速させることになる。こうして米軍の再編（transformation）は 21 世に入って本格的に展開されていく。

　この米軍再編の基礎にあるのは、第 1 に冷戦体制の崩壊による安全保障環境の変化、とりわけ「ならず者国家」と表現されたり、あるいは国家ではない「テロリスト集団」なので「非正規型」とか「非対称性」とか呼ばれたりする、新たな脅威の出現である。これは湾岸戦争に始まり、9.11 の同時多発テロになってアメリカ本土への攻撃がなされ、それに対する報復としてのアフガニスタンとイラクへの進攻と占領によって一応帰結した形となった。だがそれによって、すべてが終了したわけではなく、テロの脅威や地域的不安定性はかえって増大すらしてきている。それに有効に対処するためには、強力で機敏な、そしていつでもどこでもただちに戦闘態勢に入れる機動的な即応体制の構築が望まれる。またその前提には彼らの動向を逐一把握できる監視体制と情報の集積と分析が必要になる。

　第 2 に戦闘の遂行に当たって、米軍兵士の犠牲（消耗）を最小限抑えるための工夫を図ることで、そのようにしてアメリカ国内での国民的な同意を得ることが大事になる。アメリカが自由世界の守り手であるという大義名分だけではアメリカ国民の同意はもはや得られない。さらに効率的な兵器類の使用によって、財政負担の軽減も見込まれる。そのことから、精密化、無人化、ロボット化、あるいは偵察・監視能力の充実が求められていく。

　第 3 にこれらのことを可能にする技術的・科学的な要因としての RMA（Revolution in Military Affairs、「軍事における革命」）の進行をうまく取り入れていくこと

である。

　こうした再配置戦略[2]は実は海軍から生まれ、その主導下で、空軍との密接な連携の下で進められることになった。別名「エアシーバトル」(Air-Sea Battle, ASB) とも呼ばれているが、海軍のセブロフスキー提督が戦力の枠組みの転換とボトムアップを図って、それを自己同期（コンカレント）を中核とするネットワーク中心型コンセプト（NCW）として考えたのが嚆矢とされている。2001年のQDR（Quadrennial Defense Review）[3]でこれまでの脅威ベースのアプローチから、新たに能力ベースアプローチへの転換が主張され、同年セブロフスキーを部長とする国防総省長官府戦力変革局（OFT）が創設された。そして2003年4月には再編計画指針（Transformation Planning Guidance, TPG）が発表された。それは、戦い方の変革、業務手法の変革、外部との協力手法の変革という、三つの変革を基本にしている。つまり長距離、無着陸での米本土からの攻撃、無人航空機（偵察ならびに攻撃用）、巡航ミサイル、人工衛星の通信ネットワークの利用をその中核においている。そして同年のGPR（Global Posture Review,「米軍展開態勢見直し」）において、兵力配置が偏在していること、駐留国との間での関係が必ずしもスムーズにいかなくなっていること、財政的負担などの経済的背景についての検討が必要になっている事情、それに相手からの攻撃にたいする脆弱性などが指摘された。そこで具体的には小回りのきく軍隊で、シーベーシング（Sea Basing）と呼ばれ、空母を母体とし、基地とするが、そのための拠点を日本（太平洋）、ディエゴ・ガルシア（インド洋上の英領の島）、イギリス（ないしはドイツ）の三カ所におき、戦力展開拠点（PPH）、主要作戦拠点（MOB）、前進作戦拠点（FOS）、協力的安定拠点（CSL）の四層での各拠点がそれぞれに配置されていく。これは具体的な作戦実行は空軍との連携の下で展開されるので、上述したように、別名「エアシーバトル」ともいわれている。

　それまでは、強力な核弾頭とその運搬手段（ミサイル、潜水艦、爆撃機）と制御システム（コンピュータ）とを一体化させた核兵器体系に依拠して、力を誇示し、核保有国同士が相互に対峙——だから「非対称性」ではない——し、牽制し合って、事実上の現状凍結を図ってきた。そこでは巨大化、固定化、高速化、大量殺傷能力、とりわけ一挙に殲滅できる能力——大量破壊兵器——が中心におかれてきた。しかしテロ集団に代表される神出鬼没な都市型のゲリラ闘争に対処す

第6章　オバマ政権のアジアシフトと米中間の軍事・安全保障問題の尖鋭化

るには、隠れている敵を監視し、見つけ出し、ピンポイントで正確かつ迅速に殺傷する能力が、それ以上に求められることになる。そのためには実戦での機動性や柔軟性や即時性が大事になる。それを可能にするために、衛星を通じた探査とコンピュータシステムによる計算や分析、そしてシュミレーションによる事前の詳細な予行演習など、Command（指揮）、Control（統制）、Communication（通信）、Computers（コンピュータ）、Intelligence（諜報）、Surveillance（監視）、Reconnaissance（偵察）を合わせて C4ISR と呼ばれる、情報処理システムの確立と統合的展開がとりわけ求められてくる。以前は前の三つに諜報を合わせた C_3I とも呼ばれていたが、現在ではコンピュータを追加した上で、監視と偵察が加わり、場合によっては TA（Target Acquisition、目標捕捉）も加えたりして、その全体の基本コンセプトを表している。多少語呂合わせ的なところもあるが、端的にいえば、戦争それ自体があたかもウオーゲームのような様相を呈するようになってきていて、遠くの指令本部と戦場をオンラインで繋いで、コンピュータ画面をクリックして操作するところは、「バーチャルリアリティ（疑似仮想空間）」の世界に模されるものである。

　ところで RMA と呼ばれる、新技術の軍事への応用であるが、「IT 革命」と総称される、コンピュータとインターネットで結ばれた情報・通信の革新は、民間の生産・流通・金融部門ばかりでなく、個人生活上にも巨大なインパクトを与えた。それに止まらず、軍事への応用もすさまじく、それをいち早く取り入れることが課題になり、それを RMA という呼び名で一括した。戦後の軍事システムはマンハッタン計画に代表される核兵器の開発、そしてアポロ計画に至る ICBM などのミサイル技術、そしてコンピュータによる統御、つまりこれらを合わせた電子・原子・航空宇宙産業の発達がそれを先導していった。これまで、戦後長きにわたって世界の軍事技術の革新を先導してきたアメリカは、軍事主導的な技術開発を優先し、それが民生用に応用されていくスピンオフの道をとってきた。しかし半導体技術の発達とそれをコンピュータに組み込んだパソコンの出現は、忽ちのうちに世界に一大ブームを呼び起こし、それに関連した IT 技術の飛躍的な前進を生んだ。そしてそれは単にハード面ばかりでなく、ソフト面での向上を生み、さらにインターネットの普及によって、相互交信が頻繁に行えるようになり、遠隔地を結び、見知らぬもの同士が相互に交流し合い、語り合い、そして信頼関係

を築くことすらできるようになった。そして今や情報それ自体がビジネスとして急成長するようになった。現在では生産、流通を問わず、またビジネスばかりでなく、個人生活の隅々にまで情報化が進展——これを IOT, Internet of Things という——してきている。そこで、こうした高度な民生用技術を今度は軍事転用するスピンオンの道が注目されるようになる。またそこでは軍民両用技術（dual use technology）の活用が図られるようになり、軍と民との境目がファジーになっている。これらが米軍再編の科学技術的前提であった。

かくて米軍の再編を決断させるようになった RMA は多々あるが、中でも核兵器を運搬する精密誘導兵器（PGM））の開発と配備がきわめて重要になる。米本土から長距離を無着陸で、世界中のどこでも、しかも高精度で爆撃できる技術によって、従来の戦略爆撃と同様の用兵で戦術爆撃や近接航空支援が行えるようになった。また無人航空機による偵察や攻撃、海や空から発射される巡航ミサイルが、GPS（人工衛星を使った）誘導だけでなく、目標画像による識別能力が備わることによって、きわめて重要になる。しかも人工衛星による通信ネットワークが軍用・民間用ともに充実しているため、指揮や誘導のためには前線や前線に近い場所に司令部がおかれなければならない必要が薄れてきた。偵察衛星による監視能力の向上、戦場での死傷者を最小にする無人兵器により遠隔攻撃する形態は、将兵の損耗を避け、それによって軍隊と国民の支持が得られやすいと考えられる。もっとも、これは反面では誤作動による誤爆や誤射を随伴するため、一般市民が犠牲になり、また民間施設が被害を受ける過ちが後を絶たない。大量破壊兵器につきものの高価格化を避け、また殲滅ではない集中的な攻撃による相手側の人的損耗を少なくできるという意味で、これは経済的かつ防衛的だと軍需産業がいくら嘯いてみても、所詮は殺人兵器であることには変わりないので、そうした罪の意識を、これはいくらかでも軽減できる贖罪効果を持てるかもしれない。この選択は冷戦終了によって、一時的不況に陥っていた彼ら軍需産業に新たなビジネスチャンスを与え、利益拡大と再興に繋がることになった。

さらに旧ソ連に代表される巨大な核軍事力を持った超大国は残像を留めていて、交渉を通じる核兵器の管理は依然として大事である。それと並んで、あるいはそれ以上に、テロリスト集団などの新たな敵——原始的な兵器を持った——が出現したことで、突然の、予期せぬ、非対称性の脅威に直ちに対応しなければならな

第6章　オバマ政権のアジアシフトと米中間の軍事・安全保障問題の尖鋭化

くなった。そのため、核戦力を中心においた巨大な戦力（装備・兵力・命令系統）を固定的に配置することを中心においた、これまでの戦略を大胆に改める必要が出てきた。その結果、戦力配置は以下の4層によって構成されることになる。第1に戦力展開拠点（PPH）は大規模な兵力、装備を持つ。第2に主要作戦拠点（MOB）は中核的な役割を果たす。第3に前進作戦拠点（FOS）では、小規模部隊の駐留がなされる。そして第4に協力的安全保障拠点（CSL）では、連絡要員を常駐させる、というものである。こうした再編成によって、従来からの古典的な軍団、師団、旅団といった巨大な軍事力編成は行わず、その単位は司令部機能ユニット（UE）と戦闘部隊機能ユニット（OA）に再編され直すことになった。GPR（Global Posture Review,「展開態勢の見直し」）がQDR2001において宣言された後、それは海外駐在米軍の体制を根本的に見直すもので、2003年11月より正式に開始された。

　それまで米軍が抱えていた問題点は、兵力の偏在で、前方部隊が西欧と北東アジアに集中していて、紛争が多発する「不安定の弧」と位置付けられた、アフリカやバルカン半島から中東を通って東南アジア、朝鮮半島に至る帯状の地域には十分に部隊を展開できていなかった。またとかく海外駐留は、現地国との摩擦を生み、歓迎ばかりでなく、抵抗も伴った。というのは、その海外基地の不安定性が高まり、それは現地国にとっては基地収入などのメリットばかりではなく、そうしたデメリットも考慮しなければならなくなったからである。さらにアメリカにとっても維持費用のための財政負担の増加や、基地への敵の攻撃の可能性によって、かえってその脆弱性を強めることにもなる。というのは、砲撃も近距離だと短時間で飛来するので、それにたいする迎撃手段も限られるし、また敵の誘導兵器の精度が悪くても、実用的な効果を持つ可能性が大になるからである。さらにいえば、原始的な兵器類でも立派に通用するという、アメリカ軍の近代的装備体系を嘲笑うことにもなる。

　さて2003年4月に再編計画指針（TPG））が発表された。それは、上述したように、第1に戦い方の変革、第2に業務手法の変革、第3に外部との協力手法の変革、の三つの変革がその内容となる。この米軍の再編であるが、その基本は能力ベースでの編成で、2002年2月のNPR（核態勢の見直し）において、非核及び核攻撃能力、ミサイル防衛、国防基盤の三つに集約されることになった。これ

らの解決のために、GPR が策定されたわけだが、その要点は NSS（国家防衛戦略）によれば、1. 同盟国との関係強化、協力関係・相互運用性の強化、駐留米軍との軋轢軽減、2. 不測事態に対処する柔軟性の獲得、3. 即応展開能力の獲得、4. 戦略の対象範囲の拡張（地域レベルから汎地球レベルにまで）、5. 兵力ベースから能力ベースへの移行、にある。そして GPR 及びネットワーク中心の戦い（NCW）に対応した組織再編が必要になり、陸軍は従来の旅団―師団―軍団―軍という 4 段階の指揮系統が見直され、UA（戦術段階の実践部隊で、従来の旅団に相当）、UEx（作戦・戦術階梯における司令部部隊で、作戦階梯のものは従来の軍団、戦術階梯のものは従来の師団に相当）、UEy（戦略階梯における司令部部隊）に再編成され、これらの部隊の編制は高度にモジュール化されたものになった。つまりどこでもいつでも取り替え可能な「軍事ユニット」となった。まるで、モジュラー型生産システムによるモノの製造活動のような様相である。海軍の C4I システムはネットワーク中心の戦い（NCW）のためのもので、作戦指揮（OPS）系統と情報活動（INTEL）系統の二系列に分けられる。こうした米軍の再編の実験場は湾岸戦争で、ここではものの見事成功を収める形となった。

2. 中国軍の近代化

アメリカは対中戦略を練るに際して、上でも述べたが、それを A2/AD 戦略と規定した。ここで「接近拒否」(A2) は前方展開基地や戦域への接近を阻止するもので、外部から入ってこられなくするものであり、「領域拒否」(AD) はすでに展開している敵を自由に行動させないようにすることである。そこで、今度は中国の軍事力とその安全保障戦略について触れてみよう。実際のところ、中国の軍事力はどれほどのものであろうか。これに関してはアメリカ国防総省が議会への年次報告書[4] を出して、絶えず検証してきており、かなり冷静な目で見ている。最新の 2013 年会計年度の年次報告によって、その全体を大観してみよう。中国の人民解放軍の悲願である軍の近代化は、経済発展の結果、潤沢な国防費と技術基盤の発達によって、急速に進んできている。まず軍事費であるが、2013 年 3 月 5 日に中国政府は年間軍事予算が 1140 億ドル（前年比 10.7％増）になると発表した。しかしアメリカ国防総省は物価と為替レートを勘案して、2012 年度の軍事関連支出総額を 1350 億ドルから 2150 億ドルと推定している[5]。それはロシ

第6章　オバマ政権のアジアシフトと米中間の軍事・安全保障問題の尖鋭化

アの2倍ほどの額である。とはいえ、これとても、アメリカにも見られるような、軍事に特有の秘密主義や不透明性の存在に加えて、それに輪をかけて、議会を通じた国民への開示を必要としない中国固有の非公開性なども加わり、正確なものとはいえない。その軍需生産を担うのは、主に国営「国防コングロマリット」企業だが、そこでは民生用と国防用とを並列的に行うことによって、競争を奨励し、切磋琢磨し合っている。それによって、最新の工業技術と軍民両用技術へのアクセスを可能にし、また商業的な展開が国防関連活動を支える収入源ともなり、それを経営する元軍人たちに巨額の利益を、そしてそれを贔屓する現役軍幹部たちには巨額のリベート等が入る仕組みともなっている。鄧小平は人民解放軍の近代化を促進するに当たって、軍のリストラと軍人の再就職も同時に頭に入れたが、これはその解答の一部となっている。今やビジネスとしての軍需産業は彼らに高収入を保証し、自国内ばかりでなく、海外への販売を行うまでになっている。その意味では形の上では西側の軍需産業と変わらないが、違いは国有企業であり、国家——というよりは共産党——直属の企業体であり、国家予算をふんだんに——事実上無条件で——使えるという点では圧倒的に有利だということにある。さらに最先端の軍事技術の研究を促進するための研究活動とそれを担う人材を特別に育てていて、中国科学院もそれを後方から支援している。まさに党による産軍学複合体の形成とその強力な推進といってよいだろう。

　そこで肝心の装備の近代化の到達度合いであるが、国防産業の優先順位はまずミサイルと宇宙システムにあり、次いで海軍と航空機、そして陸軍の順になる。そこでは「自前の」国防産業の確立を目指しているが、実際は外国の設計の善し悪しを判断した上で、取捨選択してこれを導入し、必要な投資を行い、しかもリバースエンジニアリング（RE）を使った模倣—改造戦略を大いに活用している。その結果、現在ではいくつかの分野では、ロシアやEUに匹敵するほどにまでなっていると、このアメリカ国防総省のレポートは述べている[6]。もちろん、核兵器は保有しており、それもMIRV（複数個別誘導再突入）弾頭を伴った新世代の移動式ミサイルがあり、それは中国の核の戦略抑止力の実現可能性を確かなものにしている。またICBM（大陸間弾道ミサイル）部隊の整備も進んでいる。核に関して中国は「先制不使用」政策をとっているが、その細部については不明な部分も残っている。弾道ミサイル、巡航ミサイル、空対空ミサイル、地（艦）対空

ミサイルを生産している。ロケット産業はアップグレード化に成功し、衛星打ち上げと有人宇宙計画を支えており、ミサイルプログラムでは海外の一流生産企業に匹敵するほどにまでなっている。ただし地（艦）対空ミサイルはまだ劣っているとアメリカ国防総省は見ている[7]。特に第二砲兵と呼ばれる戦略ミサイル部門では短距離弾道ミサイル（SRBM）1100発を持ち、準中距離弾道ミサイル（MRBM）の配備を進め、中距離弾道ミサイル（IRBM）を開発中である。また対地巡航ミサイル（LACM）を配備し、対艦巡航ミサイル（ASCM）はロシア製のものを配備している。空対地戦術ミサイル及び精密誘導弾を保有し、対レーダー兵器もロシアから購入している。

　一方海軍の装備では、世界最上位の造船国の一つになったことを背景に、潜水艦、水上戦闘艦艇、海軍航空機などを自前で生産している。かつては駆逐艦、フリゲート艦などはソ連から購入し、ノックダウン方式で国内生産してきたが、今日では改良を重ね、自力で開発、建造するようになり、攻撃型原子力潜水艦も保有している。そして2012年には初の空母「遼寧」が就役した。さらに戦闘機、早期警戒管制機（AWACS）、空中給油機、弾道ミサイル、長距離巡航ミサイルなどが装備されている。航空ではステルス技術と低視認制技術（カーボン繊維及びその他の特殊素材などを含む）を取り入れた第4〜5世代戦闘機、攻撃ヘリコプター、重量物用の軍用輸送機も国内製造可能である。商用機において、軍事転用可能な高精度の工作機械、アビオニクス（航空機用電子機器）、構成部品（コンポ）をデュアルユーステクノロジーとして開発しているので、それが軍需生産にも転用可能となる。ただし、航空機エンジンは海外依存しており、また熟練した人材（経験不足）と施設（インフラ）にはまだ恵まれていない。外国技術を獲得し、リバースエンジニアリングを通じた模造を意図して、航空機と戦車のエンジン、固体電子工学とマイクロプロセッサー、誘導制御システム、最先端の精密工作機械、先進的な診断・フォレンジック（調査）装置、コンピュータエイド（CAD）による設計・製造・エンジニアリングといった実現技術に狙いを定めている。先端技術では情報、新素材、先進製造、先進エネルギー技術、海洋技術、レーザー技術と航空宇宙技術に狙いを絞っている。さらにアメリカが特に気にしているのは、スパイ活動で、中国の軍需産業は民生と軍事の境目がなく、また国有企業が主力だが、民営企業においても共産党の指導性が貫かれているため、一

第 6 章　オバマ政権のアジアシフトと米中間の軍事・安全保障問題の尖鋭化

表 6-1　中国のスパイ活動

1. 2010 年 8 月。ノシル・ゴワディア有罪判決（巡航ミサイルが赤外線ミサイルによる探知を回避できるようにするための能力を備えた低シグネチャ巡航ミサイル排気システムの開発に関して）
2. 2010 年 9 月。郭志東有罪判決（米軍の暗号化技術の非合法な輸出とマカオおよび香港への密輸の企て）
3. 2010 年 10 月。憲宏偉と李礼、ハンガリーで逮捕後有罪（国防品に指定され、衛星システムに使用されている放射線耐性をもつプログラム可能な読み取り専用マイクロチップの調達を中国航天科技集団公司のために企てた。）
4. 2012 年 1 月。ヤン・ビン、ブルガリアで逮捕、身柄引渡し（「スマートな」軍需品、航空機、ミサイルに使用されている軍事級加速度計の輸出）
5. 2012 年 7 月。ジャン・ジャオウェイ（帰化したカナダ市民）米国入国時に逮捕（戦術ミサイル誘導のために無人航空機システムに使用されている軍事用ジャイロスコープを不法に入手し、輸出しようとする）
6. 2012 年 9 月。張明算、逮捕・起訴（最大 2 トンの航空宇宙級カーボン繊維の入手）

注）国防省、司法省、国土安全保障省、商務省がおこなった調査で、経済スパイ活動、トレード・シークレットの窃盗、輸出管理違反、技術移転などが含まれる。
（資料）『米国議会への年次報告書　中華人民共和国に関わる軍事・安全保障上の展開 2013』米国国防長官府、2013 年 12 月、日本国際問題研究所、45 頁より作成。

体化したものである。それらの企業の社員が外国——特にアメリカ——でのスパイ活動を極秘に活発化させている。しかもそれに加えて、諜報機関を利用したり、不法手段を活用したりしている（**表 6-1** 参照）。現代戦における情報処理システムとして、上でも述べた C4ISR（Command, Control, Communication, Computer, Intelligence, Surveillance, Reconnaissance）の重要性が指摘されているが、中国もこのネットワークを活用した作戦指揮のために、シミュレーションシステムを大いに利用するようになった。

　以上見た中国の装備近代化の水準について、日本の防衛研究所の『中国安全保障レポート』（2010 年）は以下のように評価している[8]。海軍については、①潜水艦の静粛性の向上及び攻撃能力の強化、②新型 SLBM（潜水艦発射弾道ミサイル）の開発、③駆逐艦の攻撃能力の向上、④フリゲート艦の多用途化（沿岸防御に加えて洋上攻撃、対潜戦にも）、⑤空母の保有準備（上で見たように現在は就役済み）、⑥航空部隊への第 4 世代戦闘機の導入を指摘して、長距離進出、精密攻撃能力、戦略抑止能力の強化が図られてきたと見ている。空軍では①戦闘機の戦闘行動半径の拡大と精密攻撃能力の強化、② AWACS（早期警戒管制機）の導入、③第 4 世代戦闘機に対する空中給油能力獲得の企図を指摘して、長距離の移動と

精密攻撃能力の強化が図られてきている。ただし、長距離航空輸送能力はまだ限定されている。第二砲兵（戦略ミサイル部隊）については①弾頭のMIRV（複数個別誘導弾頭）化、機動化及び誘導装置の改良の推進、②長距離巡航ミサイルの保有があり、ミサイルの精密攻撃能力の強化が目指されている。これらはいずれも核弾頭が搭載可能である。これらの指摘は上記の国防総省レポートと大同小異で、いずれにせよ、中国軍の装備近代化が急速に進捗していることがわかる。

　ところで中国の外交路線は国際協調に基づく「平和発展の道」を基本としてきた。胡錦濤主席は2005年9月の国連創設60周年のサミットで「和諧世界」（調和のとれた世界）を提唱したが、その内容は、多国間主義、互恵協力、包括の精神、積極的かつ穏当な方針（平和、発展、協力）の、四点を基本にしている。その要点は、国際協力を図りながら、同時に欠点の多い現行の国際秩序の改革を目指すことにある。だが中国の急速な経済発展とその拡大に伴って、資源需要が増大し、また中国企業の海外進出の拡大に伴い、海外での中国人とその財産の保護の必要が高まってきた。加えて、装備の近代化による人民解放軍の充実・強力化はその内的欲求の発露として外向的になり、さらに軍需産業それ自体の拡張・発展志向とも相まって、次第に目を外部へと向けるようになってきた。従来は長い国境線に応じた陸軍の確保と、核兵器体系に基づくミサイル強化が中心だったが、今日では海洋への志向性が強まってきた。とりわけ海軍は近海総合作戦能力の向上もさることながら、さらに遠海防衛型に大きく転じようとしていて、「遠海機動作戦能力を向上させて、国家の領域と海洋権益を守り、日々発展する海洋産業、海上輸送及びエネルギー資源の戦略ルートの安全を保護する」ようにと、胡錦濤中央軍事委員会主席は2007年の第17回党大会期間中に指示した。さらに2009年4月15日に海軍創設60周年に際して、呉勝利海軍司令員が「今後、遠海訓練を常態化し、海軍の5大兵種（艦艇、潜水艦、航空機、海岸防衛、陸戦隊）は毎年数回部隊を組織し、遠洋訓練を行う」[9]と発言した。またそれに先立つ近海総合作戦能力の向上では、特に南シナ海と東シナ海での訓練が進んでいる。それは前者における領有権の主張や後者での排他的経済水域（EEZ）の主張と結びついている。中国は現在輸入エネルギーへの依存度（石油は58％）が高く、またエネルギー事業は中国資本の投資先（東シナ海は7兆バーレルの天然ガスと1000億バーレルの石油が埋蔵されていると推測される）[10]としての魅力もある。その

第6章　オバマ政権のアジアシフトと米中間の軍事・安全保障問題の失鋭化

ため、海上輸送路の確保（特に南シナ海とマラッカ海峡）が大事になり、また海底を含む東シナ海での領有権が主張される。そして海関（犯罪捜査と密輸取り締まり）、海警（公安部の下部組織で海事警察）、海監（他国との係争にあたって海洋権益と主権申立の機関）、魚政（排他的経済水域での漁業係争への対処）、海巡（人命、海洋汚染、港湾視察、海洋調査の担当）の、合わせて「五竜」と呼ばれる文民機関が実際起こる紛争等に当たっていて、人民解放軍はその背後でスタンバイしている状態である。

　他方で人民解放軍は実務交流を強化し、演習などを通じた実際の経験を積み、また国際協力を通じた多国間プラットフォームの活用（PKOへの参加、海賊対策）などによって、国際舞台への登場も進んできた。このように、第1に海洋資源の確保のために海軍力の強化、第2に中国人と中国企業の海外進出に応じた、ヒトと財産の海外での保護（海賊対策も含めて）、そして第3に装備の充実に合わせた軍事力そのものの誇示などが絡み合って、その対外的なプレザンスを強めている。この中にはさらにRMAによる情報・諜報関係、サイバーテロ対策が新たに加わり、そして国内での少数民族やテロリストなどの騒乱に備えた鎮圧部隊の充実なども企図されている。

　その基礎にある考えは、中国の主権と領土保全は「核心的利益」であり、これを脅かすものには断固対処するというものである。これらの中で特に明記すべきは、かつては防衛の主力は広大な国境線を接していたロシアを中心とした陸上にあり、したがって、人民解放軍の圧倒的主力は陸軍におかれていた。だがソ連崩壊後、ロシアとの関係改善が進むにつれて、重心はアメリカが武器輸出をやめない台湾問題に移動するようになり、さらに東シナ海、南シナ海での権益の確保・拡大から、遠く太平洋にまで射程を伸ばすようにさえなった。独立当初の沿岸海軍から、第一段階では海洋権益を守るための近海海軍へと変化した。かつて台湾問題が深刻化する中で、そこでは第一列島線ならびに第二列島線の概念が強調された。現在では第二段階としてそれをさらに拡張して、新たに「九段線」[11]が根拠にされるようになっている。そして領海法で尖閣諸島、西沙諸島、南沙諸島を中国領土と規定し、さらに海洋権益の維持を明記した国防法を施行した。しかもその中の海域と海底防衛までも主権を主張しているようにさえ思われる。かくて近海から遠海までが最近は射程におかれるようになった。こうした中国の戦略を

217

アメリカ国防総省は上でも述べたが、アクセス阻止（anti-access）・領域拒否（area-denial）（A2/AD）能力と規定して、それへの有効な対応に腐心している。

　中国の方はこの能力を達成するために、空・海・海中・宇宙及び対宇宙・情報といった様々な戦闘システムと作戦概念を追求し、中国沿岸部から西太平洋に及ぶ、一連の多層的な攻撃能力を作り上げることを目指している。その際、情報コントロールがきわめて大事になる。そのために拒否（denial）と欺瞞（deception）による電子戦と情報戦の優先順位が高まることになるが、それは中国共産党が得意にしてきた宣伝・煽動による大衆工作と類似のものでもある。サイバー戦の能力はデータ収集、ネットワークが依拠する兵站・通信・商業活動を特に標的にすること、そして物理的な攻撃と一体化することによって、その効果は数倍にもなるといった特性を持っている。それらの総動員と一体的な展開である。これもまた中国共産党の一元的な支配は得意としてきた。

　これらに対して、アメリカの関与政策は、第1に協調的能力の構築、第2に共通基盤の促進、第3に上級指導者による世界の安全保障環境とその課題への対処の影響という観点から、「平和的」な手段を前面に出して、その協力・協調の促進を図っている。具体的には高級レベルでの相互訪問、周期的交流、さらには学術交流及び機能的・技術的交流の促進である。そしてこの地域の安全保障環境が複雑になっているので、持続的対話が特に必要で、相互理解を向上させることが大事になると考えている。「米中戦略・経済対話」はその集約点でもある。だがそれらはあくまでも外交上の交渉・交流に留まっていて、軍事そのものの対応をどう考えているかは別の問題である。そこで最後にアメリカは中国の軍事力をどう考えているか、そしてまた対中軍事戦略をどう立てているのかを見ていこう。

3．米中間の軍事衝突シミュレーション

　布施哲『米軍と人民解放軍』[12]は米中の軍事・安全保障関係のキーポイントは台湾問題にあると考え、それをめぐって、将来、軍事衝突が想定される場合のシミュレーションを試みている。というよりも、より正確には、それは、アメリカの軍事関係機関やその周辺で密かに、しかも盛んに行われている、いくつかのシナリオに基づくシミュレーションのエッセンスをミックスして、自己流に改作・アレンジしたものである。具体的にはランド研究所とCSBN（戦略・予算評価セ

第6章　オバマ政権のアジアシフトと米中間の軍事・安全保障問題の尖鋭化

ンター）のものを踏まえている。A2/AD戦略をベースにした大量のミサイルやサイバー兵器による中国の先制攻撃に対して、アメリカの対抗戦略（エアシーバトル）は、米軍の主力は巧妙に分散退避させて温存を図りながら、在日米軍基地と日本の自衛隊に第一列島線沿いに防衛ラインを敷かせ、人民解放軍の太平洋進出を阻止する任務を遂行させる。そこでの主要兵器はイージス艦やPACなど弾道ミサイル防衛（BMD）アセット、地上配備型レーザー兵器である。また護衛艦や潜水艦を配備して中国海軍の水上艦隊の通過を阻止する。次の局面では反転攻勢していくが、長距離爆撃機（開発中）と巡航ミサイル搭載原子力潜水艦によって、中国本土のレーダー基地やミサイル関連施設を叩き、人民解放軍の攻撃力を麻痺させる。これに遠距離での海上封鎖を組み合わせて、中国経済を締め上げていくというものである。その際に初期段階においては中国軍は従来のような空母対空母、戦闘機には戦闘機という戦い方ではなく、高価な空母を無力化させるために、ミサイルという安価な手段を効果的に使う「非対称性」アプローチをとって、主導権を握るというものである。中国側の主武器は巡航ミサイルと対艦弾導ミサイル（ASBM）だが、それは射程距離2000キロ以上もあり、中国奥地から移動式ランチャーを使って発射される。この中国の遠距離攻撃に対しては、このミサイル攻撃を妨害することをアメリカは考えており、また日本がきわめて重要な役割を果たすことになる。

　このことが意味するものはいくつかあるが、第1にアメリカは台湾を対中戦略の橋頭堡として考え、それを手放さないこと、そして北へは日本、韓国に繋がる線、南ならびに東にはフィリピン、ベトナムに繋がる線によって、中国を包囲していくことがその戦略の中心になっていることである。そのため、日米共同声明に尖閣諸島への日米安保条約の適用を明記し、フィリピンとは新軍事協定を結んだ。またベトナムとの関係も強化し、最近、武器禁輸措置の緩和を行った。そして空母（シーベイシング）を母体に、空軍を手駒に使うエアシーバトル（ASB）が展開されることになる。他面で経済的にはTPPの締結とその推進を強力に進めている。その意味ではオバマの「アジア回帰」は軍事、経済両面で表裏一体的に展開されているものである。そしてどちらかというと、軍事面での再編の方が先行しつつも、深く潜航していた。

　第2には中国を挑発し、事あらば、一挙にその軍事力を叩く意志を持っている

ことである。そしてその出鼻をくじき、国内での内乱を誘発させたいとも考えているだろう。だから、シミュレーションでは中国の先制攻撃で始まったと想定し、しかもかつての真珠湾攻撃の時のように、奇襲によって最初は中国優位だが、体勢を立て直したアメリカが巻き返し、最終結果は非公開になっているが、多分アメリカの優勢で終わることになろう。そればかりでなく、第二幕目では中国本土での異変に応じた米軍の進攻があるかもしれない。その場合には日本ばかりでなく、韓国やベトナム、場合によってはフィリピンも一肌脱ぐことになるだろう。アメリカの成功と大勝利を描くこのシミュレーションは、危険極まりないものである。

　しかも第3にこのASBでは日本の自衛隊と在日米軍基地は盾の役割を担わされている。いわば前線での犠牲——スケープゴート——部隊である。そしてアメリカが仕掛ける対中戦争——形の上では中国が仕掛けたことに想定されているが——に自動的に日本が参加させられることになる。だから集団自衛権を現行憲法の解釈の仕方を変えることによってビルトインさせようとする企ては、実はアメリカが最も望んでいることでもある。というのは、「日米安保体制」が日本の「憲法体系」に優位するという仕組みは、日米貿易摩擦が激化していく中でより明確にされた経緯がある。防衛品の国産化をめぐる問題が、日本の民生用高度技術をアメリカの軍事生産の中に取り入れたいアメリカの思惑と、ライセンス生産という特殊な形態ではなく、本格的な国内生産によって自前の装備と軍需生産の拡大を図りたい日本側の思惑とが交錯して、日米間の摩擦として深刻な論議を呼んだが、最終的には日本の軍事技術転用可能な「両用技術」の対米技術協力という形で決着した。その際に日米安保条約の第2条「経済協力」の項目が特別の意味合いを持つように、改めて意識された[13]。だがこうした小手先の綱渡り的な手品ではなく、第九条を含めて本格的な日本国憲法の作り替えが必要だという議論は日本側の保守党の一部には根強くある。しかしそれはきわめて難しいというのが、アメリカ側の懸念と判断である。というのは、それがアメリカ側の強い要請だとなると、アメリカの本性が日本国民に露見してしまう危険性が大であり、なおかつ現行憲法を確立する上で多大の力を注ぎ、これを真っ先に承認してサンフランシスコ平和条約を結び、その上に日米安保条約を乗せた、戦後の日米体制の確立ならびにその維持と矛盾しあうことになるからである。したがって、現行憲

法の下での新解釈によって、対米軍事協力のより一層の促進という形で米軍の対外侵略に片棒を担がせることができるなら、これにこしたことはないと安堵の胸を撫で下ろすことになろう。なぜなら、それによって、米軍再配置は予定どおり、スムーズに進めることができるからである。なお当然のことながら、日本の防衛省内でもこのシミュレーションが盛んに行われているのだろう。さらに付け足せば、このシミュレーションは中国のASBMの攻撃力を過大に見積もり、それに対する備えとして米軍に欠けているレーダー網などを使った妨害や誤作動誘発装置の敷設と拡充を暗に督促しているように思われ、そうすると、軍需産業にとっても格好のビジネスチャンスが生まれることにもなる。

第3節　中国の権力構造の特徴とその志向性
　　　——党営資本主義（Party Capitalism）の推進と党軍体制の確立

1．中国の権力構造

　共産党の支配下での資本主義経済制度の促進、発展による急速な経済成長——しかも「世界の工場」といわれるほど——の達成という、奇想天外な驚くべき事態がどうして成り立ち得たのか。そして今後どう推移するのか。ここに問題の核心がある。結論を先取りすれば、それは権力を一手に掌握している共産党による、グローバル時代における上からの強力な資本主義の推進で、途上国など後発国が好んで行った「開発独裁」の特殊中国的な形態であり、一般には国家資本主義（State Capitalism）と呼ばれているものである。それで間違いはないが、権力構造と経済システムを合わせた、より的確な表現として、筆者は敢えて「党営資本主義」（Party Capitalism）と名付けてみたい。それほどにこの経済システムを推進する中国共産党の指導性と支配力は強固である。こうした事態の出現の背景には、対外的にはソ連・東欧での社会主義体制の崩壊とグローバリゼーションの進展、そして対内的には中国における「文化大革命」による国の混乱と分裂と荒廃という歴史的条件があった。これらについては後段で触れるが、最初に権力構造としての中国共産党による一党支配の特徴について考えてみよう。なおここではそれ自体の詳細な検証が課題ではないので、細かな傍証による根拠付けではなく、その主要点のごくおおざっぱな素描に努めることに留めたい。

その特徴はまず第1に「全能の神」のごとき存在としての共産党万能の風潮である。一般的には共産党一党独裁と呼ばれているもので、共産党は中国社会のあらゆるものに優先し、かつそれらを支配している。2013年末で13億6000万人余の総人口のうち8669万人の党員、比率で6.4％を占めている[14]が、この数はイギリスやフランスの総人口をうわまわり、ドイツの総人口に匹敵するほどで、地球全体の総人口70億人の1.2％にも上る。つまり全人類の100人に1人は中国共産党員だということになる。強大なパワーである。しかもこの共産党はマルクス・レーニン主義と毛沢東思想と鄧小平理論に基づく一枚岩的な思想的統一性を誇り、それを基準にして政策・行動・倫理等を律している。しかもその組織は、政府機関はもとより、職場、そして居住地域、さらには各種団体・サークルにまでわたって縦横に張り巡らされ、場合によっては表向きは存在しないはずのインフォーマルな非合法な組織にまで及んでいる。そして「民主集中性」の組織原則に基づいて、幾層にも積み上げられた階層上の構造（ヒエラルキー）を持ち、最終的には中央委員会（205人）の中の政治局（25人）に集中され、それを常務委員会（7人、胡錦濤時代は9人であった）が束ねて、「最高指導者」（党総書記であり、同時に党の中央軍事委員会主席を兼ね、合わせて国家主席でもある）のイニシアティブの下で最終的な決定を下し、実行していく仕組みになっている。そこでは決定したことの実践による検証が大事になり、集団内での自己批判と相互批判によって、行動の是非を最終的に律していくことになる。少数精鋭による最終的な意思決定システムであり、実行―点検―修正というフィードバック機能を持った柔構造システムでもある。ただしこれは頂点に位置する常務委員会が名実ともに最高の頭脳集団であり、そこにはあらゆる情報が集められ、それらの材料を基に英知を結集して決定を下し、速やかに実行を行い、結果にたいして謙虚な立場から点検し、反省し、そして軌道修正していくのであれば、きわめて迅速かつ効率的、そして建設的な意思決定システムだといえよう。だが思想的な硬直性に陥り、見解上の多様性や反対意見に対する許容性を欠き、もっぱら密室での合意形成とそのための権謀術数や権力闘争に明け暮れてしまうと、強権的で反民主主義的体質や、逆に事なかれ主義や付和雷同が蔓延し、少数エリートによる独断専行的な寡頭支配体制に堕する危険も多分にある。

　ところで共産党がそもそもなぜ必要なのか、そしてどうしてこうしたシステム

になっているのかといえば、労働者階級は自然成長的に社会主義者になるわけではなく、むしろ日常的な経済条件の改善や生活向上に主要な関心事がある。マルクス主義の理論によれば、だから資本主義から社会主義への移行・発展は歴史的必然だとはいえ、資本主義の「墓掘人」としての歴史的使命を帯びた労働者階級の意識的・能動的な活動、つまりは体制変革運動と「社会革命」なしにはそれは実現しない。そこで、労働者階級の外部から、階級的自覚と革命意識を絶えず注入、喚起し、そしてこの革命運動を先導する少数の職業的な革命家の集団、つまりは「前衛政党」が必要になる。しかも反体制運動の指導部なので、味方内には開かれてはいても、敵にたいしては秘匿されて、司令塔として十分に守られていなければならない。これがレーニンの『何をなすべきか』によって描かれた、それ以前のカウツキーなど社会民主党の自然成長性に依拠するものとは異なる、斬新な前衛政党論であった。中国共産党ももちろん、これを踏まえて結党された。しかも中国の場合には、ロシアのように突発的・集中的な「革命」によって、一挙に体制転換が実現したわけではない。もっともロシアではそのために確かな見通し、的確な政策提起、適切な戦術指導、大衆の気分に応じた機敏な反応、街頭や職場での煽動・宣伝活動や大衆動員の工作などでの練達した手腕が革命家には求められ、そうしたプロとしての力量に長けた集団でもあった。中国ではその広大な国土と巨大な人口を抱え、しかも労働者階級は未成熟で、資本主義も初期段階でしかなく、かつ多くの農村後背地を抱える中での、長期にわたる武装闘争を経てその実現を図った。そこでは農村でのゲリラ闘争から始め、根拠地を作り、しかも時代は第2次世界大戦中で、列強間の角逐のまっただ中での、一種の空隙になるという歴史的な条件にも恵まれて、次第に勢力を整え、成長を遂げて、最終的には国民党政権との決戦を経て、武力革命に成功した。それは労働と資本の対抗に加えて、先進資本主義列強による植民地獲得とその支配という「帝国主義」の段階が生み出した新たな条件を生かし、民族解放運動と社会主義革命とを結合させたものであった。このことは、「万国の労働者団結せよ」というスローガンに代表されるように、労働者階級には祖国はなく、普遍的でコスモポリタンな性格を持っているばかりでなく、同時に帝国主義下での民族解放──「非抑圧民族団結せよ」というスローガン──という性格からはナショナリズムが大事な要素になる。そしてこのコスモポリタニズム（あるいはインターナショナリズ

ム）とナショナリズムをどう組み合わせ、統合し、両者の折り合いをつけるかが重要な課題になる。これは建国間もないソ連で世界革命の継続か一国社会主義の建設かをめぐって争われた先例がある。そして中国の場合には、ナショナリズムの性格が濃厚に染み込んでいた。

　したがって、ここにはナショナルな土台に根ざした中国共産党に独得の性格が多く付与されている。それは、まずなによりも、あらゆるものに共産党が優位するという、共産党の指導性・先導性への揺るぎない信奉である。これは革命運動に挺身した共産党員の骨肉にしみ込んだ核心的な信念になっている。そしてこうした不屈の精神とたゆまぬ努力、尊い自己犠牲、無私の献身、そしてそれらを束ねて、目的意識的に誘導していった指導部の適切な指導と党の団結なくしては、中国革命は決して成功できなかったであろう。こうしたことから、中国の人民に大きく支持されてきたことは間違いない。もちろんこうしたことはロシア革命を始め、世界で同様の役割を担った前衛党にはいずれも共有されているもので、そうした信頼性をそれぞれの国において得ていた。とはいえ、ロシアのボリシェヴィキ（共産党）は帝政下で激しく弾圧され、その多くを非合法下での活動に集中せざるを得ず、かつ指導部の中心は国外にあった。だから、2月革命によって公然化した後は、10月革命にかけて瞬く間に大勢力に急膨張することになった。これとは異なり、中国では国内に根拠地を持ち、人民解放軍という武装勢力によって体現されて、指導部はその中に日常的に存在していて、中国人民の中にしっかりと根付いていた。そこから当然に革命後の国家建設においても中心を担うことになるが、そこでは階級的には労働者階級を中心（「プロレタリア独裁」）に労農同盟を基礎にして、その周囲に様々な政治的な傾向を持つ人々を結集した統一戦線方式によって遂行されていく。人民主権の確立の下で、人民は統治能力を陶冶していくことになるが、共産党はそのための指導政党ではあっても、決して共産党独裁ではない。しかしその役割の大きさから、政府機関の中枢を占め、有能な働き手として影響力を拡大し、やがてそれ以外の人士を次第に国家の重要ポストから排除していって、事実上共産党独裁の傾向を強めていくことになる。本来なら高い道徳性に依拠して自己を律し、人民による統治の成長のためにあえて「縁の下の力」に徹する矜持――大悟――が必要であった。そうすれば、人民の信頼と敬愛はさらに強まり、幾多の紆余曲折はあっても、体制は盤石となったは

第6章　オバマ政権のアジアシフトと米中間の軍事・安全保障問題の尖鋭化

ずであった。しかし小成に酔い、大志を忘れ、目先の欲望や野心にとらわれすぎ、革命の功労者である最高指導者の過ちと暴走を制止できずに、自己保身――もっとも粛清には処刑もあるので、軽々にはいえないが――に汲々とした結果、「百年に禍根」を残すことになってしまった。共産党に対する信頼は一遍に雲散霧消した。返す返すも残念な限りである。そして軍や警察などの国家の暴力装置、中央・地方の行政機関、労働組合、農民団体、大学や各種教育機関、さらには工場や農村などの生産現場を含めてあらゆる面における支配力を獲得していった。そうなると、人民主権は形骸化していき、後塵を拝し、時の共産党の指令に従わざるを得なくなった。したがって、今や中国人にとって最高の望みは共産党員になって、出世の糸口を掴むことであり、最大の屈辱は党から除名または党籍剥奪されてしまって、その道を断たれ、社会の敗残者に落ちることである。

　第2の特徴はこうしたことから当然に生まれた「政権は鉄砲玉の中から生まれる」という武装闘争中心主義ないしは至上主義であり、それを担った人民解放軍への依存体質と深い信頼である。中国の場合、長期にわたる武装闘争を続けたので、この性格はとりわけ強かった。党の幹部はことごとく軍事活動に参加し、その中でとりわけ軍事才幹に恵まれたものがその頂点に立つ傾向が強かった。毛沢東や周恩来、さらに鄧小平などの政治指導者ばかりでなく、後に十大元帥として人民解放軍の最高の階級に位置づけられた朱徳、彭徳懐、林彪、劉伯承、賀龍、陳毅、徐向前、葉剣英なども軍人であると当時に、政治家でもあった。というと、軍人支配や軍国主義――あるいは「唯物論」ならぬ「唯武器論」といった多少揶揄した表現――などを思い浮かべるかもしれないが、そうではない。次に述べるように、そこには政治が優先する原則が貫かれているからである。革命運動には武装闘争も非武装闘争もことごとく必要であり、革命家とはそれらをすべて具備している存在だという認識であり、また自覚でもあった（余談だが、エンゲルスにはすぐれた軍事論[15]があり、レーニンがクラウゼビッツの『戦争論』の愛読者であったことは夙に有名である）。だから彼らがすべてはじめから軍人であったわけではない。もともと革命家として政治と軍事が未分化のまま包摂されていたものが、事態の推移の中で、個人によって政治家としての側面と軍人としての側面がそれぞれ突出していって、分離していったものであった。

　第3の特徴はその中での、とりわけ政治優位の原則である。軍事、経済、文

化・イデオロギーなどのあらゆる分野での政治の優位の確立である。その根拠は戦略重視の考えにある。軍事、文化・イデオロギー、経済などあらゆる部面は政治に集約され、そこでは戦略的な思考と判断が決定的に大事になる。そのため、中央委員会の中に政治局を設け、そこにすべての権限を集中させ、大事な問題での大局的な政治的判断を下すことになる。それとともに、日常的に様々な業務を集約し、記録し、事務処理を行う部門として、書記局がおかれることになる。ロシアにおいて国内外での非合法活動が中心におかれていた時は、機関紙発行と結びついて、その編集局が事実上の指導の中心におかれていた（たとえば、ロシアではプレハーノフとマルトフとレーニンの三人による編集委員会）。革命が成功し、日常的な業務が煩雑になるとともに、内閣の執行機関に相当する「人民委員会」がそれぞれを管轄するとともに、共産党としての政治判断や連絡調整を行うために、書記局が必要になる。もっとも当初は事務処理を行い、議題を整理し、記録するという控えめな役割を果たしていたものが、書記長スターリンの下で、やがて事実上の中央指令部化していくことになる。中国においても、建国当初、総書記として鄧小平が就いたが、それもソ連の場合と同工異曲であった。しかしやがてそれが事実上の指令部になったため、国家主席劉少奇と並んで、総書記鄧小平が「資本主義の道を歩む」二大巨頭として毛沢東の批判の矢面に立たされることになった。

　この政治優先の考えはとりわけ軍事において貫かれる。ロシアにおいて、革命後の国内戦遂行のために赤軍の創設が必要になったが、その際にレーニンも、そして実際に赤軍を創設したトロツキーも、革命政権側には専門の軍事指揮官がいないので、帝政側から転向した職業軍人や第1次大戦に参加した兵士・下士官の中から選抜した指揮官に実際の戦闘は任せ、最終的な政治決定はそこに派遣された政治委員（コミッサール）が行うという、いわば二人三脚型のシステムを採用した[16]。もちろん将来的には専門の軍事指揮官を革命政府自らが育成していくことを考えてはいたが、当面は職業軍人に実際の戦闘は任せ、大局的な政治判断を党中央から派遣された政治局員が担った。この中にトハチェフスキーのように、帝政時代の尉官だった者が革命政権側に転向して、有能な軍事指揮官に育ったり、またフルンゼのように革命軍の中から志願して、軍事指揮官にまで成長していったものも現れた。戦場では専門家に作戦と指揮を任せ、党はその背後で政治指導

第6章　オバマ政権のアジアシフトと米中間の軍事・安全保障問題の尖鋭化

を行うという考えは、戦争を一種のアートと考える——だから熟達したその道のプロが必要になる——トロツキーの見方に端的に表されている。これは、実際上の便法とはいえ、成功した形となったので、それ以外の技術分野や金融分野や工場などの生産分野、さらには一般行政分野でも採用された。これは、専門分野は専門家に任せ、最終的な責任体制と必要なチェック機能を党の指導部が負うという、いわば総合的判断力を持ったゼネラリストがスペシャリストの上に立つという、企業や官僚機構などでも今日とられているシステムと同根の考えで、それは職業的革命家集団である前衛党としての役割と性格からきている。しかし、それは党への過度の集中化とその突出と優位性——とりわけ軍事への——を生み出す余地を多分に持っていた。だから毛沢東は、たとえ『実践論』、『矛盾論』、『遊撃戦論』などの軍事論を書いたにせよ、政治家として軍人（専門家）を指導する最高の立場にあった。同じことはベトナムにおいても、政治指導者としてのホー・チ・ミンと軍人としてのボー・グエン・ザップとの関係としても成立していた。その意味では一種のシビリアンコントロール——ただし実態はそれと似て非なるパーティコントロールだが——が効いていたともいえる。ついでにいえば、アメリカの独立戦争の際にも、のちに初代大統領になるワシントンは最高司令官だったし、初代財務長官になるハミルトンはその副官だった。もちろん、国務長官ジェファーソンも軍人としての経歴を積んでいる。彼らは一様に万能の働き手だった。

　したがって、中国ではソ連から引き継いだ軍事における政治優位の原則が貫かれ、かつまた、この軍事が他の分野に優位して突出する事態が出来上がった。つまり軍にたいする党の「絶対的指導」が現在では国防法によって明記され、またそのことは人民解放軍政治工作条例にも謳われている。党中央が軍を指導し、統帥権も党総書記が中央軍事委員会主席を兼ねることによって、有している。だから軍は政府とは独立に存在するものである。もっとも国務院の指揮監督下に国防部が設置されているが、それは主に渉外的な役割を果たすものである。また党の意思を軍に浸透させるための「政治工作」が条例によって決められている。さらに政治将校と軍事指揮官は同格とされている。だから党の軍隊、「党軍」という言い方は言い得て妙である。つまり警察、公安（治安警察）、それに諜報・謀略機関などを含めた国家の暴力装置一切が共産党に私物化されているということで

ある。しかも党内にはより上位の意思決定機関が優先する（民主集中性）という原則が確立された。その結果、政治局常務委員会が最終的な決定を行い、しかもそこには明確な序列までができあがっている。その人数が奇数になっているのは、多数決が成立しうるようにという名目だが、実際に投票が行われていた形跡はあまりない。むしろ序列が優先されていたのだろう。だから最終的にはたった一人がすべての権力を掌握していくことになる。ただしそれが長期の個人独裁に陥らないために、現在は１期５年の、２期10年という箍がはめられている。これが実際の個々の政権の長さである。とはいえ、すべての決定を常務委員会に委ねることは、対立した場合に混乱を招く恐れがあるので、最高人事などのきわめて重要な問題に関しては、それに先立つ、北戴河での政治局員に長老を加えた非公式会議で事実上決まってくる。これは、鄧小平の時代に次世代に政権を引き継ぐということから、顧問会議を設けたが、高齢のため順次引退をしていき、最終的には廃止されていった。しかし「八大元老」と呼ばれた鄧小平、陳雲、彭真、楊尚昆、薄一波、李先念、王震、鄧穎超（そして後には最後の３人に入れ代わる形で宋任窮、万里、習仲勲が加わった）がこの中で圧倒的な影響力を持ち続けた。これらは文革後の国家再建と改革・開放政策の実施、さらには天安門事件での学生・知識人・民主主義者の弾圧などに多大の貢献をした最高幹部たちが実質的な影響力を持ったことによる。ここでの同意形成が後継首脳決定の最後のハードルとなる。このシステムは民主集中性と唱えてはいても、実際は民主のない集中だけが幅をきかしており、事実上、一部長老による談合を通じた決定であり、しかもその中では熾烈で虚々実々の駆け引きと政治ゲームが支配している証左ともなる。

　あらゆるものにたいする共産党の支配、軍事の突出化、最終的に政治局常務委員会が決定できる位階性、しかもそこでは多数決原理よりも、最有力者の意思次第で決まるという、特異な、古めかしい合意形成システムが支配している。こうした非公式の決定システムで決まるため、そこでの最高意思決定者を公的な役職名で名付けようがないので、鄧小平は「最高実力者」（あるいは「最高指導者」）と呼ばれた。そして彼が後継者を指名できた。もっとも江沢民にはそうした党、軍をあわせた権力を実質的に一手に掌握できるほどの実力がなかったので、形式的に党の総書記、中央軍事委員会主席、国家主席を合わせ兼ねる形で箔をつけ、公式の役職名で保障する形となり、胡錦濤もそれを受け継いだ。しかし軍を掌握

第6章　オバマ政権のアジアシフトと米中間の軍事・安全保障問題の尖鋭化

することが最終的な権力基盤になるので、鄧小平の場合も、葉剣英の暗黙の同意を得なければならず、それに腐心したし、また1989年の天安門事件——正確には「第2次」と形容詞付きにすべきだろう。なお第1次の天安門事件は1976年に起こり、そこでは周恩来と鄧小平が責任を負わされた——の際の軍の出動にあたっては、楊尚昆の影響力をあてにした。そのため、鄧小平は党総書記に江沢民を指名した後も中央軍事委員会主席の座はしばらくは譲らなかった。この前例にならって、江沢民は党総書記と国家主席を退いた後も、すぐには軍を手放そうとしなかった（これを半退という）。今回は胡錦濤はすべてを手放し、全退の形となった。とはいえ、権力を握り、たとえ党外からの批判があっても、それを封殺できる仕組みをすべて持っているため、政治闘争は党内、なかんずく政治局常務委員会の場に集約されていくので、そこが権力闘争の最終的な場となる。このように政治局の常務委員会にすべてが集中され、彼らが最終決定を下すが、そこで民主主義が貫けているかどうかは不明である。しかし、常務委員会にも明確な序列が敷かれていることから見ても、また毛沢東はもとより、鄧小平ですら大事なことはすべて自分で決めたといっているところから見て、最高指導者が最終決定を下すことができる慣例になっているといえよう。その先例を毛沢東と鄧小平が作ったわけだが、それは彼らが「第一人者」である——なにやらローマ帝国建国時に似ているが——という建国時の名声によるものである。しかも党の最高幹部たちは中南海と呼ばれている地区に各自住居兼オフィスを構え、政策・方針・論文作成のためのブレーンと代筆者、秘書、調査員（他人の素行も含めて）、連絡係（監視役も兼ねる）、運転手、ボディガード（身辺警護）とセキュリティ関連スタッフ（盗聴、ハッカー対策など）、侍医、料理番（場合によっては毒味役も？）などを含めた——もちろん家族も含めて——公私一体型の一大ファミリーを作り上げている。そして相互に牽制し合い、探り合い、陰謀をめぐらせ、ネットワークを作り、合従連衡を図りながら、ライバルを追い落とすための謀りごとに熱中している。そして中央書記処・中央弁公庁に代表される膨大な官僚機構がそれを支えている。これは共産党という組織・場を使っての各自の独立の政治活動であって、そういう意味では政治を一種の制度化された組織的ビジネスとして展開するやり方で、西側世界にも共通して見られるものでもある。違いは公私が一体となり、ファミリー化されたものだということで、そこでは結束と贔屓と守

秘を宗とする強烈な縁故主義が盤踞することになる。

　現在中国には有力党幹部の子弟という出自に依拠する「太子党」、共産主義青年団以来の出世街道を進んできた共産党エリート官僚群の「団派」、そして江沢民とともにその周辺に群がる新興の利益集団である「上海閥」が有力であり、それらはまた複合的な閨閥によって補完されている。一言でいえば、人脈主義的な支配体制である。まず太子党だが、これは本来は革命闘争の過程で犠牲になった革命烈士の子女への補償という性格から始まったが、やがては特権となり、引退後の家族の特権的な身分と財産の保証となり、さらには閨閥を通じた支配の存続へと拡大していった。そうした有力幹部たちの御曹司からの出世組を「紅二代」と呼んで区別している。こうした変化を遂げてきた理由には、革命に貢献し、新中国建設の有力な働き手になっていた幹部とその家族・縁者たちへの、文化大革命における未曾有の迫害があったからである。鄧小平の最初の仕事はこれらの幹部たちの復権を図ることであった。そこから新たな指導体制を作り上げていった。そこでは旧幹部の復活と新たな有能な幹部の抜擢とが組み合わされて、新たな指導部が形成されていった。だがそれらの連合体は次第に内部での齟齬を生み、対立へと向かい、最終的には民主化を押しとどめる旧幹部側の勝利に帰した。それは、鄧小平が見込んで総書記に抜擢した胡耀邦の失脚と、その不遇の死を悼む学生たちの高揚に始まる民主化運動を軍事力を使って鎮圧した「第2次」天安門事件（1989年6月4日）に帰結した。人民解放軍が人民弾圧軍に豹変した歴史的な出来事であった。同時に胡耀邦の後を継いでいた趙紫陽総書記も天安門での学生に好意的な態度をとり続けたため、これを解任し、終生自宅軟禁措置にしたうえで、江沢民を新たに抜擢して、政治的弾圧とイデオロギー統制を強化し、経済開放策・成長策をとって、舵取りを代えた。農業における家族請負制度の導入、農村における郷鎮企業の奨励、都市における民間商業活動の推進、さらには経済特区の開設などが一体となって展開され、未曾有の経済成長が促され、今日に続く「世界の工場」中国の出現に結びついた。こうした中で、共産党一党支配は一切変えず、むしろ強化されて、市場経済化を進めた。この過程で中国本土での本人自身の大っぴらな蓄財は遠慮されざるを得ないので、家族を通じた外国での蓄財――この中にはタックスヘイブンや在外華人ネットワーク（華僑）の利用も含めて――が進むことになる。資本主義世界にもこうした性格は濃厚にあり、それは

第6章　オバマ政権のアジアシフトと米中間の軍事・安全保障問題の尖鋭化

アクセスキャピタリズムとして一括されている。中国の場合はその特殊で究極の形態であり、これは共産党一党独裁下での市場経済化の進展と国有企業を中心にした推進であり、特異な資本主義化の道である。途上国の工業化においてしばしばとられた「開発独裁」の究極的な姿がここにある。それをより具体的に「党営資本主義」（Party Capitalism）と名付けてみた。そして強固な政治支配とは裏腹な経済的な自由化の促進による著しい格差の発生、特権的な共産党員幹部とその家族の極端な致富・蓄財・強欲振り、すさまじい限りの権力乱用、腐敗、堕落、道徳的退廃が一部に生じている。しかも今や海外への膨張主義的傾向までが現れ出した。その点での従来からの華僑のネットワークやシンガポール、香港、マカオなどの在外中国人の疑似国家・飛び地の存在は、一面では中継地として、他面では抜け道としてなど、多様で特別な役割を果たしている。

　第4に清風運動と呼ばれる党内外での異分子の粛清運動である。中国流、とりわけ毛沢東流に改変されたマルクス・レーニン主義の原則に則り、それから外れたものを、あるいは右派分子と呼んだり、あるいは左翼偏重（極左冒険主義）と呼んだりして、その逸脱をチェックした。これは政治的な決定が常に全員一致になるとはいえず、しかも多数決原理が働くわけでもないので、マルクス・レーニン主義の原理・原則なるものを盾にとって、そこからの逸脱として指弾し、排除し、あるいは自己批判を求めることになる。ここでは、とりわけ資本主義の道を歩むブルジョア思想に毒されたものに対する粛清運動が重点的に展開された。知識人に対する思想チェックは熾烈を極め、その動きは次第に党外から党内へとその矛先が向けられていく。その先兵は紅衛兵であり、それを引率する四人組であり、その背後に毛沢東がいた（だから五人組だという陰の声もあった）。そして毛沢東の個人独裁体制が確立されるはずであった。彭徳懐、劉少奇、そして後には林彪もそれによって粛清されたが、周恩来と鄧小平は自己批判を繰り返しながら、危ういところで踏みとどまり、生き延びた。彼らの有能さを切り捨てることができなかったからである。したがって、彼等は実務処理に専念し、プラグマチストあるいはマキャヴェリストになっていった。一方で毛沢東の極端にねじ曲げられたマルクス・レーニン主義＝毛沢東思想とその苛烈な粛清運動があるため、それへの反作用として、彼らは没マルクス・レーニン主義思想に基づく、プラグマチックな実務処理に徹したともいえよう。この粛清運動は「粛清の達人」スタ

ーリンから学んだものであり、毛沢東の指導権が確立した長征時代から、毛沢東はこれを得意にしてきたし、そのための、毛沢東に忠誠を尽くす個人スタッフも抱えていた。

　以上述べてきた中国共産党、なかんずく、常務委員会への集中化システムは毛沢東が始め、鄧小平が今日あるように整えたので、これらはマルクス・レーニン主義の原則に則り、中国の国情にあった形式に整えたものだといい、今日ではマルクス・レーニン主義、毛沢東思想、鄧小平理論と並列して並べて、それを権威付けている。それはきわめて自己流に解釈・改変されたもの——その基礎には偏狭な中国ナショナリズムと独善性がある——であって、到底、マルクス＝レーニン＝毛沢東＝鄧小平を等号で結ぶことができるような代物ではない。かつてはマルクス・レーニン主義からの逸脱を修正主義とか、極左冒険主義と罵倒して、路線闘争を行ったが、それは多分に毛沢東流に解釈されたマルクス・レーニン主義を基準にしたもので、内容的には毛沢東主義——しかも次第に彼の恣意性の中に精華されていくが——に基づく判断であった。それは最終的には文化大革命の大混乱へと流れ込んでいく。

2. 「文化大革命」からの脱却とソ連・東欧の崩壊

　これらのものが出来上がってくる前提には、中国国内の事情とソ連・東欧での共産党政権の瓦解があった。

　第1はなんといっても文化大革命の否定的な影響である。未曾有の内乱状態の下で、幹部がつるし上げられ、自己批判させられ、農村へ下放され、あるいは自殺に追いやられた。そこからの復活——しかも二度にわたる——を果たした鄧小平は、まず四人組を追放した華国鋒を権力の座から降ろし、そのうえで用心深く、残された軍長老葉剣英と、党内きっての経済政策通の長老陳雲との間を取り持ちつつ、旧幹部の名誉回復と復活劇を成し遂げ、書記局を再興させて、自らの指導権を確立した上で、総書記に胡耀邦を、そして行政機関の長である国務院総理に趙紫陽をそれぞれ抜擢して、それらの上にたって、中国を再興させた。見事な手腕である。それには鄧小平の卓越した組織能力、戦略的な判断力、抜群の政治力がものをいい、それに対抗できるものが、他にいなかった。その意味で、四つの基本原則（社会主義、プロレタリア独裁、共産党による指導、マルクスレーニン

第 6 章　オバマ政権のアジアシフトと米中間の軍事・安全保障問題の尖鋭化

主義ならびに毛沢東思想）の堅持、共産党、とりわけ政治局常務委員会による党と国家の指導の確立、農村における家族請負制度の導入、郷鎮企業の成長、都市における私的営利活動の容認、経済特区を通じた外資導入の促進、将来の見込みある若者の西側世界への留学、香港と台湾での一国二制度の確立、四つの近代化（農業、工業、国防、科学技術）等々、今日に続く中国の基本路線を敷いた。だから鄧小平は「現代中国の父」と賞賛されることになる。だがマルクス主義は名乗っても、共産党は現実の苛酷な階級闘争と権力闘争の中にあり、それを乗り越えていくためには、極端に鋭利な現実感覚と果断に実行する現実主義が不可欠である。しかし現実の処理が専らとなると、プラグマティズム（実利主義）と権力志向（マキァヴェリズム）が頭をもたげることになる。

　もともと鄧小平は外柔内剛と毛沢東に評されたように、表向きは柔和だが、その実、慎重に考え、果断に行動する断固たる性格の持ち主で、また長期にわたる非合法活動や外国生活の経験から、文書にせずに記憶しておくという習慣を若い時から身に付けていて、秘密を守り、買収にも応じず、拷問にも容易に口を割らない志操堅固な実践家として、周囲からの信頼も厚かった。日常の業務においては「実事求是」（実践による真理の検証）という毛沢東のモットーを踏襲して、ことにあたった。そして専＞紅、つまり実務能力を党派性よりも優先した（極端にいえば、白猫でも黒猫でも鼠を捕まえるのが上手ならよいという考えである）。また外交においては「韜光養晦」（能力を蓄えて力を養う）という、力がないうちは頭を低くして他国から学ぶことをいとわなかった。だがこれらは鄧小平の、そしておそらくはその先達である周恩来の特性でもあったろうが、反面では成功を収めるためには、事態の変化に即応して平気で方針を変えるし、極端な権謀術策も駆使するし、これまでの仲間を切り捨てることにも容赦しなかった。そうすると、彼らがその基礎においている同志愛（共産主義的倫理）や歴史法則性（事物発展の必然性）の尊重は後景に退き、現実処理だけが幅をきかせ、それがまた有能さの証しともなる。しかも鄧小平は個人的には革命運動中に妻と幼子を失い、文革中には迫害によって最愛の息子が身体障害者にされるという深い悲しみも味わっている。だが私情に流されることなく、大義を貫くことを選んできた。しかし大義のためには何でも可とするような風潮が蔓延すると、権力志向性、秘密主義、盗聴や密告や権謀術策が一般化する。毛沢東の戦略優先、政治優位、軍事中

心、そして反対派への容赦ない執拗な粛清の気風と実行は、地主の排斥と農業集団化、私有財産の廃止と資本家の追放、企業国有化、そしてプチブル的知識人の弾圧の末に、一番の本元である、党内の異分子——反対派——への粛清運動（清風運動）へ移り、文化大革命が展開された。四人組の指令の下、紅衛兵と総称された先兵を使った苛酷な弾圧によって、国内は大混乱に陥った。毛沢東の気分次第で粛清の対象とされた幹部たちは自己批判の上、農村へと下放された。彭徳懐、劉少奇、林彪、そして鄧小平に至っては二度にわたってまで追放され、周恩来もたびたび自己批判を迫られ、危うく粛清される寸前までいった。鄧小平の中国再建はこの大きな失敗を心底から改めず、表面だけを糊塗することになり、その結果、さらに天安門事件での致命的になる失策を重ねて、大きな禍根を後世に残すことになった。

　第2はソ連・東欧での社会主義政権の動揺・混迷とその後の崩壊への歩みである。これは中国の指導部に大きな衝撃を与え、それに恐怖し、そこから、いかにしたら共産党支配体制を維持しながら、経済成長を遂げることができるかの道が模索された。ゴルバチョフを愚か者と密かに評した鄧小平は、外資を使い、資本主義的営利システムを導入して、経済成長を果たすが、共産党支配体制は益々強化していこうとした。そこに中国社会全体の発展のために民主化促進との両立を図ろうとする胡耀邦や趙紫陽との間に齟齬が生まれ、拡大していって、抜き打ち的、謀略的、詐欺的な方法を用いた胡耀邦の失脚（1987年）と、失意のうちでの死去（1989年4月）に帰着し、そしてそれを追悼しようとした学生や市民の行動が民主化運動の高揚をもたらした。かつての周恩来のように、それを平和裡に解決しようと奮闘した趙紫陽をも解任した上で、それを弾圧した「第2次」天安門事件（1989年6.4）で頂点に達する。国民を守るはずの人民解放軍が共産党指導部の指令に基づく人民弾圧軍に豹変した瞬間である。その結果、国民的一体感は薄れ、共産党への信頼は喪失して、政治的な民主的改革への期待はしぼんでしまい、その後はそれへの抵抗の日々が続くことになる。これを決定、指導した鄧小平に終生つきまとう、到底拭うことのできない汚点である。

　また鄧小平の世界認識で忘れることができないのは、ナショナリズムを基礎においた反ソ、反ベトナム感情とその姿勢である。それは反転して、米、日（そして西欧）への接近と踵を接している。アジアにおけるベトナムの台頭を牽制する

意味で、カンボジアを救うための懲罰行為と称してベトナムへの電撃的な侵攻を企て、当然のことながら手痛い反撃を受けた。そこで思い知らされたのは、ベトナム戦争でアメリカ軍と対峙してきたベトナム軍に比べて、実戦経験が未熟で、装備・兵器類の近代化の遅れている人民解放軍の脆弱さと時代遅れ振りであった。そこから軍の近代化と強兵化が彼にとって切実な課題になる。特に陸軍は──人民解放軍イコール陸軍というほどの──命綱なので、その国防精神（ナショナリズムの鼓吹）を鍛え、最新兵器での武装化が緊要になり、この中核の充実があってこそ、その周辺に広範な人民の、戦争への協力と参加意識が生まれる。この「人民戦争方式」は中国の人民解放軍の最大の強み──反面では兵力の削減が困難になる──であり、またベトナム軍の強靱さや粘り強さの基本でもあった。アメリカはベトナム戦争でいやというほどその力のほどを思い知らされた。だからたとえどんなに米中間の軍事緊張が強まっても、中国領土への侵攻などは全く考えないだろう。なお反植民主義的な、いわば抵抗のためのナショナリズムから、今日では中国が世界の中心にあるという、覇権主義的なナショナリズム──正確には覇権主義というべきだろう──への転進が中国の国力の増強に伴って頭をもたげ、強固になり、そして尊大にまでなっていった。現在の時点で考えると、その基礎も鄧小平が築いた形になったが、実際にはそれはその後の指導部によって意図的、計画的に推進されたものである。また米、日への接近はソ連側には牽制球となったが、それ以上に西側の技術とその生産力への憧憬と希求、そして最新技術で武装した近代的軍隊の建設への渇望が生まれた。そこから改革開放政策の下地が生まれたといってもよいだろう。

3．現代中国論の主要系譜

さて最後に、こうした中国にたいする見方のいくつかをピックアップして、寸評を加えてみよう。まず当然のことながら、共産党政権への批判が圧倒的に強い。そこにも様々な色合いがあるが、最も過激なものは、共産主義体制そのものの否定である。その中で王丹は1989年の天安門事件の際の学生運動の指導者で、実際に最前線で運動を指導し、当局との交渉にも当たり、その後投獄され、出所後アメリカに渡って学位を取り、台湾に戻って大学の教壇に立つといった経歴の持ち主である。彼の台湾での講義録である『中華人民共和国史』[17]は、天安門事件

での弾圧を強く非難しているが、同時にその淵源を辿り、そもそも共産党による革命とその統治自体を否定している。そして毛沢東と鄧小平の二つの独裁体制を断罪している。しかも毛沢東の個人独裁を許したのには、劉少奇、周恩来、鄧小平もすべて同罪だとしている。というのは、彼らが自己批判を繰り返し、事実上、毛沢東に追従し続けたからである。確かにそうした側面は否定できないが、加害の元凶とそれへの追従とを同列には扱えないだろう。さすがに鄧小平の独裁体制では胡耀邦と趙紫陽も同罪だとはしていないが、保守派の李鵬が唆して、鄧小平をして天安門事件での弾圧に追い込んだ陰の主役だとしている。王丹の個人体験からしても、鄧小平が決断を下した弾圧を非難するのは当然ではあるが、その淵源を共産中国の誕生にまで遡り、ある意味で全否定になっているのは、いささか極端にすぎるだろう。また経済過程で進行している資本主義経済システムと政治的な共産党支配との関連についての考察が弱く、もっぱら後者の否定面のみに集中していて、片手落ちである。というのは、この後者の政策転換がなければ、前者の進展も、市民生活の上昇も、そして民主化要求の増大も生まれなかったはずだからである。王丹ほどにはいかないまでも、一党独裁が変えられないのであれば、共産党自体を西欧型社会民主主義政党に変えていくべきだという主張も多くあり、たとえば李鋭『中国民主改革派の主張』[18]は共産党内部からのそうした主張の展開である。

　これにたいして、エズラ・ヴォーゲルはその反対の評価を下している。『ジャパンアズナンバーワン』で世界に知られているヴォーゲルは、『鄧小平　現代中国の父』[19]という分厚い著書において、鄧小平の生涯を表面的には余すところなく——都合の悪いところは体よく省いているが——描いている。さすがに要点を押さえ、勘所を捉えていて、大いに読ませる。なかんずく文革後の中国再建に果たした主導的な役割を高く評価している。しかも、この著書はCIAから資料の提供を受け、なおかつその査読を得ている[20]とわざわざ断っていて、当然にCIAが彼の見解に暗黙の同意を与えている、あるいはCIAの見解の枠内での展開だと見てもよいだろう。特に西側に扉を開き、共産党主導による経済開発の促進と競争原理の導入を図ったことには高い評価を与えている。そこには民主化の弾圧や人権侵害、著しい格差の出現、さらには拝金主義的傾向の蔓延などにたいする懸念ないしは否定の表明はない。とりわけ天安門事件が膠着状態から当局の弾圧

第6章　オバマ政権のアジアシフトと米中間の軍事・安全保障問題の尖鋭化

に帰結したのは、むしろ学生運動指導者側の経験不足と見通しのなさに主要な原因があるかのように述べている。さらに反ソ、反ベトナム姿勢とその反射としての親米・日・西欧への接近にも肯定的である。それは、ベトナムからの撤退後、国内の混乱と挫折感に苛まれ、悲嘆にくれていたアメリカにとっては、干天の慈雨のごとき巻き返し効果となっただろう。しかし鄧小平がベトナム侵攻の理由として擁護したのは、カンボジアの、あのポルポト政権である。それに関してもヴォーゲルは評価を加えず、口を噤んでいる。もっとも鄧小平を動かしたものは、アジアにおける覇権の中心にいたいという中国の大国意識とナショナリズムであり、それが結果的にはアメリカ側の希望と符合したことになった。だから親米、親日の素振りをしたのは、その反作用としての反ソ・反ベトナムへの安全弁の効果を期待したからだが、それに止まらず、西側技術と経営システムを取り入れて、経済のテイクオフ（離陸）と経済成長を軌道に乗せたいという願望があり、それは彼の現実主義とプラグマティズムの表れでもあった。かくして、中国はグローバリズムの下で、ソ連・東欧の崩壊と文化大革命による未曾有の国難を回避し、とにもかくにも国家の進路を軌道に乗せることに成功した。ヴォーゲルはグローバリゼーションの下への中国の積極的な参入と貢献に全面的な賛意を表している。

　一方、寡作で知られ、取引コスト論でノーベル経済学賞を受賞したロナルド・コースは高齢をおして、王寧と共同で、あえて『中国共産党と資本主義』[21]という、そのものずばりの中国資本主義論を展開している。従来、改革・開放政策以後の中国経済を中国国内は無論のこと、マルクス主義者たちも多く「社会主義計画経済」から「社会主義市場経済」への転換という表現で表してきた。だがコースはそうした曖昧な表現はとらず、率直に資本主義の浸透と見ている。これは歴史上なかった異例な事態だと彼は賞賛の声を上げている。中国の転換は予想もできないことだったとはいえ、資本主義の道は人類に共通する歴史通貫的な発展方向だという彼の考えに従えば、それがたとえ共産党政権によって担われていても——だからこそなのかもしれないが——史上まれに見る快挙だということになる。そこでは農業請負制、郷鎮企業、都市での「個人経済」、そして経済特区をその主要な要素としてあげているが、特筆すべきは、これらが周辺部から始まった「四つの辺境革命」（marginal revolution）[22]だとしていることである。制度としての資本主義経済システムは周辺から始まり、徐々に浸透していき、最後には政治体

制としての共産党支配の下で容認され、さらに積極的に推進され、両者の両立、相互浸透が進行した。一見すると水と油のようなものであったものが、現実には混じり合い、やがては一体化することになった。これはまさに経済制度としての資本主義の、政治体制としての共産主義にたいする勝利である。そしてその先には新自由主義の中国への導入・浸透が用意されていよう。たとえその中身に非民主主義的な人民弾圧を伴うものであったとしてもである。当然に、コースはこうしたことには一切無関心を装っている。ここに西側イデオローグ中枢の、最大公約数的な現代中国観が見てとれる。とすると、共産党支配下での資本主義経済システムの展開という、世にも不思議な体制が進行していることになるが、両者の親和性はどうであろうか。

　従来の社会主義論が資本と労働の階級的対抗を基本に据えて、資本による労働の搾取のみを強調したこと、したがって資本の支配を終わらせるために、所有にこだわって国有化を主張したことはきわめて偏った考えであった。なお念のためにいえば、土地国有化は決して社会主義の専売特許ではなく、むしろ資本主義的経済発展を進めるために格好の土台ともなる。アメリカでは西欧の伝統社会のように土地の私有化が強固ではなかったので、広大な未所有地——実は先住民のものだったのだが——の国有化によって、人々の自由な移動と資本主義的農業・牧畜業の発展を保証した。その意味ではこれは中国の社会主義建設の間違いというよりも、従来のマルクス主義の一部にある限界でもあった。しかし社会的存在としての企業、とりわけそれが株式会社形式をとるようになると、所有者がすべて古典的な意味での資本家階級でもないし、株式大衆化の大海の中で、多くの労働者・勤労者が株主になって、その資産運用を行っている。したがって、この社会的存在としての企業——学校や医療・福祉施設やコミュニティや組合などと同様——をどのように位置付け、扱い、そして運営していくかが肝要になる。とりわけ経営者における二重の機能、すなわち資本の擁護者（資本家的・所有者的機能）の側面と企業の組織者・運営者（技術的・経営者的機能）としての側面をどのように考え、かつそれらをどう綜合して考えるかが大事なポイントとなる。とりわけ後者の側面を経営者の社会的機能としてこれを発展させ、同時に前者の搾取者・支配者としての側面に掣肘を加えていくことが、社会主義建設にあたっての資本の適正な競争を組織し、誘導していく上で大事になる。そのためには、主

第6章　オバマ政権のアジアシフトと米中間の軍事・安全保障問題の尖鋭化

人公としての人民の主権行使が大事になる。のみならず、このことは資本主義体制下——特に先進資本主義——では、ある意味ではもっと重要になる。とりわけ中小規模の企業の、巨大資本からの保護とその自由な成長・発展を促すことは、「イノベーションの母体」としての野心的なベンチャー企業の出現や革新的な起業家の後押しのために大事になる。それこそが国の経済成長と発展を促す起動力になるからである。そのため巨大資本の横暴な振る舞いにたいして、独禁法などによる掣肘を加えることが求められ、またその奨励のための支援措置（財政的、教育的、制度的など）を強く政府に要求していかなければならない。だから企業経営者の二重の、ある意味では相反する側面を複眼的に捉え、それを巧みに御していくことは、資本主義体制下できわめて大事な課題になる。それに傾注し、腐心していかなければ、政党は大衆的支持も得られないし、また積極的な将来展望も生まれてこない。

　さらに一見正反対に見えるが、実は共産党組織と企業組織には相似性がある。どちらもきわめて目的意識的な組織である。違いは企業組織が利益獲得を目指し（利潤獲得動機）、共産党は革命を志向している（社会変革動機）ところだが、これも「共産主義体制」下で共産党幹部が蓄財に走れば、それは結果的には同一の目標を、しかも加速度的・累乗的に追求することになる。そこでは民主よりも集中化された命令と強制が幅をきかせ、事実上、信賞必罰の原則と秘密遵守がまかり通ることになる。だからヴォーゲルが中国共産党指導部、とりわけ鄧小平と胡耀邦や趙紫陽との関係を評して、企業の会長兼 CEO と COO の関係のようだと評したことは存外的外れではない。一般的に資本主義経済と、その下で機能するブルジョア政治体制（普通選挙と代議制民主主義に代表され、司法、立法、行政の三権分立をとる）との関係はどうであろうか。資本主義経済システムの進行は政治過程に集中されるが、政治は一般的には干渉せずに、経済の進行のままに自由に委ねるのが通例となる。そして決定的に政治過程が表面に出てこないかぎり——それでも経済計画や行政指導の形で頻繁に顔を出すが——は、事物自然の法則に委ねることになる。それに対して、マルクス主義の政治は目的意識性を持ち込み、すべての問題を政治へ集中させておいて、それを先導し、誘導しようとする。その意味では企業組織における目的意識性と相通じるものがあるし、後発の途上国は先進国に追いつくために開発独裁と呼ばれる国家主導的な方式を好んで

とった。そしてその延長線上で、土台としての資本主義経済システムと、上部構造としての共産党との両立という、未曾有の事態が出現することになった。ただしこれは長期にわたって両立可能であろうか。共産党に資本主義をなくす意図がない以上、共産党幹部の、事実上資本家への転身と蓄財が進み、共産党の変質化が進むことになるが、彼らにはその将来があるだろうか。共産党と資本主義的企業営利システムがドッキングしたこの党営資本主義（party capitalism）の未来はどうであろうか。そこには皮肉にも、レーニンの『帝国主義論』の三規定が奇妙にも符号しそうである。第一に党幹部による独占である。第二にその結果としての寄生による腐敗現象の蔓延である。そしてそれは第三にやがて死滅していくことになるのであろうか。

　ところで、こうした西欧的近代化から見た中国の遅れの指摘ではなく、その反対に将来は中国的世界が蔓延していき、世界を支配することになるという観測を大胆に展開している、マーティン・ジェイクス（『中国が世界をリードするとき』）[23]の主張がある。いわば中国特殊性論の展開だが、彼によれば、中国はこれまでの西欧型の覇権ではなく、それに代わる、儒教をベースにした文明国家になり、かつてのような朝貢関係が近隣との間で成立するようになるだろうと論じている。それは大陸規模の国家と長い歴史的伝統という特性からきているもので、一時的には西欧近代化に乗り、それと相似形を示したかに見えても、長期的には中国固有の特性は失われず、むしろ強まることになる。しかもそこには西欧型近代化を突き抜けた超先進国的な性格と、帝国主義の犠牲の下におかれていた途上国的な性格とを併せ持つことになる。これが、彼による21世紀の世界を中国が先導するだろうとしている根拠である。これはかなり異色であると同時に、楽観的な見通しの披瀝でもあるが、果たしてどうだろうか。アジアが西欧型近代社会と資本主義発展の道筋の外側にあるという考えは、実はマルクス主義者の中に以前からあった主張の一つだが、そうした特殊性の中に今日の中国をおくことは妥当だろうか。むしろナショナルな枠組みに拘わり、閉ざされた世界の中で、自己完結的にものごとが処理されるメカニズムができあがると、必ず腐敗が生まれる。内に対してはオープンで、しかもそこでは事実上、長老たちが支配し、外にたいしてはクローズドされ、頑迷に批判を受け付けない組織や国家はどんなに強固に見えても、それ自体、自壊への道を歩むことになろう。腐敗し、陰湿な陰謀が渦

第6章　オバマ政権のアジアシフトと米中間の軍事・安全保障問題の尖鋭化

巻き、陰口が横行し、疑心暗鬼に駆られ、人間の本来持つ自由の気風が窒息させられる。それが強大さと裏腹な関係にある、その実体の脆さである。

　中国は今、共産党、それも政治局常務委員会に収斂される寡頭支配のメカニズムの中で、蠢いている。そしてひとたびこのメカニズムの中に身をおくと、たとえどんなに理想主義に燃えようと、たとえ民主主義的な開明主義者であっても、その力量を十全に発揮することはできない。憤死するか、放逐されるか、幽閉される道しかないだろう。胡耀邦や趙紫陽の悲劇的な例を見ていると、そう考えるのが妥当なような気がしてくる。さらにいえば、周恩来の無類の巧みな処世術をもってしても事態の打開は図れなかったし、あれほど隠忍自重の末に権力奪取に成功した鄧小平の、一見果断そうに見える決断と行動さえもが、もっと大きな「釈迦の手のひら」の中で踊っていたように見えて仕方がない。というのは、確かに彼は、フルシチョフのように、スターリン死後、掌を返すようにしてその暴露的な批判を展開して、自らの汚れた手を拭い去って、責任の所在を曖昧にすることはしなかった。それどころか、毛沢東の行きすぎを批判しつつも、大枠でのその継承を公言した（功七分、罪三分）。確かに文化大革命の否定面を克服するにはそれは不可欠であった。だがそれを四人組や毛沢東の過ちに矮小化せず、率直に共産党の体質からくる間違いを認め、そこからの一掃を内外に明言することがもっと大事なことではなかったか。それをできなかったのは、できればそうしたことを回避したいという旧幹部たちの「大同団結」の上に乗っかっていたからである。だが一部の権力者集団の旧態依然たる保守主義に振り回されず、しっかりと前を向いて、新しい血の積極的な導入とそれへの信頼と依拠をもっと重視すべきであった。人民の集団的英知の発揮こそが長い目で見れば時代を作っていくものだと大悟すれば、人民に依拠し、人民を信頼して、素直にその声なき声に耳を傾けるべきである。それができなかったのは、鄧小平もまた旧人の一人だったからであろう。党営資本主義と党軍の蔓延はその頂点に身をおく幹部たちには居心地のよいものだろうが、社会全体は圧制下にある。現在の閉塞状態から脱し、常套的な偏狭なナショナリズムの鼓吹や、イデオロギー的統制や、デマゴギーによる捏造や、秘密警察的な謀略・抑圧によらず、公明正大に統治・先導していくためには、外部の新鮮な血を大胆に引き入れて、偏った現在の強固な共産党一党支配に風穴を開け、その殻を破り、人民との強固な結びつきを再度獲得する以外

には、その根本的な打開の道は残されていないだろう。このままでは、他方の極にあるアメリカと形態は違っても、同根の体質を持った国に陥り、冷戦体制下の米ソ関係のようなものになってしまいかねない。

第4節　アメリカのアジア戦略と中国の膨張主義との角逐
　　　──その現状と将来

　2011年11月のAPEC会議後のオーストラリア訪問の際に、その後 rebalancing（重心移動）とも pivot（旋回軸）とも表現されるようになる、オバマのアジアシフトが宣言され、一大旋回がなされた。そしてこれに沿った展開が、TPPの推進や在日米軍の再編成、そしてそれに対応した日本側の「集団自衛権」をめぐる閣議での強引な憲法解釈の変更などによって進行している。そのオバマは2014年5月28日に陸軍士官学校（ウエストポイント）の卒業式で外交演説を行い、この路線を一層進めていくことを改めて強調した。その要点は以下の諸点にある。第1に中国の経済的な台頭と軍事力拡大は近隣諸国の懸念材料になっていること、第2に南シナ海問題を平和的に解決するため、ASEANが法的拘束力のある「行動規範」を中国と結ぼうとしていることにアメリカは支持を表明すること、第3にアメリカは、国益が要求すれば軍事力を行使するが、多国間ならびに国際機関との協力を重視し、国際法を通じた領有権の紛争解決に取り組んでいくこと、第4にアメリカにとって最も直接的な脅威はテロにあり、北アフリカなどでのテロ対策に50億ドルの基金を新設すること、またシリアの隣国や反政府勢力への支援を強化すること、第5にイランの核問題は解決の好機を迎えている、というものである[24]。アメリカは世界の指導的立場からして、孤立主義はとらないが、世界の警察官ではないので、軍事介入よりも外交交渉を重視するという、これまでのオバマの基本的な外交路線の堅持を改めて主張したものだが、ここにはイラクから撤退し、イランの核問題を解決して、中東での不安を解消し、平和外交に重心を移したいが、実際には逆にテロとの戦いが増大してきていて、そこから抜け出せないジレンマに悩まされている様子が窺い知れる。

　なおここでいうASEANでの集団的な努力と合意形成に関しては、8月9日のASEAN外相会議の席で、フィリピンが①関係国は一定期間、石油掘削や建造物

第 6 章　オバマ政権のアジアシフトと米中間の軍事・安全保障問題の尖鋭化

建設などの緊張を高める行動を凍結する、②海上での行動を法的に規制する行動規範（COC）の策定を目指す、③併せて恒久的な解決策も議論するという、三段階の提案を行った。種々議論の末、中国を配慮して——というよりも遠慮して——声明では「懸念」という表現に留めた。またそれに先だって ASEAN 地域フォーラム（ASEAN10 カ国にそれ以外の 17 カ国が加わった）の議長声明で、南シナ海での緊張の高まりを懸念して、地域の安全を脅かす行為の自粛を促す、国際法に基づく平和的解決が重要である、北朝鮮のミサイル発射を懸念し、日朝間の対話の成果を歓迎する、平和と安全を脅かすイスラム国樹立宣言に対して深刻な懸念を表明すると謳い、またウクライナ情勢に関して関係国の国際法や国連憲章の順守を呼びかけた[25]。ここにはアメリカの後押しが窺われ、イスラム国やウクライナ情勢への言及もされている。アメリカはいわばこうした集団的な合意という形をとって、中国の拡張主義に歯止めをかけるという戦術をとっている。だがそれが現状でどれほど有効かということになると、少なくともそれで中国側が行動や主張を差し控えるということにはなっていない。

　一方中国の軍事力にたいするアメリカの評価は、中国の膨張主義的な行動が強まってきていることを反映して、次第に警戒的になり、その結果、強硬路線が再び頭をもたげてきている。6 月 5 日公表の国防総省の「中国の軍事力に関する年次報告書」（2014 年度）での骨子は、以下の諸点にある。中国の人民解放軍は東シナ海や南シナ海での潜在的有事を念頭において軍備の近代化を一層推進し、実際にも挑発的な行為を行っているが、それは経済力と軍事力の成長に支えられた挑戦的な態度の現れである。無人偵察機を昨年東シナ海で巡航させ、兵器の搭載可能な無人機も保有するようになった。射程 7400 キロの潜水艦発射弾道ミサイル（SLBM）も運用段階にある。アメリカ政府や企業を狙ったサイバー攻撃に中国政府が直接関与した例があった、というものである[26]。この最後の点に関しては、5 月 19 日に司法長官が中国人民解放軍の将校 5 人を産業スパイ容疑で起訴したと発表した[27]。国防総省の論調は先の節でも詳細に分析したが、中国の軍事力の進展度合いを冷静かつ客観的に観察しつつも、次第にその脅威を強調するようになりつつある。またサイバー攻撃ではそのスパイ活動を摘発し、起訴するという断固たる措置をとり続けている。この点はコックスレポート以来の中国脅威論の延長で、中国によるアメリカの枢要軍事技術の違法な取得に警鐘を鳴らし、

243

かつ必要な法的措置を直ちにとっている。これにたいしては中国側は当然に認めず、強硬な対決姿勢を貫いている。

　さて第6回の米中戦略・経済対話が2014年7月9～10日開かれた。米中間の緊張関係の増大を反映して、案の定、対立面が目立った対話になった。そのためか、両者の牽制球が会議に先立って飛び交った。習近平が互いの主権と領土の尊重を守らなければならないとして、大国同士の新しい関係の確立を掲げたのにたいし、オバマはそれを認めず、逆に中国の平和的な台頭を歓迎し、フィリピン・ベトナムなどへの挑発行為は座視しないことを強調した。そのため、両国の主張が平行線のまま推移した。ここでは、経済面では①通貨・人民元問題、②量的緩和の出口、③TPP（環太平洋経済連携協定）、④気候変動、⑤投資協定などの市場開放が、主なテーマとして扱われた。合意に達したのは、投資協定と人民元への介入を減らし、市場に委ねることぐらいであった。投資協定に関して、年内に合意文書をまとめ、規制を残す分野のネガティブリストの交渉を来年に始めることで合意した。また人民元に関しては、中国側が為替市場への介入を減らし、市場の動きに委ねる制度への移行を加速させることで一致した。一方中国側は米国が金融政策を考える際に国際的な影響を考慮すると約束したことを評価している。もっとも中国が望むアメリカのハイテク製品の輸出は解禁されず、またアメリカが望む金融分野の開放は進展がなかった。ただし温暖ガス削減に向けた技術協力などの環境面での合意はあった。とすると、全体的には少しではあれ、前進があったと評価すべきだろう。

　他方で軍事・安全保障面での戦略対話に関わっては、防空識別圏、尖閣諸島、海洋権益、サイバースパイ事件などが話題になったが、双方が互いに意見を譲らず、進展はなかった。5月に米企業のシステムに侵入したとして、5人の中国の軍担当者を刑事訴追した件では、中国が撤回を求めて、作業部会の開催に応じなかった。南シナ海や尖閣諸島に関しても、中国側が領土主権と海洋権益を断固守るとし、米国にこの問題での不介入を要求した。また防空識別圏（ADIZ）を昨年11月に中国が設定し、アジアの安全はアジア国民が守るという中国主導の安全保障観を5月のアジア信頼醸成措置会議（CICA）で提唱したが、これにたいして、アメリカはアジア太平洋でのアメリカの影響力排除を公然と掲げたと不信感を強めている。だから全体的に中国側がアメリカの不介入を強く求めて、アジ

第 6 章　オバマ政権のアジアシフトと米中間の軍事・安全保障問題の尖鋭化

ア回帰を掲げるアメリカは出鼻をくじかれた形になっている[28]。このように、今年の戦略対話は、共通土俵の構築とその上での対話の促進と、できるところからの合意の形成という、これまでの筋道から一転して、対決姿勢の強いものになった。それは中国側の軍事・安全保障面での強硬な態度が強まってきたためである。そう見てくると、この対話が将来実りあるもになっていく可能性はきわめて低く、単に相互の言い分を披瀝し合う所信表明の場になってしまいかねない。

　ところでウクライナと中東における事態の深刻化は、オバマのアジアシフトを無残にも打ち砕いた。そして 8 月 8 日、ついにイラクへの空爆に踏み切った。それは「イスラム国」への限定的な空爆であり、その理由は生命の危険にさらされている少数派住民への人道的な支援であるとしている。ただしアメリカがイラクでの新たな戦争に巻き込まれないために、地上軍の投入はしないというものである。オバマは大統領就任直後の 2009 年 2 月にイラクからの撤退方針を発表し、2011 年 12 月にはイラクでの戦争終結を宣言して、撤退が完了したと表明した。ところが他方ではシリアの化学兵器使用で、アサド政権への限定的な軍事介入を 2013 年 8 月に表明したが、その化学兵器を国際管理下におくことで、軍事介入を見送っていた。しかしながら、その空隙を縫うようにして、スンニ派武装組織によるイラク、シリア両国に跨がる「イスラム国」の樹立が 2013 年 7 月に宣言された。これにたいして、問題の解決はイラク政府がなすべきことで、アメリカは支援するだけだとして、事実上、必要な手を打たなかった。だがこのスンニ派武装組織がクルド人自治組織の中心地アルビルに迫る勢いで、ここにはアメリカのメジャー石油会社が多く進出している。こうなっては、イラクからの完全撤退を約束していたオバマは、完全に無視された形になり、面目丸つぶれの体である。そこで空爆に踏み切ったわけだが、根拠としてきた人道的な救出作戦は行わないとしている。何とも不徹底なことである。他方で、マリク首相の交代を強く求め、その意を体したマスーム大統領は新たにクルド人のアバディに組閣を命じ、スンニ派の一部も同意するなどして、紆余曲折の末、実現した。そして政府による軍事的攻勢が始まり、ダムの奪回に成功した。もちろん、だからといって事態の全面的な打開に向けた好転が生まれたということにはなっていない。こうした中途半端な姿勢では、かえって長期化と犠牲の拡大、混迷が進むのではと懸念される。そうすると、そこから抜け出せなくなる可能性も大きい。

第5節　現時点での米中政治経済関係の帰結

　本章では、米中間の軍事・安全保障問題に焦点を当てて論じた。ここでは、一方ではオバマ政権のアジアシフトをその前提になる米軍の再編計画から考察することと、他方では中国軍の近代化の加速度的もいうべき進展の基礎をなす、権力基盤と経済制度の性格を論じた。そのいずれもが、この問題を考える際の核心ともいうべきものを構成している。世界は今、新しい秩序が生まれないため、混沌とした不安定な状態に陥っている。そこではアメリカの再興（再パワー化）が必要だという議論がまことしやかに語られ、また中国が現在の挑発的で攻撃的で独善的な姿勢を改め、節度ある、自制的で建設的なものに改めるべきだという論調が、それを補足する要望のような形で出されている。

　だが筆者の考えは本章の中で詳細に語ったように、それとは違っている。アメリカは有り余るほどの予算と科学技術と人知を軍事に使いすぎ、パワーをもてあましさえしている。世界が不安定性を増せば増すほど、アメリカは軍事力の強化とその肥大化に狂奔してきた。その背後には、それを熱望する好戦的で力頼みの軍部の志向があり、またそれによって巨額の利益を上げようとする軍需産業があり、さらにそこに新たに情報産業までが加わってきた。彼らにとって、RMAはそのための格好の「神風」となった。そこでテロリストという冷戦体制崩壊後の新たな脅威をことさらに増幅させて際立たせ、そのための米軍再編は軍部の好奇心と自尊心を大いに刺激して、それを合理化する、一見精緻に見える論理——エアシーバトルなるもの——を組み立てさせた。しかもこの軍と産（情報を含めた）の動向を功名心に駆られた悪徳政治家たち——政治ブローカーとでもいうべき代物だが——が束ねて、政府を自家薬籠中のものに変え、巨大な「軍産インテリジェンス複合体」に仕立てあげている。それはアメリカ国民の平和的で、生活・福祉重視の熱望とは全く異なっている。この後者の国民の熱望を受けてオバマが登場したが、両者の格闘の中でオバマは結果的には前者へ傾斜せざる得ないようにどんどん追い詰められている。これでは未来はさらに先細りである。有り余るほどの軍事パワーを持っていてもである。否、むしろそうだからこそというべきだろう。それは大いなる矛盾であり、パラドキシカルな状況である。そして

第6章　オバマ政権のアジアシフトと米中間の軍事・安全保障問題の尖鋭化

米歴代政府は、色合いこそ違え、この泥沼から抜け出せないでいる。

　他方で、中国は経済成長を遂げ、国民生活を豊かにして欲しいという国民の宿望をうけ、資本主義的な手法を使って、それも共産党主導下でそれを促進するという「奇策」によって驀進してきた。それは強力な上からの資本主義化であり、見事成功を収めた形となったが、しかしながら、その結果は極端な貧富の格差を生んで、国民諸階層間の断絶と亀裂を深め、しかも政府高官を始め、成り上がり者たちの腐敗や強欲や堕落なども伴って、社会問題を一層深刻化させている。それを押さえ込むために、強大な軍事力と警察力を恃み、それを共産党の支配下で手なずける傾向が強まり、その結果、党営資本主義と党軍という、恐ろしいまでの奇怪なモンスターが立ち現れた。そこでは肥大化を求める軍部の野望と私的利益を天にまで積み上げようとする致富要求が、資本家的体質がすっかり染み込んだ、権力欲に駆られた共産党幹部の五体を包み込み、それに纏わり付いている。彼らはそのしがらみから逃れられなくなり、これまた底なし沼にはまり込んでいる。

　日々の生活の便利さのためにITが活用され、発達したのに、それを軍事用に転用するスピンオンがもてはやされ、そして妙手としてRMAが礼賛される風潮には、筆者は正直いって、ついていけない。また自軍の兵士の犠牲を最小にするためのロボット化・無人化によって、相手側に多大の犠牲が生じ、戦闘に勝利できることを歓迎する風潮にもさらについていけない。そもそもどんなに自己防衛のためだと抗弁しても、他人を傷つけ、殺傷する行為は本来的に人道に反する。その実行者は自己の生命を守り得た安堵感よりも、むしろこの行為の非人道性を終生悔やむことになるだろう。広島、長崎に原爆を投下した米軍パイロットはどんなに自己の行為を合理化しようとしても、それは虚勢を張っているだけであって、無辜の人間を多数犠牲にした冷厳な事実を前にして、虚心坦懐に自己の良心と向き合えば、大いなる悔悟が胸を塞ぎ、心の奥深く傷ついているはずである。それこそが人間らしさ──人道主義（ヒューマニズム）──ではないだろうか。その点で、ナチス占領下のフランスで、心ならずもその走狗となって無辜の政治犯を処刑するリスト作りを手伝わされたフランス人副市長にたいして、神父が「命令の奴隷になるな」と警告した『シャトーブリアンからの手紙』の一シーンは、現代の我々の胸にも突き刺さる。命令だから、仕事だからといういい逃れでは済まされない局面というものがある。況んやシミュレーションゲームそのままに、

戦場から遠く離れた静謐でエアコンの効いた部屋の中で、一人机に向かってコンピュータ画面を眺め、ボタン操作ひとつによって、苦もなく敵兵を殺し、要塞を爆破し、町を灰燼に帰しても何とも思わぬとしたら、その無神経振りには呆れ果てる。こんなことが科学技術の進歩や「犠牲の少ない心優しい戦争」という理由で「合理化」できるとしたら、そうした人間の心こそ病んでいるとしか、いいようがない。まさに「狂気」（『地獄の黙示録』でのカーツ大佐の独白）である。
　しかし時代は今や情報戦——戦争の無人化・ロボット化やサイバー攻撃、諜報・スパイ活動を含めて——に移ってきた。ここでは秘密主義が蔓延し、部外者には一切立ち入ることがかなわない。それどころか、担当者ですら、その情報の多さと守秘義務の徹底によって、全体が皆目わからなくなってきている。その結果、前例踏襲の事なかれ主義と他人任せの無責任主義が広がっている。しかしすべての人々が現に起きていること、またこれから起きようとしていることを正確に知ることも、またそれに決定を下すことも自主的・自律的にはできないのだとしたら、これほど危険極まりないことはない。政府・軍部・企業・科学技術分野の「最良」の人々の全知全能を傾けて構築したはずのものが、事実上、誰にも統御できない万能のマシーン——あたかも「モロク神」のごときもの——に変態（メタモルフォーゼ）してしまっているとしたら、いかがしようか。我々は情報の全体系の周りをそれぞれがただ撫で回しているだけにすぎない。それを打開していくことは至難の業のような気がする。アメリカはそうした自壊への道を辿っている気がするし、中国もそれにことさらに対抗して、同じ轍を踏んでいるように思えてならない。

●注
1) ディナ・プリースト＆ウィリアム・アーキン『トップシークレット・アメリカ——最高機密に覆われる国家——』玉置悟訳、草思社、2013年、76頁。本書はすさまじいばかりのアメリカの肥大化した情報組織の内実を探り、告発している。
2) 以下の展開にあたっては、筆者は軍事の専門家ではなく、その詳細な内情にも疎いので、軍事専門家や軍事戦略の研究者、ジャーナリストによるいくつかの分析・説明を参考にした。たとえば、久江雅彦『米軍再編』講談社現代新書、2005年、江畑謙介『米軍再編』ビジネス社、2005年、谷口長世『サイバー時代の戦争』岩

第 6 章　オバマ政権のアジアシフトと米中間の軍事・安全保障問題の尖鋭化

波新書、2012 年、リチャード・クラーク＋ロバート・ネイク『世界サイバー戦争』徳間書房、2011 年、P.W. シンガー『ロボット兵士の戦争』小林由香利訳、NHK 出版、2010 年、ウィリアム・D・ハートゥング『ブッシュの戦争株式会社』阪急コミュニケーションズ、2004 年、福田毅『アメリカの国防政策』昭和堂、2011 年、八木直人「エアシー・バトルの背景」『海幹校戦略研究』2011 年 5 月、木内啓人「統合エア・シーバトル構想の背景と目的」『海幹校戦略研究』2011 年 12 月、サム・J・タングレディ「シー・ベーシング――その概念、問題、政策提言」八木直人訳、『海幹校戦略研究』2012 年 5 月、下平拓哉「シー・ベーシングの将来――22 大綱とポスト大震災の防衛力」『海幹校戦略研究』2012 年 5 月、石原敬浩「AirSea Battle と対中抑止の理論的分析――トシ・ヨシハラ、ジェームズ・ホームズの論考を題材として――」『海幹校戦略研究』2012 年 12 月、グリナート米海軍作戦部長、アモス米海兵隊総司令官「海軍の新たな時代」平山茂敏訳、『海幹校戦略研究』2013 年 9 月、ジェフリー・E・クライン／ウェイン・P・ヒューズ「平和とエアシー・バトルの間」八木直人訳、『海幹校戦略研究』2103 年 9 月、エアシー・バトル室「エアシー・バトル」平山茂敏訳、『海幹校戦略研究』2013 年 9 月、青井志学「中国潜水艦の脅威と米海軍」『海幹校戦略研究』2013 年 12 月、平山茂敏「エアシー・バトルの変容――対中作戦構想から、アクセス維持のための限定的作戦構想へ――」『海幹校戦略研究』2013 年 12 月、八木直人「米国の戦略的リバランスと東アジアの地政学――「リバランス」、「大国間関係」、地域的安全保障――」『海幹校戦略研究』2013 年 12 月、等々。

3 ）国防総省が 4 年に一度国防全体の進行状況をおさらいするもので、1997 年（コーエン長官）、2001 年（ラムズフェルド長官）、2006 年（ラムズフェルド長官）、2010 年（ゲーツ長官）、2014（ヘーゲル長官）にそれぞれ出されていて、歴代の国防長官と統合参謀本部議長が評価を加えたものである。その前身は 1993 年の BUR（Bottom Up Review）（アスピン長官）で、そこでソ連崩壊後の安全保障環境の変化に対応する必要が認識された。

4 ）Office of Secretary of Defense, *Annual Report to Congress: Military and Security Developments Involving the People's Republic of China 2013,* なおこの報告書は日本国際問題研究所が 2007 年会計年度分から邦訳されていて、この 2013 年度分は『米国議会への年次報告書：中華人民共和国に関わる軍事・安全保障上の展開 2013』2013 年 12 月である。

5 ）邦訳、39 頁。
6 ）同上、41 頁。
7 ）同上、42 頁。
8 ）防衛省防衛研究所編『中国安全保障レポート』（2010 年）、2011 年 3 月、34 頁。なおこのレポートは 2010 年から始まり、年 1 回で、現在まで 4 回出されている。

9）同上、12 頁。
10）『米国議会への年次報告書：中華人民共和国に関わる軍事・安全保障上の展開 2013』前掲、邦訳、17 頁。
11）同上、3 頁。中国が勝手に線引きをしているが、アメリカ国防総省はこの「九段線」の正確な意味内容も法的根拠も曖昧だとしている。
12）布施哲『米軍と人民解放軍』講談社現代新書、2014 年。
13）かつて筆者は日米軍事協力を日米経済摩擦の一コマとして取り上げて論じた。詳しくは関下稔『日米経済摩擦の新展開』大月書店、1989 年、第 5 章、参照。
14）『朝日新聞』2014 年 8 月 14 日。なお以下の展開に当たっては、朝日新聞中国総局『紅の党：完全版』朝日文庫、2013 年が参考になった。
15）中村丈夫『マルクス主義軍事論』鹿砦社、1970 年。
16）ソ連における軍事戦略についてはエドワード・ミード・アール『新戦略の創始者』上・下、山田積昭＋石塚栄＋伊藤博邦訳、原書房、2011 年が参考になった。この膨大な本は軍事戦略についての学説史的な展開を試みているもので、そこではマキァヴェリから始まって、フリードリッヒ大王、ジョミニ、クラウゼヴィッツ、アレキサンダー・ハミルトン、マルクス、エンゲルス、モルトケ、チャーチル、ルーデンドルフ、レーニン、トロツキー、スターリン、マジノ、リデル・ハート、マハン、などを経て、最後はヒトラーで終わるという膨大なものである。軍事戦略研究の古典である。原著は 1943 年に出版されている。
17）王丹『中華人民共和国史』加藤敬事訳、筑摩学芸文庫、2014 年
18）李鋭『中国民主改革派の主張』小島晋治編訳、岩波現代文庫、2013 年。
19）エズラ・F・ヴォーゲル『現代中国の父 鄧小平』上・下、益尾知佐子・杉本孝訳、日本経済新聞社、2013 年。
20）同上、39 頁。
21）ロナルド・コース、王寧『中国共産党と資本主義』栗原百代訳、日経 BP 社、2013 年。
22）同上、107 頁。
23）マーティン・ジェイクス『中国が世界をリードするとき』（上・下）、松下幸子訳、NTT 出版、2014 年。
24）『日本経済新聞』2014 年 5 月 29 日。
25）『日本経済新聞』2014 年 8 月 8 日。
26）『日本経済新聞』2014 年 6 月 7 日。Office of the Secretary of Defense, Annual Report to Congress: Military and Security Developments Involving the People's Republic of China 2014.
27）『朝日新聞』2014 年 5 月 21 日。
28）『朝日新聞』2014 年 7 月 11 日。

補　論　ベトナム工業化の現段階と日本企業
――日―米―中トライアングル関係の外縁的布陣――

はじめに

　筆者にとって、ベトナムには特別の思いがある。学生時代、ベトナム反戦は安保反対、沖縄基地返還、原水爆禁止、日中友好、学園民主化と並んで最大の政治的関心事であり、日夜、それらに取り組んだ記憶が鮮明に残っているからである。そして1975年4月30日にサイゴンの大統領官邸に解放戦線の戦車が突入した様子は全世界に配信されて、歓呼の声が沸き上がった。以来、いつかはこの地を踏みたいと念願してきたが、果たせずにきた。折良く研究プロジェクトの一環として、ベトナムの開放的な工業化政策の実施と、その中での日本企業の進行状況を、中国企業やアメリカ企業との関係で視察する機会に恵まれた。2012年3月11日から19日までハノイとホーチミン市（旧サイゴン）を訪問し、その周辺の工業団地を見て回り、現地の日系企業にもインタビューしてその苦闘ぶりを実感し、またジェトロ事務所にも伺って、基本的なレクチャーを受けるとともに、基礎データの提供や紹介も受けた。さらにベトナムの研究者との懇談をCIEM（ベトナム中央経済管理研究所）等にて行い、幅広く意見交換を行った。そしてその合間に、両市の市民生活の実情を一瞥したり、ベトナム戦争の歴史的記念史跡を訪ねたりして、知見を深めた。かくてこの訪問はきわめて有意義かつ感慨深いものであった。

　訪問にあたっては、ベトナムの政治経済の基本的な動向とその推移に関して熟知しておくために、事前学習を何度か行った。その際の基本テキストに使ったのは、トラン・ヴァン・トゥ（早稲田大学教授）『ベトナム経済発展論』勁草書房、2010年である。この本は多くの示唆に富む、ベトナム人研究者による良書だが、

とりわけ開放的な市場経済化を目指す「ドイモイ」(1986年開始) 以後のベトナムの経済発展に関して、国内的要因とともに国際的な要因も踏まえつつ、客観的なデータを基礎に学説史的な成果を織り込んで、科学的で抑制のきいた論理展開と整序ある論調に基づいて、今日のベトナム経済の成果と問題点を活写している。とりわけ低労働コストを誘因として外資導入を奨励して、経済のテイクオフ（離陸）を図るが、その後に遭遇する、所得増に伴う物価高とインフレの高進、ドル高—自国通貨安（これは今日の日系企業にとっては円高—ドル安によって、ドル収入の減少をもたらして、連結決算上のマイナス要因になる皮肉な結果に帰着するが）、それにもかかわらず、それに完全には照応しえないきわめて微弱で漸進的な賃金の上昇（それでも外資にとってはコスト高要因になる）、さらには急速な都市化に伴う歪み——特に都市と農村との関係や環境面での——やインフラの未整備、そして自前技術習得の未達成や国内市場の未成熟、貿易収支の不安定性などの経済課題に悩まされている現状を直視している。それらを著者は、アーサー・ルイスの「転換点」にならって「中所得国の罠」（あるいは「自由貿易の罠」とも表現しているが、この命名の方が今日のグローバリゼーションの下での開放経済の本質を正確に表している）と呼んだが[1]、そこからいかに脱出するかを最大の課題に挙げている。この脱出路の萌芽を探ることが今回の訪問の一つの目的であった。しかし、道路に溢れんばかりのバイクの大洪水や受動的で弛緩した行政処理や命令口調、さらには近代化されていないサービス業務の不効率な実態を見るにつけても、それは容易ではないことが察知される。

　他方で、ベトナム戦争の傷跡は今日もまだ依然として残って——そうして残すことが人類のためには大切であるが——いて、ベトナムにおいてアメリカは取り返しのつかない誤りを犯した (terribly wrong) というマクナマラ（米国防長官）の悔悟は、われわれの胸に突き刺さる。フランス、日本、アメリカの三つの帝国主義を撃破してベトナムを独立に導いた、ベトナム人の誇り高い自負心は驚嘆に値するものであり、近代兵器に恵まれないというそのマイナス要因を逆手にとって、その見事な戦略的見通し、状況に応じた巧みな戦術展開、そしてベトナム人民の不屈の闘志と勇猛心、沈着で冷静な対応と行動、そして強固な組織力と団結力がそれらを補って余りあり、しかも最終的な勝利に導いたその快挙は、全世界の賞賛と共感を集めたところである。しかし、それから37年を経過した実情を

見ると、経済建設に成功を収めているとは到底いい難いように思える。その落差をどう解釈すべきであろうか[2]。それを「一党独裁」による硬直的で官僚主義的な経済運営に帰することは容易い。しかし問題はグローバリゼーションの進展下での外資導入による開放経済政策の推進の下で生じているのである。この謎を解かない限り、事態の本質には迫れない。だがこの地が持っている本来的な条件を眺めると、別の様相が浮かんでくる。9000万に及ぶ豊かな人的資源に加えて、三毛作が可能といわれるほどの豊穣な農地と恵まれた気候、良好な河川、開かれた海洋と水産資源、良質な石油資源、緑豊かな森林、さらには耕作可能な平野部の広がりなどの天然の賦存条件を見るにつけ、さらには困難なベトナム戦争を戦い抜いたその主体的な力量の蓄積を考えると、この国の将来はこんなことでは終わらないはずだし、また終えてはならないという思いに、強く駆られる。

第1節　ベトナムの政治経済概観

　北回帰線に近い北緯23度付近から北緯8度付近までの、約1700キロメートル（北海道から九州までに相当する）もの南北に細長い33万平方キロメートル（九州を除く日本の面積に相当する）の面積を要するベトナム社会主義共和国は、ジェトロの資料に従えば、人口8700万人（2010年）、GDP756億ドル、うち一人あたりGDP833ドル（2007年）で、その中で二大中心都市であるハノイ（656万人、GDP7.5％、一人あたりGDP2043ドル）とホーチミン市（旧サイゴン）（740万人、GDP8.5％、一人あたりGDP2249ドル）は突出した地位にある。工業化も両市を中心にしてその周辺に広く展開されていて、総額1100億ドルの工業生産額（2009年）のうち、ホーチミン市22.2％、ハノイ市8.7％と、約三割を占めている。一方全体の7割を占める農村での農業は、南のメコンデルタ（33.1％）、北の紅河デルタ（13.9％）を始め、中部沿岸、中部高原、山岳地域などの各地に広範に展開されている。さらに水産は圧倒的に南部（72％）、特にメコンデルタ（66.2％）で行われているが、それ以外の沿岸地域にも幅広く散らばっている。サービスに関連した商業（リテイル）の取引高は740億ドル（2010年）で、当然にホーチミン市（23.6％）とハノイ（13.1％）が多いが、優勢な農業、水産業を反映して、メコンデルタ（18％）と紅河デルタ（10.1％）でも多くの商取引が行われている。

ドイモイの開始以来、持続的な経済成長が続いているが、特に21世紀に入ってからの経済成長率は年6％から8％ほどで推移していて、依然として高い経済成長を続けている（**図補-1**）。次に開放経済下での経済実態だが、貿易は2011年には輸出963億ドル（前年比33.3％増）、輸入1058億ドル（同じく前年比24.7％）で、950億ドルの入超である。この入超傾向は21世紀に入って続いているが、その入超幅は2007年以後、100億ドル以上で推移してきている（**図補-2**）。その内訳を調べてみると、主要な輸出品目は縫製品（140億ドル）、原油（72億ドル）、電話機・同部品（69億ドル）、履き物（65億ドル）、水産物（61億ドル）で、また世界の輸出シェアでの上位品目はカシューナッツ、ゴマ（ともに世界一）、甲殻類、カニ、コメ、コーヒー（以上、世界二位）、天然ゴム（世界四位）など、広く一次産品とか第一次産業の産物と呼ばれているものであり、他方、主な輸入品目は機械・設備部品（152億ドル）、ガソリン・オイル（99億ドル）、コンピュータ電子製品・部品（73億ドル）、織布（68億ドル）、鉄・鉄鋼（63億ドル）である（同じく**図補-2**）。このことは、主に加工用原材料・中間財を輸入して、外

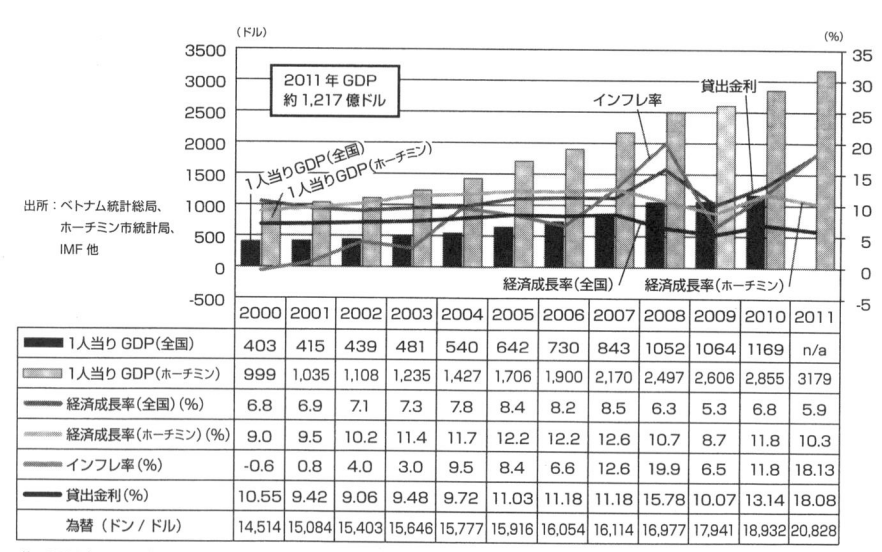

	2000	2001	2002	2003	2004	2005	2006	2007	2008	2009	2010	2011
1人当り GDP（全国）	403	415	439	481	540	642	730	843	1052	1064	1169	n/a
1人当り GDP（ホーチミン）	999	1,035	1,108	1,235	1,427	1,706	1,900	2,170	2,497	2,606	2,855	3179
経済成長率（全国）(%)	6.8	6.9	7.1	7.3	7.8	8.4	8.2	8.5	6.3	5.3	6.8	5.9
経済成長率（ホーチミン）(%)	9.0	9.5	10.2	11.4	11.7	12.2	12.2	12.6	10.7	8.7	11.8	10.3
インフレ率(%)	-0.6	0.8	4.0	3.0	9.5	8.4	6.6	12.6	19.9	6.5	11.8	18.13
貸出金利(%)	10.55	9.42	9.06	9.48	9.72	11.03	11.18	11.18	15.78	10.07	13.14	18.08
為替（ドン/ドル）	14,514	15,084	15,403	15,403	15,646	15,777	15,916	16,054	16,114	16,977	17,941	18,932	20,828

注：2010年、2011年のホーチミン市1人当りGDPは政府統計を基にジェトロホーチミン事務所算出。貸出金利の2011年は6月データ。
　　為替レートはIMFデータ。ただし、2011年はベトナム国家銀行レート。

　図補-1　経済成長率/1人当たりGDP/インフレ率/為替レート/貸出金利の推移
（資料）ジェトロ『ベトナム・ホーチミン市近郊ビジネス情報2012』による。

補論　ベトナム工業化の現段階と日本企業

資を主力にした製造活動によって加工された——主に労働集約的な——完成品を輸出する型と、それを補完する天然原料（原油）や農業・水産物の輸出という型との総合的なものであり、途上国に一般的な第一次産業的な型と、グローバル化に伴う、輸出加工的な戦略的な工業品の輸出の両面を合わせ持っていて、そこでは外資の役割がきわめて重要になる。次に貿易相手国は輸出ではアメリカ（167億ドル）、EU（166億ドル）、ASEAN（136億ドル）、中国（108億ドル）、日本（107億ドル）が中心で、先進国と近隣国に主眼がおかれている。他方、輸入は中国（246億ドル）、ASEAN（210億ドル）、韓国（130億ドル）、日本（102億ドル）、台湾（86億ドル）（同じく**図補-2**）で、全くアジア中心である。つまりアジアから工業用中間財を輸入して、完成品を先進国に輸出する構造で、ベトナムは開放経済下での輸出主導の経済運営をアジアの工業先発国の後を追うような形で進めていることが、手にとるようにわかる。そして多国籍企業（外資）は環太平洋に跨がる多国籍企業のサプライチェーンの一翼にベトナムを加えることを企図している。

他方で、ベトナムへの海外からの直接投資——inwardFDI（対内直接投資）——は、累計額（ストック）で見ると2011年1979億ドル——ただし許可額であ

図補-2　(1)　ベトナム主要輸出入品目（2011）

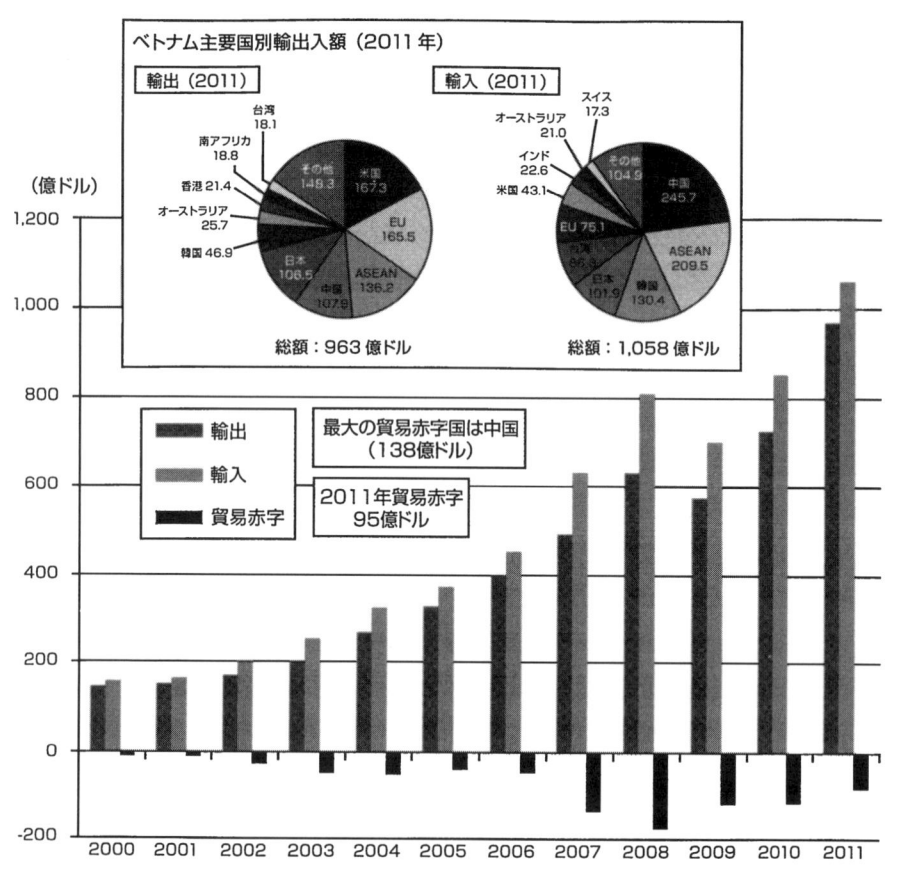

図補-2 (2) ベトナム貿易の推移

(出所) ベトナム統計総局
(資料) 図補-1 と同じ。

って、実績ではない。これは、ベトナム政府が外資に投資可能な最大許可額を示したもので、外資は実際にはこれよりも数段少ない実行額に止まっていることが通例——で、その内容はシンガポール（240億ドル）、韓国（240億ドル）、日本（236億ドル）、台湾（235億ドル）で、次にタックスヘイブンの英領バージン諸島（150億ドル）とケイマン諸島（75億ドル）がきて、アメリカは117億ドルと、これらよりも少ない（**図補-3**）。タックスヘイブン所在の外資の本籍地——アメリカの統計上では Ultimate Beneficial Owner, UBO（最終所有者）という——は不明

図補-3 世界からの直接投資の推移

(資料) 図補-1 と同じ。

だが、当初はこうした偽装工作を欧米の企業が行っていたが、今日では日本企業や中国、韓国など世界中の企業が広範に行うようになっていて、これだけではその正体はわからない。他方、件数で見ると、韓国3112件、日本1669件、台湾2219件、シンガポール990件となっている。つまり、シンガポールだけは比較的大規模（一件当たりの平均では2424万ドル）な投資が多く、日本（同1414万ドル）と台湾（同1059万ドル）はそれよりも少なく、韓国（同771万ドル）はさらに少ない数字を示している。このことは、日本、台湾、韓国などは比較的中小規模の投資を数多く行っていることを示しており、低価格帯の大衆消費財や部品の組立・加工に主力をおいていることがわかる。他方、年々のフローベースで見ると、最盛期は2008年で、717億ドル（許可額）――ただし実行額は115億ドル――と1,557件で、その後は2009年は許可額231億ドル、実行額100億ドル、1208件、さらに2010年、2011年とさらに減少している（同じく**図補-3**）。こう見てくると、圧倒的にアジアの近隣諸国――先行の市場経済諸国――がベトナムへの進出の中心を構成しているが、この二年ほどは純流入額はやや減少してきている状況である。

　ところで、この中での日本企業の動向だが、最盛期は2010年で、20億ドル（許可額）、114件、次いで2011年は19億ドル（同じく許可額）、208件と、目下猛ラッシュをかけている。その内訳は、進出形態で見ると、工場が625社で、ホーチミン市（125社）とハノイ（120社）をそれぞれ中核にして、南部328社、北部256社に集中している。次いで工場以外での現地法人本社は351社で、それはホーチミン市204社、ハノイ126社となっていて、前者の比率が高い。さらにこの現地法人の支店・駐在員事務所は251拠点で、ホーチミン市101拠点、ハノイ83拠点にこれまた集中している。現地法人ではない海外企業からのベトナムでの支店・駐在員事務所の設置は445拠点にのぼり、それはホーチミン市236拠点、ハノイ187拠点と、ほとんど両市に集中している（**図補-4**）。このことからは、工場を敷設して、現地での組立・加工活動を活発に展開していることが見てとられ、そのための現地法人（在ベトナム子会社）の本社機能がそれに付随している。工場よりも本社が少ないのは、現地での事務機構を持つのが、派遣日本人幹部（一説には日本から幹部を派遣すると一人当たり年間1千万円ほどかかるという）の人件費などの負担増になることなどによって、これをできるだけ節約し、日本

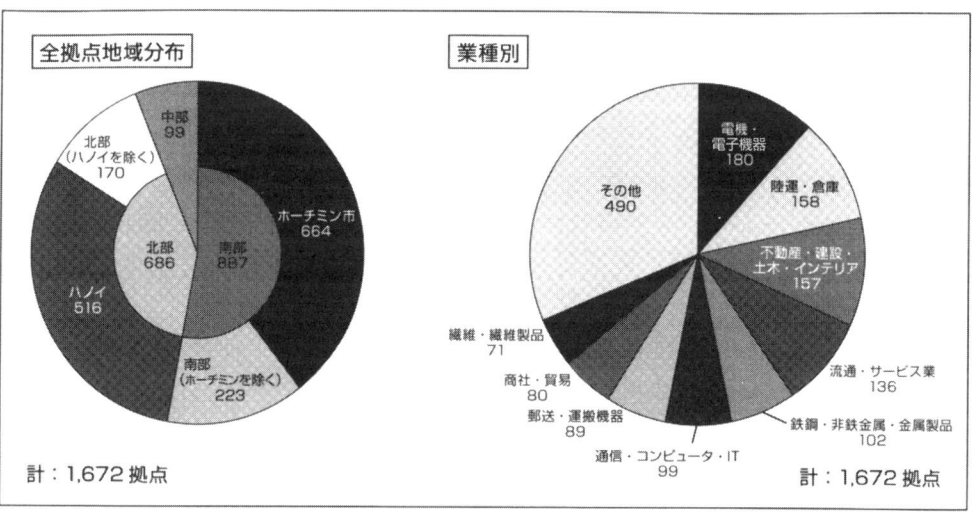

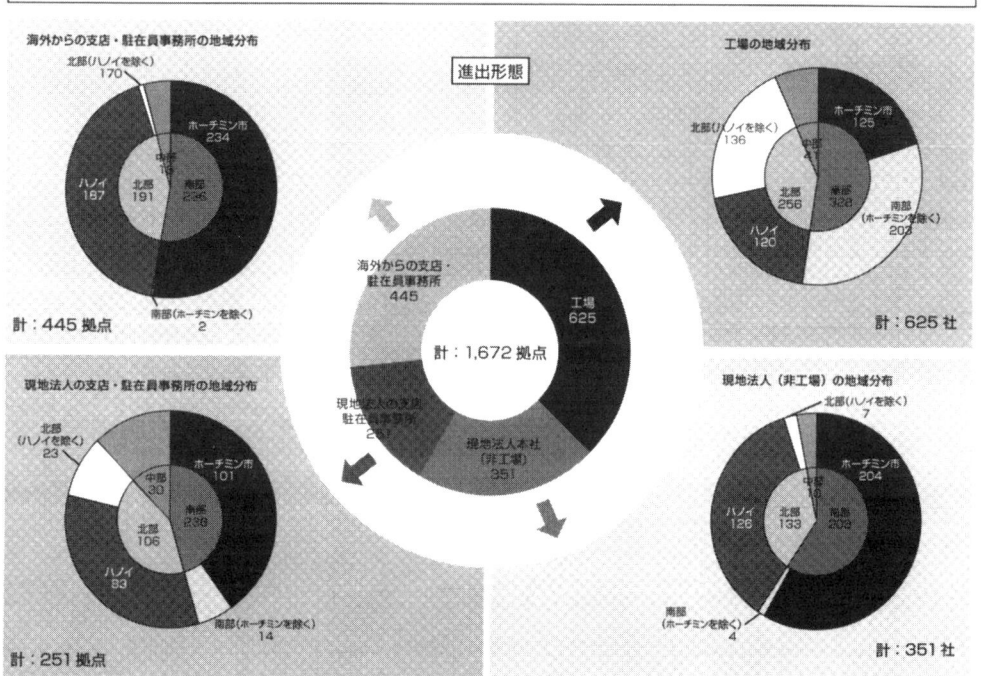

補論　ベトナム工業化の現段階と日本企業

全拠点地域分布（計：1,672拠点）
- 南部 887
  - ホーチミン市 664
  - 南部（ホーチミンを除く）223
- 北部 686
  - ハノイ 516
  - 北部（ハノイを除く）170
- 中部 99

業種別（計：1,672拠点）
- 電機・電子機器 180
- 陸運・倉庫 158
- 不動産・建設・土木・インテリア 157
- 流通・サービス業 136
- 鉄鋼・非鉄金属・金属製品 102
- 通信・コンピュータ・IT 99
- 郵送・運搬機器 89
- 商社・貿易 80
- 繊維・繊維製品 71
- その他 490

進出形態（計：1,672拠点）
- 工場 625
- 現地法人本社（非工場）351
- 現地法人の支店・駐在員事務所 251
- 海外からの支店・駐在員事務所 445

海外からの支店・駐在員事務所の地域分布（計：445拠点）
- ホーチミン市 234
- 南部（ホーチミンを除く）2
- 南部 236
- 北部 191
- ハノイ 187
- 北部（ハノイを除く）170
- 中部 17

工場の地域分布（計：625社）
- ホーチミン市 125
- 南部（ホーチミンを除く）202
- 南部 328
- 北部 256
- ハノイ 120
- 北部（ハノイを除く）136
- 中部 41

現地法人の支店・駐在員事務所の地域分布（計：251拠点）
- ホーチミン市 101
- 南部（ホーチミンを除く）14
- 南部 115
- 北部 106
- ハノイ 83
- 北部（ハノイを除く）23
- 中部 30

現地法人（非工場）の地域分布（計：351社）
- ホーチミン市 204
- 南部（ホーチミンを除く）4
- 南部 208
- 北部 133
- ハノイ 126
- 北部（ハノイを除く）7
- 中部 10

出所：COMM BANGKOK『ベトナム日系企業年鑑 2010-11』からジェトロ作成

図補-4　日系企業の進出形態・地域分布

（資料）図補-1と同じ。

本社からの指令——統括機能に依存しがちになっているからであろう。あるいは、人材の現地化を進めていく方向での代替策の展開も考えられる。さらに支店・駐在員事務所の開設は、業者間の日常的な情報交換や顧客・市場動向調査、あるいは契約の履行状況の監督や事業計画の企画などの、広範な調査・情報・サービス活動においては、この形式が身軽で便利であり、効率的でもあるからであろう。あるいはとりあえずは支店・駐在員事務所から出発して、やがては現地法人の設置にまで高めていこうとする戦略的な狙いがあるのかもしれない。

　さらにこれを業種別に見ると、電機・電子180、運輸・倉庫158、不動産・建設関係157、流通・サービス136、機械110、鉄鋼・非鉄などの金属102などが主なところである（同じく**図補-4**）。これで見ると、生産活動を行う工場が中心で、それに関連する輸送・流通部門や、さらにはその前提になる工場設備の建設や不動産関係がそれと並んで進出していることがわかる。またその形式は独資による輸出加工型メーカーが主力で、その中身は包括的なセットメーカー（大企業）か、局部的な部品メーカー（中小企業）が典型的なものとして展開され、それに加えて、内需を目指す合弁形態での工業部門における進出や、大量消費を目指す販売・流通関係が付随的に進出しているものだと推測される。以上の進出形態を総括してみると、まず現地法人だが、それには100％外資の進出形態が日系企業の場合は多いが、出資規制によってこの形式がとれない場合もある。次いで現地資本（政府系などの公的なものも含めて）との合弁会社の設立やローカル企業への出資もあるが、この場合には販売網や不動産などの経営資源の動向に左右されるので、適切なパートナーの選定が成否を決める上で重要な要素になる。そうではない、資本関係を伴わない、広く提携という概念に総括されるものもあり、それはサービス産業などでの外資参入が困難な場合に、ライセンス契約や「名義借り」——看板料の支払い——が使われることになる。さらに駐在員事務所をおく場合もあるが、その場合には活動内容が事業計画の促進、市場調査、契約の履行の監督・推進に限定されていて、営業活動は認められていない。また駐在員事務所の所長や株式会社の社長が他の支店や企業との兼務をしてはならないという禁止条項もある。こうした制限的なものでも、それに適した、いわばニッチを狙うという戦略をとることもある。いずれにせよ、各企業はそれぞれの戦略に応じた使い分けをしていることになる。

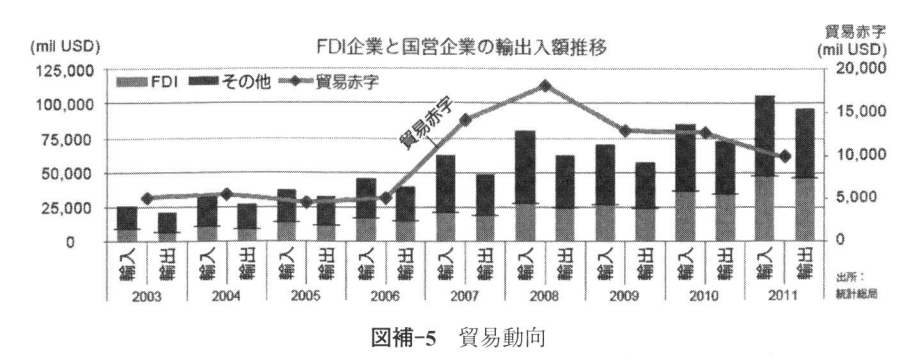

補論　ベトナム工業化の現段階と日本企業

図補-5　貿易動向

（資料）ジェトロ『ベトナム北部・中部近郊ビジネス情報 2012』による。

　そこで、以上のことを合わせて、外資（FDI）が貿易にどのような効果を果たしているかを、国営企業（ベトナム）と比較しながら表した**図補-5**で見てみよう。これで見ると、ベトナムの貿易全体には両者はほぼ同等の役割を果たしてきている（2011年には外資が輸出の56.6％を占めていて、多くなっている）が、貿易収支については、外資は当然のことながら輸出超過であり、これに対してベトナムの国営企業は輸入超過であって、しかも全体では貿易収支の入超が続いている。したがって、外資はベトナムの国際収支上はプラスの効果をもたらし、ベトナムの国営企業は輸出振興ができず、国際収支上はマイナス効果に陥っているという

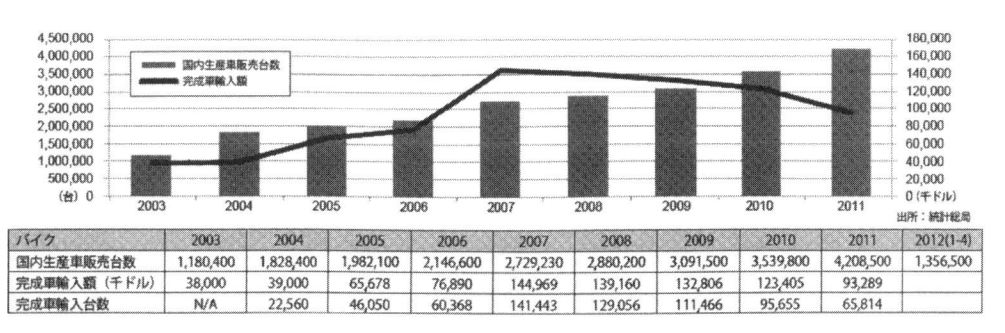

バイク	2003	2004	2005	2006	2007	2008	2009	2010	2011	2012(1-4)
国内生産車販売台数	1,180,400	1,828,400	1,982,100	2,146,600	2,729,230	2,880,200	3,091,500	3,539,800	4,208,500	1,356,500
完成車輸入額（千ドル）	38,000	39,000	65,678	76,890	144,969	139,160	132,806	123,405	93,289	
完成車輸入台数	N/A	22,560	46,050	60,368	141,443	129,056	111,466	95,655	65,814	

図補-6　バイク国内生産販売台数と完成車輸入額推移

　ヤマハとホンダで国内シェア約75％を占める。日系メーカーのバイクでも、700ドル程度から購入可能であり、2010年末での二輪車世帯普及率は、都市部で123％、地方部で84％に達している。都市鉄道などの公共インフラが都市部でも未だ未整備であり、交通渋滞も激しいことから、いまだバイクが最も便利な移動手段となっている。
（資料）図補-5と同じ。

ことになる。しかし外資はこの貿易上の売上げ超過額、つまりは稼得収益──日本企業の場合はドルでの──の多くを本国に持ち帰るので、実際にはベトナムの国民経済上にプラスであるかどうかは、簡単には判断できない（いわゆる「貸席経済」だという向きもあるから）。またベトナムで最も普及しているバイクの動向を国内生産販売台数と完成車輸入の推移を比較した**図補-6**で見てみよう。これを見ると、前者の国内生産車の販売台数は一貫して増加しているが、完成車の輸入は2007年をピークにして、額、台数ともその後は減少傾向にある。このことは、輸入から生産の現地化への転換が生じていることを示していて、工業化が進んでいることを表すものだが、担い手としての外資の活動が活発化していることの証明である（なお、バイクは中古車で1000ドルほどだという）。バイクは最も一般的なベトナムでの交通手段であり、1台に3人、4人が相乗りして、道路いっぱいに広がって、四六時中走り回っている。日本なら暴走族を連想するが、意外に事故は少ないとのことである。

　さらにもう少し立ち入って考察してみると、最も主要な要因である、低廉な労働力の利用（**図補-7**）であるが、作業に従事する労働者（ワーカー）の賃金はベトナムは年2196ドルで、マレーシア（6340ドル）、中国（5765ドル）、タイ（5662

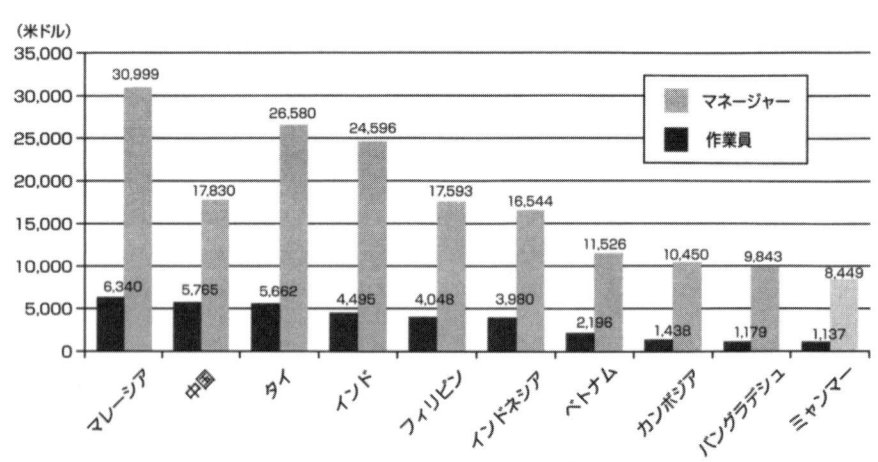

年間実質負担額：1人当たり社員に対する負担額（基本給、諸手当、社会保障、残業、賞与などの年間合計。退職金は除く。）2011年度時点

図補-7　進出日系企業（製造業）の賃金各国比較～年間実質負担額～

（資料）図補-1と同じ。

ドル）はおろか、インド（4495ドル）、フィリピン（4048ドル）、インドネシア（3980ドル）よりも低く、このベトナムよりも低いのは、カンボジア（1438ドル）、バングラデシュ（1179ドル）、ミャンマー（1137ドル）のみである。その点ではベトナムの低い賃金水準は日系企業にとってこれまで魅力的であった。また経営に関わるマネージャー（ミドルマネジメント）は年11526ドルで、金額としては最大のマレーシアの30999ドルに比べるとわずか三分の一ほどにすぎず、さらにタイ（26580ドル）、インド（24596ドル）からも大きく離れ、フィリピン（17593ドル）やインドネシア（16544ドル）にも及ばない現状である。もっとも両者（ワーカーとマネージャー）を比較すると、前者の約5.25倍の収入を後者（マネージャー）は得ている。これはベトナムよりも低額のカンボジア（7.27倍）、バングラデシュ（8.35倍）、ミャンマー（7.43倍）に比べると、その差は小さいが、上位にあるマレーシア（4.89倍）やタイ（4.71倍）に比べると大きい。なおここで異色なのは中国で、マネージャーは17830ドルで、ワーカーとの差は3.09倍しかない。一般にはワーカーの賃金水準が上がるのにつれて、マネージャーとの格

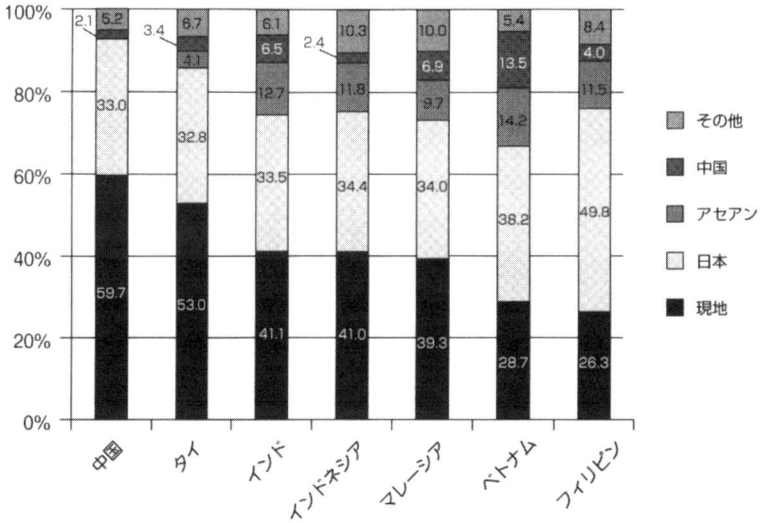

図補-8 進出日系企業（製造業）の原材料・部品調達先　内訳

（資料）図補-1と同じ。

差は縮小する傾向を持つが、社会主義国では知識労働は肉体労働に比べて、その評価を低くすることが政策的にとられてきたので、その名残りが中国やベトナムにはあるように思われる。

　また原材料と部品の調達先（**図補-8**）であるが、現地調達が28.7％で、日本本国からは38.2％、ASEANからは14.2％、中国からは13.5％である。日本本国からの調達比率を他国での展開と比較して見ると、在中国日系企業の場合は33.0％、在タイ日系企業32.8％、在インド日系企業33.5％、在インドネシア日系企業34.4％、在マレーシア日系企業34.0％で、一様に三分の一ほどを構成していて、横並び状態である。在ベトナム日系企業もその中に入っている。ただし在フィリピン日系企業だけは49.8％と例外的にきわめて高い構成を示している。反面、現地調達の比率が高いのは、在中国59.7％、在タイ53.0％、在インド41.1％、在インドネシア41.0％、在マレーシア39.3％で、それらと比べると、在ベトナム日系企業の場合は大分低い数字である。これらは現地における工業化の進展と現地企業の成長を反映していて、ベトナムの場合は未だその成長が十分でないことを物語っていよう。したがって、その不足をASEANや中国から輸入して調達していて、それが約30％に上ることになる。これはベトナムの貿易（輸入）構造の中で工業品（完成品）、石油製品と並んで、大きな比率を占めていて、貿易収支の赤字要因となり、また現地化の遅れが周辺国からの迂回的な中間財の輸入を示してもいる。上でも指摘したように、外資にとってベトナムの魅力は何よりも低賃金（コスト）にある。ベトナムで中間財・部品を提供する地場のサプライヤーが育てば、多国間に跨る生産・販売を展開する、多国籍企業としての外資の輸出促進効果はさらに際だつが、それが育たず、中間財・部品を周辺国から輸入するとなると、その効果は半減する。低賃金と技術習得とが結合せず、裾野産業が未発達のままでは、単なる低賃金提供国にすぎなくなり、さらに低賃金の国が出現すると、出ていってしまう恐れが出てくる。これは現在のベトナム工業化のボトルネックである。

　最後に市場としての成長度合いを見てみよう。可処分所得の階層別の状況（**図補-9**）は、2500ドルから15000ドルまでの階層の分厚いタイ、マレーシア、あるいはそれに近い中国に比べて、ベトナムの場合は1000ドルから5000ドルまでのところに大勢が分布している。もちろん、全体的には小売り販売額は年々増加し

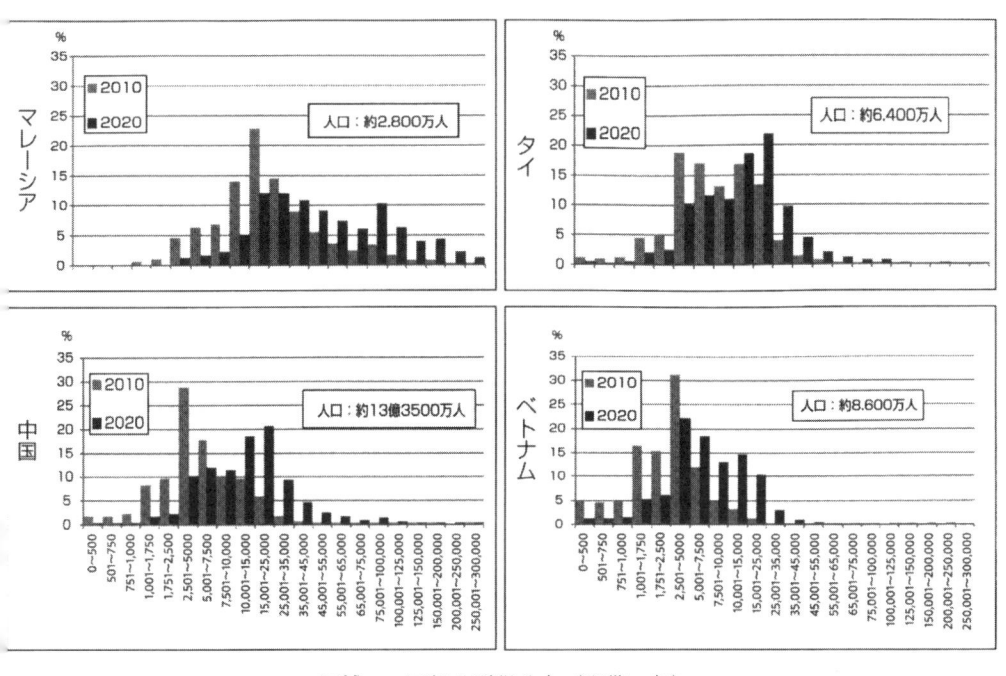

図補-9 可処分所得分布（世帯・年）

（出所）Euromonitor International 2010（可処分所得分布）、J-FIE（人口）
（資料）図補-1と同じ。

てきていて、2011年には960億ドルにまで達している。大衆消費に関わる耐久消費財の普及率はバイク97％、冷蔵庫79％、洗濯機48％、パソコン45％、エアコン20％である。これで見ると、ベトナムの場合、主要かつ不可欠な交通手段であるバイクを除いて、まだ消費の大衆化は十分に育っていない、発展途上だということができよう。そうすると、「資本の文明化」作用とでもいうべき、都市化、電化、利便性、過剰化ないしは豊富化といった「大衆消費ブーム」の爆発と、それに依拠した経済成長と消費の成熟化は、未だ十分には達成できていないことになる。これらのことを全体的にまとめた経済概況を**図補-10**で概観すると、物価上昇率、金利、対ドルレートの変動率、いずれもダントツで一位にあり、反面、一人当たりGDPの上昇は最下位に沈んでいる。良好な経済動向とは到底言い難い状況にある。

ところで、工業化と消費大衆化の主力として期待されている、これら外資を呼

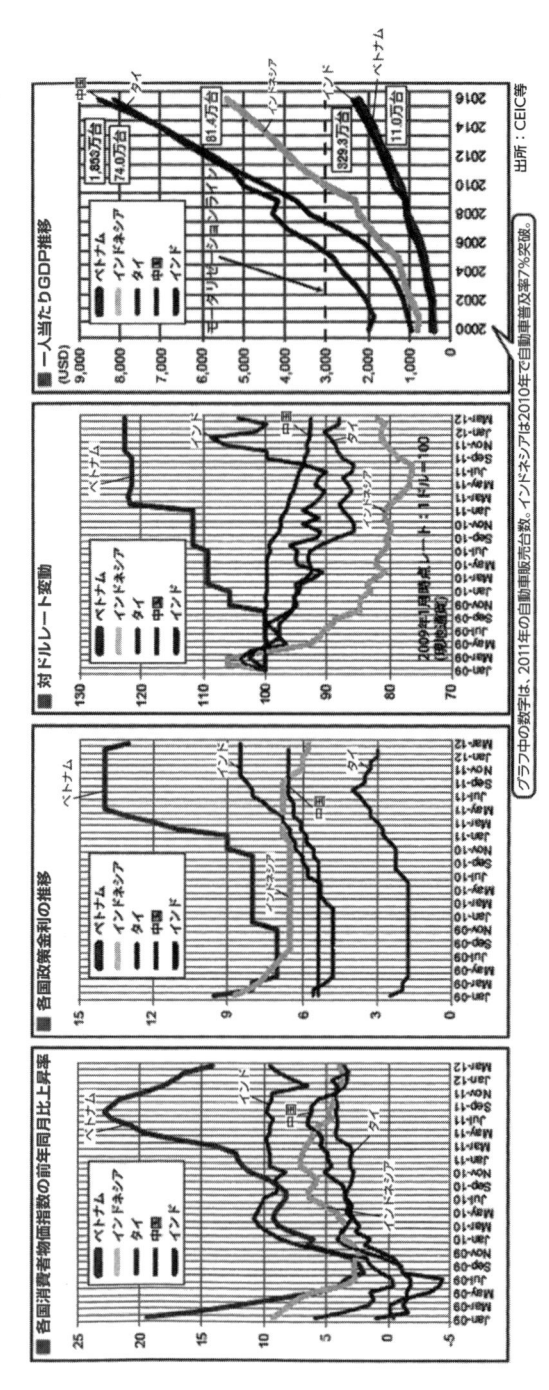

図補-10　経済概況

2011年のGDP成長率は5.89%と2010年の6.78%から減速はしたものの、インフレ抑制やマクロ経済の安定化で金融引き締めを行う中で、引き続き高い成長率を維持している。2011年のCPI上昇に大きな影響を与えた。2011年は、年初にガソリン価格が対前年比で38%、電力料金が15%上昇したことにより、全分野でCPIが上昇している。燃料は当面輸入に依存、電力料金も毎年10%程度の値上げが止む負えない状況であるため、インフレに歯止めをかけるためにも貿易赤字改善が求められる。2011年の輸入超過率は9.9%と、2010年の17%を大きく下回っており、2015年の政府目標を既に達成しているが、産業構造に大きな変化は見られず、根本的な改善にはまだ時間がかかる。

(資料) 図補-5と同じ。

266

び込むための政府の政策的な誘導に関して付言しておくと、ご多分に漏れず、種々の優遇策の実施、特に法人税制の優遇措置が多く認められている。とりわけ困難な地域への進出やハイテク関係などの先端産業分野での研究開発やインフラ整備などへの重点的な税制優遇が多くとられている。もちろん社会主義国としての独自の抑制策がそこには加味されているが、一般的に外資を呼び込むための優遇策が各種とられていて、外資にたいする優遇策をアジア各国が競い合っている──いわば treaty shoppinng ──ような状況を呈していて、その渦中にベトナムもある。そのことは国家の主体的で独自の誘導策の遂行をしにくくさせている。

第2節　開放経済下での経済建設の問題点

1．人民主権の確立

　さてそこで、以上の概況から、グローバリゼーションの進展下でのベトナムの開放的な工業化政策と経済成長策の問題点のいくつかについて、考察してみよう。

　第1に政治・軍事面で見ると、サイゴン解放に至る「ホーチミン作戦」の見事さは比類ないものである[3]。ここではベトナム人民の不屈の闘志と粘り強い戦いはいうまでもないが、それらの鼓吹と組織化、そして巧妙な戦略・戦術の立案と実行を通じて、見事最終勝利に導いたベトナム労働党（現在の共産党）と解放戦線の指導力は類い希なものであった。ホーチミンに次ぐナンバー2のレジュアン書記長がそのほとんどをサイゴン周辺に常駐して、戦いの最前線で直接に指揮・指導にあたったという逸話を解放後に知ったが、そこには命がけでベトナム全土の解放に身を挺して戦った革命家の崇高な姿を見てとることができる。また1975年の春に南ベトナムの全面解放作戦の遂行を最高幹部の全員一致で決定したというエピソードは、合意形成へ向けて徹底的に論議を尽くす努力とともに、決定的な瞬間に躊躇せず果断に実行するという革命家らしい先駆性と勇気と、そして集団としての高い団結力と冷静な判断力を示しているものでもある。そして解放戦線の有能な活動家をサイゴン政府内に密かに送り込み、最終盤では警察署長までもが解放戦線戦士であったという裏話は、いかに敵中深く解放闘争が浸透していたかを如実に物語るものである。

　しかもその判断の基礎には、内外情勢への、超の字が二つ付くくらいの、西側

の政治学ではお馴染みの「現実主義」の極致ともいうべき、科学的で徹底した分析力と巧妙な作戦、そして柔軟な対応と変化があった。たとえば、一方でパリ和平会談のテーブルに乗り、外交的な平和路線を進めながら、相手側がそれに真剣に取り組まず、一種のポーズとしていたずらな時間稼ぎをしていることを十二分に承知し、しかも解放戦線の代表をサイゴンに常駐させ、衆人の前に、いわば人質として晒しつつ、他方では全面的な解放に向けた軍事作戦を密かに練り、準備を重ねていき、好機を捉えて、一挙に戦術の転換を図った、硬軟両様の巧妙な戦術と柔軟な対応と方向転換はさえわたっていて、秀逸であった。また「ベトナム反戦」の国際的な連帯運動を最大限に利用した戦術も見事というより他はない。「花はどこへ行った」（Where have all the flowers gone?）の大合唱は世界中にこだまし、中国もソ連も一致してベトナムへの軍事的・政治的支援を行った。南ベトナムでの解放戦線の最大の拠点になった「鉄の三角地帯」と呼ばれる、サイゴン近郊に残る「クチトンネル」を見学し、その地下壕と地下通路のほんのわずかを這い回ってみただけで、いかに困難で苛酷な闘いであったかを改めて思い知らされた。当時の状況の一片が彷彿として思い起こされる。さらに北ベトナムからラオス、カンボジアを回ってサイゴン近郊に至る「ホーチミンルート」と呼ばれる一大回廊は、戦争中途切れることなく、その補給・輸送路としてきわめて重要な役割を果たし続けた。これもまた周辺国の協力による見事な国際連帯の一つであった。その底にあったのは、民族の独立と自由と平和希求への一致した思いである。したがって、これは、反帝国主義と民族独立を目指す民族国家形成運動——ナショナリズム——の正当性を示す一コマであった。だから、たとえそれが社会主義を目指す共産主義者によって指導され、北半分がすでに社会主義建設下にあったとしても、それ自体は社会主義に直結するものではなく、概念としては「民族国家＝国民国家」（Nation State）——敢えていえば社会主義「国民国家」——形成の運動に包摂されるものである。

　しかし、にもかかわらず、全土統一後、拙速な社会主義化と共産党の「一党独裁」化への偏向がボートピープルと呼ばれる多くの難民を生み出し、大量の国外脱出を促した。これは、旧来のシステムと旧来の思考の延長線上での社会主義、共産主義の建設と達成という、方法上の致命的な誤りを露呈させてしまったものだった。そこから10年以上たって、ドイモイという刷新運動が起こり、貴重な

補論　ベトナム工業化の現段階と日本企業

人材の海外流出は誤りだったとする反省の弁が聞こえるようになる。では何故古い教義にこだわったのであろうか。そこには色々の要因があると思われるが、中でも「プロレタリア独裁」という、ロシア革命で示された社会主義建設の基本ドクトリンをどう理解し、運用するかにその真相があったように筆者には思われる。このことの解明とそこへの立ち入った言及は、革新サイドでは長い間、事実上タブー視され、触れることが忌避されてきたため、西側の資本主義世界からの、共産党一党独裁や民主主義の欠如といった、お馴染みの非難に晒されてきた。しかし、これにたいしては有効な反論がなされているようには思われない。そこで、あえてこのことに踏み込んで若干の私見を述べてみよう。

　この理論の創始者の考えに従えば、その当時の社会発展の状況下——第1次世界大戦の戦争当事国の一つとして——での「プロレタリア独裁」の本来的な意味は、革命によってプロレタリアが権力を握り、この人民主権——その集約点としてのソヴィエト——の下で、それを執行していく政党——ロシアではボリシェヴィキ、メンシェヴィキ、エスエル左派——の政策と実行を大局的にチェックしながら、資本主義的な市場経済の筋道を通じて、長い時間をかけて、平和裡に徐々に社会主義化していくというのが、本来の意味合いであった。ここでは、市場経済化の進行の中でよほどの寄り道や逸脱をしない限りは、経済的な進展と社会・文化活動の展開には、権力を握ったプロレタリアートは干渉せず、それよりもむしろ、積極的に社会発展のために財政的、行政的、人的支援を行って、それらを促進して、人民主権の内実を豊かにしていくことを目指すものであった。それは、丁度、資本主義が事実上の「ブルジョア独裁」の下で、それを執行する政党に具体的にはその運営を委ねていて、よほどの侵害、たとえば私有財産制と資本と営業の自由の遵守など、資本主義の根幹に関わる死活的な利害関係に抵触しない限りは、これを大目に見て容認し、むしろブルジョアジーのヘゲモニーを発揮して市民社会を領導していくことに、主要で大局的な力点をおく統治方法の確立を目指したのと、同じである。したがって、選挙を通じて多数の議席を得て政権を奪取するだけでは革命は成就しないことになり、代議制民主主義の下では、選挙による政権交代によって覆される場合も多々あるので、このブルジョア独裁の軛——資本の権力——を取り外すことが革命には何よりも求められる。そこにはプロレタリア独裁下での注意深い監視と、社会主義への領導と、さらには国の針路

をめぐる階級間ならびに人民の支持確保をめぐる熾烈な闘争がかなり長期にわたって存続し続けることになり、そこでのイニシアティブを誰が握り、どうヘゲモニーを確立していくかが、民主主義諸権利の保障の下で大事になる。だがソ連ではそれはボリシェヴィキ（ソ連共産党）の一党独裁に、やがてはスターリンの個人独裁へと変質していった。そこでは、党の官僚機構を利用したイデオロギー統制と粛清と秘密警察が中心的な統治手段となり、市民生活は窒息させられ、自由が脅かされ、指令と動員と沈黙が日常化した。反対派を押さえ込むには、その方が容易だったかもしれない。そしてその後、権力奪取に成功した各地域の革命家とその組織も皆一様にこの手法を模倣するようになる。だが一党独裁——場合によっては個人独裁——の下での社会主義建設は、人民主権を形骸化して、その発展を困難にし、人民の意欲を削ぎ、その結果、矛盾を堆積させていって、ついにはソ連の崩壊に帰結した。それらを現存社会主義国はどう教訓化し、そしてどう打開の道を見つけ出すかが、最大の課題になる。

　というのは、革命を成功に導いた前衛集団には強力な指導力と組織力があるからである。職業的な革命家集団が何故必要かに関わる理論に関して、労働者はけっして自然成長的には社会主義者になるわけではなく、それは、外部からの意識的な注入によって階級的な自覚と歴史的な使命観が育つのであり、したがって、職業的な革命家集団——前衛党——が必要だという、これまた有名なレーニンの『何をなすべきか』の理論がそこにはあった。だがそれは特殊な、いささか異端な理論と見なされていた。事実、第1次世界大戦末期のヨーロッパの政治状況は、ドイツ社会民主党は108万人もの党員と300万もの得票と多数の国会議員を抱え、革命間近だと見なされていたのにたいし、ロシアのボリシェヴィキは数千人の党員しか持たず、文字どおり少数精鋭の職業的な革命家集団——しかも非合法な——で、革命などを叫んでも「世迷い言」と片付けられてしまいかねないほどの影響力しか持たない集団だった[4]。事実、1917年の二月革命後、封印列車に乗って急遽帰国したレーニンが早速に「権力をソヴィエトへ」と訴えても、同調者を、それも肝心のボリシェヴィキの中ですら得られなかったほどだった。しかしこのボリシェヴィキが十月革命までの短期間内に、兵士、労働者、農民ソヴィエトの中で膨れあがり、主導権を握るようになったのである。そしてついには武装蜂起を実行するに至る。それは主体的条件と客観的過程とが結合した奇跡に近いこと

であり、その一致点に向けて全神経を研ぎ澄ました、革命家としてのレーニンの叡智を際だたせ、それ故に類い希な快挙だったが、だからこそ、この偉業を成し遂げたボリシェヴィキの革命家集団は、当然に革命後も圧倒的な影響力を持つようになる。しかも、彼らは精鋭揃いのプロ中のプロであり、民心の掌握と宣伝・煽動はお手の物であり、そのための権謀術策と権力闘争にも長けて——その頂点にはスターリンが——いた。したがって、いくら人民主権といっても、それが形式的なものにすぎなくなるのは自然の流れであった。とすると、この前衛党の役割はプロレタリア独裁下でも相変わらず必要なのか、あるいはプロレタリア独裁下でそれを制約するのであれば、どのようにして可能なのかという、きわめて困難な課題が登場してくる。そして歴史の教訓は、革命後もいずれも強大な前衛党の存在とその益々の強大化をもたらし、場合によっては個人独裁にまで進んだものすらある。そして最良のエリートたちがその傘下に結集していく。人民主権は疎かにされ、事実上確立されてこなかった。その点では、この理論の創始者たちはこの逆説に真っ正面から立ち向かい、自制心を持ってその強大な権力の行使に歯止めをかけ、抑制する努力を重ねたか、あるいは権力の乱用を抑える有効な手立てを案出したかとなると、それを果たすことなく、過ぎ去って—— passed away ——いった。その結果、人民主権は強大な前衛党＝支配政党の前に立ちすくみ、一党独裁に堕していくことへの有効な手立てとそのための叡智を出し得なかった。反対派は粛清の対象になるか、あるいは国外逃亡を企てるかが残された選択肢であった。

　もう一つの問題は、当時、その前提に掲げてきたブルジョア独裁という事実認識が、今日の資本主義社会——正確には資本の支配する市民社会——にもそのまま当てはまるかどうか、そしてそれとの対比でプロレタリア独裁をそのまま今日でも主張できるかどうかという点である。資本主義の発展過程はまた市民社会の成熟化の過程でもあるのだが、その過程で人民主権は拡大、深化してきた。市民的自由と人権擁護と平和希求と議会制民主主義が各国内に確立、普及していったばかりでなく、国際化してもいき、独立国家間の主権擁護と国際的な連帯精神も大いに進展してきている。また企業は巨大化し、その権力は強大だが、株式会社システムは名目上の所有者＝株主を大量に輩出させ、しかも所有と執行（経営）の分離を促し、かつ後者の専決権にも掣肘を加えてきているが、同時にこれら無

名で多数の株主が所有者としてばかりでなく、実際の経営への参加も求めたり、経営への注文をつけるようになってきている。また同様の資本主義的経営形態はとっていても、巨大企業と中小企業とでは同一のものとして、これを一刀両断にすることはできない状況が生まれている。しかも企業の活力と柔軟性と進取性の点では、中小企業経営者の中には、優れて起業家精神（entrepreneurship）旺盛で、これまで未開拓のニッチ部門を中心にして、効率的で、画期的で、消費者に直結した独自の活動領域を意欲的に進め、イノベーションを行い、急成長を遂げる企業が少なからず存在している。行政や政治の指導者たちは巨大企業の支配下に多く呻吟する、これらの中小企業の存続と成長を保護し、成長させる有効な政策的、行政的、制度的な手腕を発揮する余地が今日では多くある。それのみならず、巨大企業内でもこれまでのしがらみからの離脱を模索する、新たな経営者の出現を待望している向きもあるし、また株式会社制度の株主総会、取締役会、監査委員会の分有化は、それを形式的なものに留めず、実質化に努めていって、企業の民主化を進める新たな可能性を開こうとしている。

　しかも「科学」としての経済・経営・管理・会計思想とそのシステム（制度）の発展は、官僚制の発展や無人化・コンピュータ化によって、個人の専断を排除（公平・効率・正当の公理に基づく無人称化と共通マニュアル化の推進）するとともに、社会的な存在としての企業の合理的な運営とその役割の重要さを登壇させるが、そこでは客観的で合理的な判断基準と根拠を数字で示すこと——トランスペアレンシー（透明性）やアカウンタビリティ（説明責任）——を不可欠にし、それに依拠した「中立的」な各種の専門的なテクノクラートの役割を上昇させた。その結果、無制限で、法外な私的利益を追うことに歯止めをかけ、適切な利益享受の枠内にこれを納めること、資本と労働と消費者（住民）との、それぞれの利益の分有と再配分をいかに合理的に行うかの合意形成を適切に生み出すこと、そしてこれらの共通の原理を誰もが認める公理として承認し、しかも一大運動にしていくための理論的装置はどうあるべきかなどが問われてくるようになる。これこそが人民主権の発展であり、それを発展させるには人民の団結したパワーが不可欠になる。これらが、今日の、一方での富と貧困の野放図な拡大——それは富の所有者に事実上、無制限な権力の横暴を許す弱点を持っているためだが——の中で、それを引き戻す不可欠なチェック機能を持たせるべく、緊急・緊要の課題

として俎上に載せられてきている。それは企業のガバナンス（統治）ばかりでなく、社会全体のガバナンスにも通ずるものであり、企業（仕事）、コミュニティ（生活）、アカデミー（学問）、議会（政治）などの、各自の多様化された場での、それぞれに固有の意思決定方法と分権化が民主主義の発展の結果として定着してきているし、そこではその構成員が強く自己主張し、そして自己決定できる権利も余地も拡大してきている。

また農業や商業・流通などのサービス分野においても、事態は資本主義的原理の専断のままに推移しているわけではない。小資本や個人ないしは家族経営などの形態がそこでは大いに展開されている。それらは私有財産制に依拠しているとはいえ、他人の私有財産を奪い、独占化し、他者を排除しようとしているわけではなく、それぞれが共存的に繁栄していくことを目指している。したがって、これらの小経営ないしは家族経営のシステムをどう育てていくかは大事なポイントであり、それと社会主義原理との両立をどう図るかは、たとえ社会主義の道を進める場合にも、強制や命令の範疇ではなく、説得と同意の問題として、長い間かけて合意形成がなされるような種類のもの——たとえば労農同盟の思想や、富農と中小・零細農との間の階層分化と後者の擁護など——である。さらに近年のIT化・情報化に象徴される生産者と消費者との間の相互作用——そのため、プロデューサー＋コンシューマー＝「プロシューマー」という造語も生まれた——の進展は、コラボレーションとして包括される共働化・共同作業・共同営為の世界を浮上させてきている。それは参加と決定への機会とその実質化を広げ、拡大し、そして促進してきている。

こうした現実は、資本主義を事実上のブルジョア独裁と規定した、かつての20世紀初頭のロシアの姿とは大いに異なる社会環境であり、人民主権の確立と深化をどう図るかは、今日のグローバル時代にこそ大いに求められているものでもある。したがって、プロレタリア独裁の概念の内容も大いに変化しなければならないし、この用語法自体が今日も適切かどうかも問われてくる。

以上の状況が示しているものは、市民社会の成熟化が生み出す新たな人民主権の拡大と深化は、「一党独裁」などの、特定の政治集団の専一的な支配を排する対抗ないしは緩衝のための大いなる手段になること、またこうした時代認識と自己の役割を自覚して、支配政党はその巨大なパワーをよく自制し、節度あるもの

に留める努力を行うために、絶えず自らを見直していく矜持を持つこと、そして両者が相まって、人民の民主主義の新たな地平を築き上げていくために共闘し、相互信頼と相互尊重を醸成していくことが大事になる。そうしないと、やがては巨大な時代の奔流の中に呑み込まれ、時代遅れのものとして一掃されてしまうことになりかねない。そしてグローバル化の進展はそのための新たな条件と可能性を開いてきている。とはいえ、グローバルな資本の権力とこれらの一党独裁的あるいは寡頭制的な支配は、一面での対抗とともに、他方での協調と野合をも密かに結ぶ危険性もある。さらにいえば、後者が変質して、前者の中に包摂される、あるいは前者の仮面をかぶって後者を推進する、新たな状況が生まれる危険が濃厚にある。それは民主主義への一大挑戦である。それこそがIT化とグローバル化の時代におけるインビジブルな「帝国」なるものの権力中枢の正体である。そうすると、人権、民主主義、参加・決定、連帯、共生・共存、共創・共働などを内容とする、それにふさわしい「人民主権」を表す用語とそれにふさわしい運動を案出して、それに対抗していかなければならないだろう。

2．経済開放政策の功罪

　第2にベトナムの場合は西側に自国市場と労働や土地などの生産要素を開放し、さらにインフラを整備して外資に活動しやすい条件を用意し、加えて税制その他の制度的な保障を整えて進出を促し、これらの外資の力に主に依拠してグローバリゼーションの下で市場経済化を進め、外貨を稼ぎながら、同時に自国の資本と労働と技術を育てていって、社会主義建設を進めることを目論んだ。だがドイモイがグローバル下での開放経済の実施、西側の資本と技術とマーケティング能力の利用、そしてインフラと労働力の提供を行っているにもかかわらず、経済成長策が十分に浸透せず、社会主義経済建設が十分に成果を収めえないでいるのはなぜなのか。そこでは西側資本に譲歩しすぎると、資本主義のグローバルな展開と蔓延を広めて、彼らの切り取り勝手な利益至上主義が横行することになる。それは、主権国家の機能の制限を許すグローバリゼーションの進展を利用した、とりわけ低賃金と苛酷な労働条件を蔓延させるものであり、それ故に資本の横暴と飛躍と拡大を未曾有に進めるものでもある。つまり資本の権力が国家主権を凌駕する事態が今日あちこちで生み出され、彼らの横暴を強めることになる。そこでは、

補論　ベトナム工業化の現段階と日本企業

　多国籍企業に代表される外国資本は、グローバル市場での熾烈な競争を生き抜くために、資本の専一支配を強め、一分でも多く働かせ、一個でも多くの商品を生産・販売し、一円でも多くの利益を獲得しようとして、躍起になって猛烈に競い合っている。それを筆者は「グローバル原蓄」[5]と名付けて、その横行と盤踞に警鐘を乱打した。

　ソ連・東欧の崩壊と中国の「社会主義市場経済化」への転換によって先鞭をつけられた旧社会主義国の「移行経済国」への一大転換は、世界を一つにするグローバリゼーションを加速化させた。これらの国々での低賃金労働の新たな供給源の出現は、「グローバル原蓄」を急速に進めることになった。その嵐のような進行をいかに押しとどめ、節度あるものにしていくかが今日、世界的な重要課題になっている。そうさせないためには、今日におけるグローバルな資本の運動と各国の国民経済との厳しい対抗と深刻な軋轢を十分に斟酌して、各国の国家主権は国際機関――もちろんそれを先進国の専断から民主化することが不可欠の前提だが――の助けも得て、連帯して資本の放縦で横暴な運動に適切な掣肘を加えること、そしてそうではない企業活動と市場経済を大いに推奨し、推進することが今強く求められている。そこでは、何よりも人民主権の立場からの、外資にたいする有効な規制策が実施されなければならないし、そうしないと、それは有効な対抗力にもならないし、効果的な成果も得られないだろう。したがって、外資――とりわけ強大な権力を持たない中小の資本――との効果的な同盟・連携・協力関係をいかに育て、それを自国の地場資本の浮揚にどう繋げるかがポイントとなろう。そこでは自前技術の習得、経営手腕の蓄積、合理的で科学的な労働力の主体的な陶冶、労働者の諸権利の向上を目指すはずのものだった。

　だが人民主権の立場からの推進が徹底されていないために、実際にはこれらの目標が実現できず、かえって地場企業の中からグローバル資本と同様の道を歩もうとする、少数の模倣者を生み出すことになりかねない。それは、地場資本が共産党一党独裁の下で、その弊害であるトップダウン式の指令経済と官僚主義的処理と特定な縁故者で結びついた恣意的な運営と結合（縁故主義的な「アクセスキャピタリズム」）が蔓延していくにつれて、次第にグローバルな資本の競争の一環として、一面での競争と他面での協調の二面的な性格を持つようになり、その結果、やがてはグローバル化の大波の中に呑み込まれてしまうからである。現地

化（ローカリゼーション）はなるほど進展してきているが、人民主権の未確立の下でそれが展開されると、官僚主義が横行して、私欲と腐敗と無策が蔓延して、外資の補完手段としてしか存在し得ないものになる。それでは社会主義はおろか、「市場経済化」すらも十分には実現でき得ないだろう。なぜなら、外資はここを利益獲得の場と考え、競争勝利のために、苛酷な労働の搾取を行い、巧妙な手段を用いて利益を本国に持ち帰るべく画策し、そのための橋頭堡としてここを位置付けがちだからである。したがって現地化はまがい物にすぎず、現地経済の浮揚には結びつかないことになる。そうすると、この土壌の下では、現地の経営者は外資の代理人としての行動に力が入り、また自らもグローバリゼーションの下での競争の第一線での成功を強く夢見るようになる。グローバリゼーションの進展と外資の強さに対して、国家主権の脆弱さがそれにたいして有効な手立てを打たせないでいる。そこには本来なら外資と現地政府との間の熾烈な対抗関係があるはずである。しかし人民主権が確立されず、一党独裁下に受動的な存在に陥っていると、人民の抵抗力は弱い。政府は人民主権の促進と行使にではなく、外資と一緒になって、その抑圧や弾圧の方向に向かいがちである。この点での打開の目がまだ見えてこない。しかしそれを確立することができれば、今度は外資の性格と姿勢も変わらざるを得なくなるだろう。

3．現地地場企業と先進国中小企業とのリンケージ

第3にここからの脱却路として、現地に根を下ろした現地化を志向する外資を見つけ出すことはできないのか。外国多国籍企業（TNC）と地場企業（SME）との間の、対等・平等な連携・協力・共働のTNC-SMEリンケージ[6]は実現可能かどうかが、その代替策として問われている。この理論を提唱したUNCTADのラウンドテーブルでのアルテンバーグの主張は、このTNC-SMEリンケージを、①サプライヤー（部品メーカー）とのバックワードリンケージ（生産主導）、②カストマー（得意先）とのフォワードリンケージ（市場開拓・確保）、③競争者とのホリゾンタルリンケージ（海外子会社と現地地場企業の競争回避のための提携）、④技術パートナーとのリンケージ（ジョイントベンチャーやライセンス契約）、⑤それ以外のスピルオーバー効果の、五つの形態に分類した。このうち、第5の模倣効果やそこからの脱出、つまりはスピンオフを狙うものだけが、多国

籍企業（TNC）からの離脱の可能性があるという、かなり悲観的な見通しを示している。だが筆者は、その範疇に属さない、先進国の中小企業（FSME）と現地の地場企業（LC）との間にこそ、対等・平等の自主的、自発的なリンケージの可能性と、将来の発展の余地があるのではないかと考えている。あるいは先進国を定年退職でリタイヤした有能な人材のスカウトと活用にこそ、その可能性があるのではないか。その点では日本企業を退職した有能な技術者をスカウトして、最新技術と製品の開発に活用した韓国三星電子や中国のIT関連の企業にその成功の事例がすでにある。これをFSME-LCリンケージと名付けてみよう。それは、現在の巨大資本が主導する画一的な上からのグローバリゼーションではなく、その圧倒的な展開の前に隅に追いやられ、被害を被っている先進国の中小企業と現地の地場企業との間の提携・協力であり、いわば下からのグローカリズムの運動である。そこでは現地化と利益共有と共存・共生と共働・共創が合い言葉になる。そのためには、社会主義国でのプロレタリア独裁の基本にある人民主権が確立、展開、発展されていることが不可欠の前提である。それがないと、狭い一党独裁に閉じこもり、その官僚支配と命令と腐敗の温床になりかねない。だから人民の主権行使とその発展としてこれを捉えることが、社会主義の正常な道であり、それを正面に押し出して、西側資本も認めざるを得ないようにしていくことこそが、その進むべき道であろう。そうでなくては、グローバリゼーションの時代における社会主義国のパワーの発揮は見込めない。またそうした筋道を堅持することは、他の途上国にも大きな支えとなるし、また進出する先進国企業――特に中小企業やベンチャー企業――にとっても頼りがいのある仲間となるだろう。それはグローバル化を地に足をつけたものにするための方法であり、また国際連帯の新しい、今日的な姿でもある。というのは、ソ連・東欧の崩壊と中国の「社会主義市場経済」化が生み出したこの20年ほどの基本動向は、市場原理主義によって席巻されたアメリカ流グローバリズムの嵐のような進展であり、ネオリベラル（新自由主義）やネオコン（新保守主義）と呼び名は変えても、そこでは「資本の権力」の圧倒的な支配が貫徹されている。労働者を始め、人民の権利はことごとく後景に退けられ、その状態は悪化の一途を辿っている。その意味では、たとえ歴史的に現実に存在した社会主義陣営が致命的な弱点を持ち、滅びるべくして滅んだともいいうるが、その崩壊と変質が資本主義に蛮勇を与え、「資本の権力」の一大

攻勢と横暴を招いていることは確かである[7]。その点での確認が今後、そこからの脱却を図る上で、キーポイントとなるだろう。そこには新しい社会を生み出すための共通の土台が伏在しているからである。

しかし現在は、先進国多国籍企業に代表される資本の攻勢と途上国の国家主権との熾烈な闘争の過程であり、その帰趨はまだ見えてこない。しかしこうしたことを実現できる国際連帯が進むなら、その未来は明るいといえよう。そのためには、何よりも国内的には「社会主義国民経済」——単なる社会主義市場経済化ではなく——をいかに強固に作り上げるかが大事になる。そこでは社会主義国内での人民主権の拡大、民主化、単に外資の優遇のみを保証する開放化ではなく、国民の生活向上と地場企業の技術習得に結びつく開放化とそのための連帯、つまりは人民主権の立場からの権力機構を打ち立てることが不可欠である。そうでないと、現在の一党独裁下での官僚主義と停滞と意欲のなさと、場合によっては自国資本ではない、外資による搾取と支配をもろに受けることになるだろう。それは深刻な労働問題を堆積し、やがては爆発させることになろう。その時に、現地政府が外資の側に立って、労働争議の沈静にあたらざるを得なくなったとしたら、これ以上の屈辱はないし、すでに亡くなったはずの先祖返り、つまりは歴史を逆回転させることになろう。

現在のベトナムが抱えている基本的な問題は、出資を仰いだ外資にとっては低賃金と労働強化を進めて輸出を増やしたいが、にもかかわらず、円高—ドル安によってドルで受け取る輸出稼得額の減少をもたらし、本社との連結決算上では経営内容の悪化に帰結してしまうこと、さらに現地にとっては国内市場の未成熟と労働者の労働意欲の低下、技術習得の未発達のために、外資を使った工業化の進展が中間財輸入の増大として現れ、肝心の輸出増が実現しないこととの間の深刻な矛盾として現れている。だから自由貿易の罠を克服していくことが筋道ではあるが、それは具体的には自前の技術を獲得し、自力で工業生産を展開し、現地調達、現地生産を成功的に進めていくことにあるが、それで問題が解決するわけではない。その前提には、何よりも社会主義が、その本来の主旨である人民主権を確立することがなければならない。その上で人民が生産、流通、消費などの経済のあらゆる部面での主役になること、そして文化や芸術などが花開いて、豊かな生活を謳歌できるようになること、そのことを可能にする政治システムを作り上

げて、民主主義が強固な基盤を持つようになって、世界に確かな地歩を築いていることを示すことである。その意味では「自由貿易の罠」からの脱却は、別の筋道（alternative）を大胆に提起し、粘り強く実践していくことであり、そのことでグローバリゼーションの進展の中での新しい方向を提起し、同時に国際連帯を進めて、世界を一新していくことである。ベトナム人民の経験は、それがどんなに困難でも、必ずや達成できるだろう。そのことを強く希求したい[8]。

●注
1）詳しくはトラン・ヴァン・トウ『ベトナム経済発展論――中所得国の罠と新たなドイモイ――』勁草書房、2010年、参照。
2）坪井善明の二つの新書（岩波）『ヴェトナム「豊かさ」の夜明け』1994年、同『ヴェトナム新時代』2008年は、この落差を大胆に指摘している。私の疑問はそれ以来、ずっと心の内に燻り続け、深く沈潜していたが、今回、実際にこの目で見て、改めてこの事実を再認識させられた。
3）1941年のベトミンの結成から1975年のサイゴン陥落に至るベトナムでの解放戦争の全過程については、参加した人々の証言をもとに小倉貞男『ドキュメント ヴェトナム戦争全史』岩波現代文庫、2005年が簡潔にまとめている。
4）中野徹三、高岡健次郎『レーニン』清水書院、1970年。
5）たとえば、関下稔『国際政治経済学の新機軸――スーパーキャピタリズムの世界――』第3章、晃洋書房、2009年、参照。
6）筆者はかつて外国多国籍企業（TNC）と現地の地場企業（SME）との間の生産、流通上の様々なレベルでのリンケージを行うTNC-SMEリンケージに着目して、その可能性を検討した。詳しくは関下稔『多国籍企業の海外子会社と企業間提携――スーパーキャピタリズムの経済的両輪――』第9章、文眞堂、2006年、参照。
7）ナオミ・クライン『ショック・ドクトリン――惨事便乗型資本主義の正体を暴く――』（上・下）幾島幸子、村上由見子訳、岩波書店、2011年は、この大事な視点からソ連、中国、ポーランドを始め、LA（チリ等）、アフリカ（南アフリカ等）、アジアでのこの20年ほどの政変や経済危機などについて、きわめてシャープに論じている。
8）本論文の作成に当たり、ジェトロの資料を利用させていただいた。そのご厚意に感謝申し上げたい。

初出一覧

　本書の執筆に当たり、以下の既論文を基にして、それらを修正、加筆して完成させた。ただし第 1 章は本書のためにオリジナルに書き下ろしたものである。

第 2 章　「米中政治経済関係の新局面――対米投資促進と国家安全保障強化の間のアメリカのジレンマ」経済理論学会編『季刊　経済理論』第 50 巻第 2 号、2013 年 7 月。

第 3 章　「貿易から投資への中国の重心移動と自主創新技術開発・獲得へのアメリカの危惧――米中政治経済関係の新局面［Ⅱ］――」『立命館国際研究』27 巻 1 号、June 2014.

第 4 章　「知財を巡る米中間の攻防――アメリカの対中進出と六つのパラドクスの生起――」『立命館国際研究』27 巻 2 号、October 2014.

第 5 章　「人民元を巡る米中間の攻防：アメリカの人民元高要求と中国の人民元国際通貨化戦略との角逐と妥協」『立命館国際研究』27 巻 4 号、March 2015.

第 6 章　「オバマ政権のアジアシフトと米中間の軍事・安全保障問題の尖鋭化」『立命館国際研究』27 巻 3 号、February 2015.

補　論　「ベトナム工業化の現段階と日本企業――日―米―中トライアングル関係の外縁的布陣――」『立命館国際地域研究』第 36 号、2012 年 10 月。

索引

アルファベット

A2/AD（Anti-Access/ Area Denial）（接近阻止・領域拒否） 203, 218
AIIB（アジアインフラ投資銀行） 168
BRICS 開発銀行 168
C4ISR 209
CFIUS 88
EMS（Electronics Manufacturing Services） 27, 98
FSME-LC リンケージ 277
G2 論 16
G7 4
G8 168
G20 4, 168
G ゼロの世界 12
IT 革命 27
M&A 88, 132
OEM（受託生産） 27
oil for loans（融資と資源の交換） 174
petty patent（下級パテント） 117, 139
rebalancing（重心移動） 7, 242
RE（リバースエンジニアリング） 99, 148, 213
SEMATECH（Semiconductor Manufacturing Technology） 44
SOEs（国有企業） 104
TNC-SME リンケージ 276
UBO（Ultimate Beneficial Owner） 55
utility model（ユーティリティモデル） 101, 117

ア行

アウトソーシング（外注） 43, 45
ヴォーゲル・エズラ 236
エアシーバトル（Air-Sea Battle） 203, 208, 219
エクソン・フロリオ条項 57, 65
王丹 235

カ行

開銀（正式には中国国家開発銀行） 170
外国多国籍企業の割合 184
外国投資・安全保障法（Foreign Investment and National Security Act, FINSA） 60
企業間国際提携 24
企業内国際分業 23
技術特許料収入（royalties and license fees, R&F） 121
九段線 217
共産党の軍隊＝「党軍」 204
共産党万能 222
グッドウィル 124
グリーンフィールド（新設） 87, 132
グローバリゼーション 21
グローバルインバランス 155, 196
グローバル原蓄 169
グローバルサプライチェーン 181
軍産インテリジェンス複合体 204
軍産複合体 33
軍事サービスの提供（MASP） 40
軍事的必要 32
軍事における革命（Revolution in Military Affairs, RMA） 45, 203, 209
軍事の先端技術が民生用に波及（スピンオフ） 43
軽減合意（mitigation） 59
コース・ドナルド 237
高度技術製品（advanced technology products, ATP） 80, 128, 180

283

国際通貨特権　160
コストプラス方式　33
コックスレポート　72
コモディティトラップ　99

サ行

ジェイクス・マーティン　240
時間短縮に伴う空間圧縮作用　150
「自主創新」技術（indigenous technology）　92
自主創新技術開発（indigenous innovation）　122, 138
システムインテグレーター　37
実事求是（じつじきゅうぜ）　233
朱鎔基　177
商業輸出（Direct Commercial Sales, DCS）　39
商標の模倣（Trademark Counterfeiting）　117
情報スーパーハイウェイ構想（National Information Infrastructure, NII）　120
審査（review）　58
人民解放軍　225
人民元の国際化　163
人民主権　267
スーパーキャピタリズム　20, 127, 156
スーパー301条　120
枢要技術（critical technology）　68
枢要産業基盤（critical infrastructure）　61
スペシャル301条　120
スマートパワー　9
周恩来　234, 236, 241
精査（investigation）　59
政治的必要　32
政治優位の原則　225
清風運動　231
先願主義（first-to-file system）　119
先発明主義（first-to-invention）　119
戦略・経済対話（The China-U.S. Strategic and Economic Dialogue, S&ED）　17
戦略的パートナーシップ　15
走出去（go out policy）　78

タ行

ターゲティングポリシー　44, 107
太子党　230
体制的従属国　13, 160
大統領の判断（action by the President）　59
対米外国投資委員会（Committee on Foreign Investment in the United States, CFIUS）　58
団派　230
チープ革命　29
知財感応財またはサービス」（IP sensitive products and services）　127
知財侵害（IPR Infringement）　28, 115, 133
知識集積体　25
地方融資平台（local government financing vehicles, LGFV）　170
中国軍の近代化　212
長期財務省証券（国債）　191
直接投資（Foreign Direct Investment, FDI）　82, 188
著作権侵害（Copyright Piracy）　117, 118
通知（notice）　58
テクノグローバリズム　93
テクノナショナリズム　93
デジタルトラップ　99
ドイモイ（1986年開始）　252, 254
党営資本主義（Party Capitalism）　204, 221, 231
党軍　227
韜光養晦（とうこうようかい）　233
鄧小平　230, 233, 234, 236, 241
特許違反（Patent Infringement）　117, 136
ドル危機　157
ドルの罠　161
トレードシークレット　119, 142
トレードシークレット（営業秘密）悪用（Trade Secret Misappropriation）　117, 136
トロッキー　226

索　引

ナ行

日本企業の動向　258

ハ行

覇権主義的なナショナリズム　235
パブリックドメイン　30, 123
ハリウッド vs グーグル／ヤフー戦争　124
パロディ　30
フェアユース　29, 123
付加価値関税制度　186
武器輸出　39
プライムコントラクター（主契約企業）　33
プラザ合意（1985 年）　159
ブランド　125
ブランドトラップ　99
フリーコピー　123
文化大革命　232
兵器の国際開発と国際生産　41
兵器の相互運用性（interoperability）　203
米軍の再編（transformation）　207
米中経済・安全保障検討委員会（U.S.-China Economic and Security Review Commission, USCC）　72, 79
米中戦略・経済対話（U.S.-China Strategic and Economic Dialogue, S&ED）　71, 244

マ行

民生用技術の軍事転用（スピンオン）　43
毛沢東　227, 231, 233

ヤ行

有償での軍事援助（Foreign Military Sales, FMS）　39
余剰防衛品売却（Excess Defense Articles, EDA）　39

ラ行

ライセンス生産　40
流動性ジレンマ　158
両用技術（デュアルユーステクノロジー）　43, 220
レーニン　223, 270

285

著者紹介

関　下　　稔（せきした　みのる）（朝日　稔）
　立命館大学名誉教授（世界経済論、国際経済学）
　経済学博士（京都大学）
〈略　歴〉
1942 年　埼玉県生まれ
1965 年　早稲田大学第一商学部卒業
1972 年　京都大学大学院経済学研究科博士課程修了
1972 年　山口大学経済学部講師（75 年　同助教授）
1981 年　立命館大学経営学部助教授（83 年　同教授）
1988 年　同大学国際関係学部教授（94～96 年　同学部長、理事、95～96 年　大学院研究科長）
2007 年　名古屋学院大学教授
2004 年～2006 年　日本国際経済学会会長
〈主な著書〉
『現代アメリカ貿易分析―パクス・アメリカーナの生成・展開・再編―』有斐閣、1984 年
『現代世界経済論―パクス・アメリカーナの構造と運動―』有斐閣、1986 年
『日米貿易摩擦と食糧問題』同文舘、1987 年
『日米経済摩擦の新展開』大月書店、1989 年
『競争力強化と対日通商戦略―世紀末アメリカの苦悩と再生―』青木書店、1996 年
『現代多国籍企業のグローバル構造―国際直接投資・企業内貿易・子会社利益の再投資―』文眞堂、2002 年
『多国籍企業の海外子会社と企業間提携』文眞堂、2006 年
『国際政治経済学の新機軸―スーパーキャピタリズムの世界』晃洋書房、2009 年
『国際政治経済学要論―学際知の挑戦』晃洋書房、2010 年
『21 世紀の多国籍企業―アメリカ企業の変容とグローバリゼーションの深化―』文眞堂、2012 年

米中政治経済論──グローバル資本主義の政治と経済──

2015 年 6 月 5 日　第 1 版第 1 刷発行

著　者　関　下　　稔
発行者　橋　本　盛　作

〒 113-0033　東京都文京区本郷 5-30-20
発行所　株式会社　御茶の水書房
電話　03-5684-0751

Printed in Japan

組版・印刷／製本：シナノ印刷㈱

ISBN978-4-275-02015-4 C3033

資本主義国家の未来	ボブ・ジェソップ 著	菊判・四五〇頁 価格 六二〇〇円
国家権力——戦略—関係アプローチ	ボブ・ジェソップ 著／中谷義和 監訳	菊判・四三〇頁 価格 六二〇〇円
現代経済の解読——グローバル資本主義と日本経済【増補新版】	中谷義和 訳	菊判・四三〇頁 価格 七〇〇〇円
世界価値論研究序説	中谷義和 著	菊判・四二〇頁 価格 二三〇〇円
グローバリズムと国家資本主義	SGCIME 編	A5判・三三〇頁 価格 三三〇〇円
国際寡占体制と世界経済	中川信義 著	A5判・六五〇頁 価格 六五〇〇円
東アジアのビジネス・ダイナミックス	坂田幹男 著	A5判・二四八頁 価格 三八〇〇円
中国とインドの経済発展の衝撃	岩城淳子 著	A5判・三二〇頁 価格 三三〇〇円
中国国有企業の金融構造	伊藤正一 編	A5判・二八四頁 価格 四〇〇〇円
中国保険業における開放と改革	横川信治 編	A5判・二八〇頁 価格 三三〇〇円
韓国経済発展論——高度成長の見えざる手	板垣 博 編	A5判・二五八頁 価格 五二〇〇円
グローバル資本主義と韓国経済発展	王 京濱 著	A5判・二九四頁 価格 六〇〇〇円
	伊藤博 著	A5判・三五〇頁 価格 三五〇〇円
	朴根好 著	A5判・三五〇頁 価格 五〇〇〇円
	金俊行 著	A5判・四七四頁 価格 五〇〇〇円

御茶の水書房
（価格は消費税抜き）